普通高等教育铁道部规划教材

铁路运输统计与分析

王慈光 主 编

龚 昕 主 审

中国铁道出版社

2016年·北京

内 容 简 介

　　本书是普通高等教育铁道部规划教材,是铁道运输系列教材之一。全书内容包括:统计基础知识,客、货运统计和铁路总产品统计,车辆统计,机车统计,动车组统计,列车运行统计,常用统计分析方法,机车车辆运用效率分析和铁路运营经济效果分析等内容。

　　本书可作为高等学校交通运输、铁路运输专业本、专科生的专业课教材,也可用作为继续教育教材供各类培训班使用,对于从事实际铁路运输生产的技术人员和管理人员也极具参考价值。

图书在版编目(CIP)数据

铁路运输统计与分析/王慈光主编 . —北京:中国铁道
出版社,2010.1 (2016.7重印)
普通高等教育铁道部规划教材
ISBN 978-7-113-10316-3

Ⅰ. 铁…　Ⅱ. 王…　Ⅲ. 铁路运输－运输统计－高等
学校－教材　Ⅳ. F530.34

中国版本图书馆 CIP 数据核字(2009)第 121261 号

书　　　名:铁路运输统计与分析
作　　　者:王慈光　主编

责任编辑:金　锋　　电话:010-51873125　　电子信箱:jinfeng88428@163.com
封面设计:崔丽芳
责任校对:张玉华
责任印制:陆　宁

出版发行:中国铁道出版社(100054,北京市西城区右安门西街 8 号)
网　址:http://www.tdpress.com
印　刷:三河市宏盛印务有限公司
版　次:2010 年 1 月第 1 版　2016 年 7 月第 3 次印刷
开　本:787mm×1 092mm　1/16　印张:13.25　字数:333 千
印　数:4 501~6 500 册
书　号:ISBN 978-7-113-10316-3
定　价:26.00 元

前　言

　　本书是普通高等教育铁道部规划教材,由铁道部教材开发领导小组组织编写,并经铁道部相关业务部门审定,适用于高等院校铁路特色专业教学以及铁路专业技术人员使用。本书为铁道运输系列教材之一。

　　统计是国民经济各行各业都不可缺少的重要工作。统计的基本任务是:对国民经济和社会发展情况进行统计调查、统计分析,提供统计资料和统计咨询意见,实行统计监督。统计又是一门学问,它告诉我们怎样进行统计设计、统计调查、统计整理和统计分析,怎样进行统计预测和统计推断,是一门综合性很强的方法论科学。

　　随着科学技术的发展和人类文明的进步,统计学已发展成为由多学科分支组成的学科体系,统计方法也已广泛应用于自然科学和社会科学的众多领域以及国民经济各部门之中。一般统计学原理在交通运输业的具体应用便形成了交通运输统计学,它所研究的是运输业范围内大量社会经济现象的数量特征和数量关系。运输业属于第三产业,是一个特殊的物质生产部门,它生产的产品是旅客和货物(含行包)的位移,这种产品不具有实物形态,不能储存和调拨,产品的生产和消费同时进行。运输业的生产空间广阔,生产环节众多,生产工具经常处于流动状态。运输业的这些特点决定了交通运输统计学不同于其他部门统计学,从统计指标的设计、计量单位的确定,到统计资料的收集、整理和分析,都无不带有运输业的特色。

　　统计分析是整个统计工作重要的一环,被认为是统计学的核心内容。统计分析是对统计数据所做的分析。没有统计数据,再好的分析方法也失去了用武之地;有了统计数据,却不进行整理和分析,再多的数据也只是一些数据堆积,反映的只是一些表面现象,不能从中得到任何有价值的结论。因此,为了从收集到的数据资料中找出统计规律性,认识事物的数量特征和发展趋势,摸清经济活动中存在的问题,进而提出有效措施改进工作,必须进行统计分析。在长期的统计实践中,人们总结和提炼了许多统计分析方法,这些方法在铁路运输统计中也已得到广泛应用。正是为了突出统计分析的重要性,本书书名确定为《铁路运输统计与分析》。

本书以铁道部最新统计规章为依据编写,从整体上可划分成三大部分:一是统计学基础知识,介绍统计学的基本概念、基本理论和基本分析方法,包括第一章和第九章;二是铁路运输统计,介绍铁路运输统计的内容和任务,统计指标的含义、计算方法及相关报表的填记方法,包括第二章至第八章;三是运输分析,主要介绍运输效率和运输经济效果的常用分析方法,包括第十章、第十一章和第九章。在编写过程中,考虑到教材自身的特点,注意突出重点,分清主次,着重介绍统计基本原理和基本的计算、分析方法,而不拘泥于统计规章的条文解释。

本书由西南交通大学王慈光主编,铁道部运输局综合部龚昕主审,铁道部统计中心邵长虹也审阅了全书。编写分工如下:西南交通大学王慈光编写第一章,北京交通大学郎茂祥编写第二、九、十、十一章,西南交通大学左大杰编写第三、四、七章,兰州交通大学宋建业编写第五、六、八章。

由于编者水平所限,书中疏漏、不当之处,敬请读者批评指正。

编　者

2009 年 5 月

目　录

第一章　统计基础知识

铁路运输统计学是一般统计学原理在铁路运输领域的具体应用。在学习铁路运输统计与分析方法之前,有必要了解一些有关统计的基础知识。本章主要介绍统计学中的几个基本概念、统计数据的搜集与整理以及数据的概括性度量方法。

第一节　统计的含义与性质

一、统计的含义

"统计"这个词用得十分广泛,但在不同的场合具有不同的含义。一般来说,统计包括三个方面的含义,即统计活动、统计资料和统计学。这三种含义各有明确的内涵,却又相互联系、密不可分。

统计活动也称统计工作,是指运用统计学的理论与方法,搜集、整理、分析统计数据的实践活动。一个完整的统计活动过程可以划分成统计调查(含统计设计)、统计整理和统计分析(含预测)三个基本环节。

统计资料也称统计数据,是指由统计活动所得到的各种数字和文字资料的总称。统计资料可以是由统计调查得来的原始资料,如各种原始记录、原始报表、调查纪要、观测实录、实时数据采集等,也可以是经过统计整理而形成的比较有条理的资料,如各种统计图表、统计台账、统计年鉴等,还可以是经过统计分析而产生的结论性的总结,如统计分析报告、统计公报等。

统计学是用以指导统计活动的一系列原理和方法,是一门方法论科学。从本质上说,统计学是关于数据的科学,它的研究对象是各种现象总体的数量方面,其目的是揭示客观事物的数量特征及其统计规律性,为科学管理和正确决策提供依据。因此,哪里有数据,哪里就有统计。随着人们对定量研究的日益重视,统计方法已被应用到各行各业和众多领域,统计学本身也在不断丰富和发展。

统计学发展到今天,从功能的角度看分成了两个分支:一个分支是偏重于描述的所谓描述统计学,另一个分支是偏重于推断的,叫做推断统计学(通常称为"数理统计")。描述统计学研究如何搜集数据,如何对搜集到的原始数据进行汇总、加工、整理、概括和显示,以及如何对数据进行深入分析,从而认识统计研究对象的数量特征和统计规律性。推断统计学研究怎样根据部分统计资料(样本数据)推断总体的数量特征,进而对研究对象的客观规律性做出合理的估计或科学的判断。一般说来,如果搜集数据的方法是全面调查,如全国人口普查、全路车辆清查等,获得的是总体的全部统计数据,那么运用描述统计的方法便可以达到认识总体的目的。但是,当总体包含的个体数量十分庞大时,进行这样的全面调查将要耗费大量的人力、物力、财力和时间,在某些情况下甚至是不可能的(如对产品的质量检验有时是破坏性的),这时可抽取部分个体进行调查,获得的将是样本信息,采取的方法是从样本推断总体,这便是推断统计学要解决的问题。推断统计也要搜集数据,并进行必要的加工处理。因此可以说,描述统计是整个统计学的基础。事实上,统计学的这两个分支在应用时常常交叉在一起,并没有绝对的界限。现在,这两个分支又有统一的趋势。本书介绍的内容基本上属于描述统计学的范畴。

二、统计的性质

由统计的内涵,可以归纳出统计的几个基本性质:

1. 数量性

统计的目的是揭示事物的数量特征,统计工作无时无刻不在和数据打交道。统计活动的第一步是数据的搜集,然后是数据的整理和分析。没有数据,就无所谓统计,所以数量性是统计的第一位特性。正因为如此,统计学与数学的关系极为密切,统计学的整个发展过程与数学的发展息息相关。无论是描述统计,还是推断统计,都能从数学那里寻找到强有力的理论武器。但是具体到某一部门统计学(或统计工作),所涉及的数量都是具体的数量,是在一定时空条件下统计对象的数量表现,这与数学中研究抽象的数量是不同的。

2. 工具性

统计本身不是目的,而是通过提供信息、分析数据、揭示规律,使人们能够深刻认识事物的本质,使管理者能够做出最佳的或满意的决策。所以,统计本质上是一种手段,一种工具,是认识世界和管理社会的工具。

3. 客观性

统计研究的对象是客观存在的现象总体,既不是抽象的,也不是虚假的。经过统计调查得到的数据应是反映客观对象的真实数据,在此基础上分析得到的结论才是真实可信的结论,才能为正确决策提供依据。客观性是统计的本征属性。统计的客观性要求人们在进行统计工作时要实事求是,不能弄虚作假;要由数据到结论,不能先做出某种"结论",然后再去寻找(甚至"制造")数据来支持。

4. 广泛性

统计的应用范围十分广泛。大到国际组织、一个国家、一个地区、一个部门,小到一个企业、一个车间、一个个体经营单位,离开了统计简直无法进行工作。统计方法已经渗透到几乎所有的领域。从政治、军事、社会、经济、文化、教育、卫生,到自然科学、工程技术领域,只要有数据的地方,就会用到统计方法。统计方法应用于各个学科领域,就形成了各种各样的应用统计学。因此,统计学是一门具有普适意义的方法论科学。

三、铁路运输统计学的特点

铁路是国家的重要基础设施,是大众化的交通工具。铁路以其运量大、运送速度较高、运输成本较低、可综合利用能源、受气候影响小、有利于环保等诸多优势,在我国综合运输体系中一直发挥着骨干作用。铁路运输统计学是交通运输统计学的组成部分,具有交通运输统计学的共同特性。此外,由于铁路运输生产活动和管理方式存在不同于其他交通方式的特殊性,铁路运输统计学还有着自身的特点。这主要表现在以下几个方面:

1. 铁路运输业是一架庞大的联动机,是一个由多个业务部门组成的多层次的复杂的大系统,在经济形式上,是由国家、地方、合资等多种经济成分组成的多元经济综合体。各子系统既相对独立,又密切配合,为完成共同的运输任务而协同动作。这一特点要求在统计管理上实行集中统一与分级管理相结合的原则,在统计设计上做到内容密切关联,指标协调匹配,形成统一的指标体系,在报告方法上建立统一的报表制度。

2. 铁路点多线长,分布面广,客、货运业务极其分散,但组织严密,计划性强,调度指挥高度集中。铁路的这一特点对统计数据的及时性和准确性提出了非常高的要求。为适应这一特点,铁路客、货运输均实行发送制统计(即以发送时间为调查时间),日常统计采取所谓"速报统计"(即"十八点统计")方式,自下而上逐级汇总,迅速上报各种基本数据,为各级调度指挥人员组织指挥日常运输生产提供依据。

3. 铁路运输生产活动是以车辆装载旅客和货物,编组成列车,以机车牵引列车在线路上运行,从而实现旅客和货物的位移。这种生产组织模式与道路运输、水路运输及航空运输有着很大的区别。由于这一特点,铁路运输组织相对复杂得多。这一特点对统计也产生了影响,就是运输工具的统计包括机车、车辆和列车三个方面的内容,机车、车辆作为活动设备,各自功能不同,具有独立的考核指标,同时又与列车运行紧密联系,其统计调查的基础性资料许多来源于与列车运行有关的原始记录。

4. 货车是铁路货物载运工具,在全路通用,统一调配。长期以来,我国货车能力资源持续紧张。为适应日益增长的运输需求,在增加新造货车的同时,必须不断提高货车运用效率。对此,一个重要的途径是加速车辆周转。铁路行车的连续性和货车运用的通用性使得在全路范围内考察货车周转成为可能,努力压缩货车周转时间也早已成为提高运输效率的重要措施之一。

5. 高速铁路的诞生为铁路这一传统产业注入了蓬勃生机,高速动车组作为一个固定的整体单元在线路上运行,突破了常规的铁路运输组织模式,具有一系列新的特点。因此,对动车组需要建立相应的统计指标,单独进行统计和考核。

广义的铁路运输统计学涵盖的内容很广泛,大致包括下列各部分:运输产品统计、运输工具统计、劳动工资统计、运输设备统计、固定资产投资统计、能源消耗与节约统计、环境保护统计、物资供应统计、财务统计、经济效益统计等。狭义的铁路运输统计学指与铁路运营直接相关的内容:即运输产品统计和运输工具统计两大部分。运输产品统计包括货物运输(含行包)统计、旅客运输统计、运输总产品统计,运输工具统计包括车辆统计、机车统计、动车组统计。本书的内容属于狭义统计的范畴。

第二节　统计学中的基本概念

一、统计总体和总体单位

统计总体简称"总体",是指根据统计目的确定的研究对象的全体;总体单位是指组成统计总体的每一个单位(或元素)。因总体单位常常表现为离散的形式,故也简称为"个体"。例如,要了解全国铁路车站的情况,所有车站是统计总体,每一个车站是总体单位(个体);要了解某铁路局的职工状况,总体是该局全体职工,个体是该局每一个职工。有时,统计总体不是由离散事物组成的集合,而是具有连续性特点的对象,如时间和空间。这时,可以把单位时间(日、时、分等)和单位空间(单位长度、面积、体积等)作为总体单位,视作个体,把统计研究的全部时间(空间)看作是由单位时间(空间)组成的总体,用这样的办法可以把连续型的对象离散化。例如,要了解全国铁路营业线路的情况,全部营业线路是统计总体,每 1 km 线路是总体单位(个体);要考察某动车组列车在京沪线上的全部旅行时间,可以把 1 min 作为总体单位(个体);要分析全路换算周转量完成情况,可以把每 1 换算吨公里看作总体单位(个体)。

统计总体具有三个特征:同质性、差异性、大量性。所谓同质性是指总体中的个体必须具有某种或某些相同的性质。比如统计总体是全国铁路车站,其相同的性质是在铁路营业线上从事铁路运输生产,因此公路车站不能统计进来,工业企业内部的车站也不能统计进来。可见,确定了统计总体,也就明确了统计范围。我国国家铁路目前有近 6 000 个车站,其中有的仅办理客运业务(属于客运站),有的仅办理货运业务(属于货运站),大部分同时办理客、货运业务(属于客货运站)。若按技术作业性质的不同,有编组站、区段站、中间站之分,按等级有特等站、一等站、……、五等站。这说明总体中的各个个体是存在差异的,这便是统计总体的差异性特征。正因为个体之间存在着差异,才需要利用统计方法研究总体的内部结构和分布特征。大量性是指统计总体一般由许许多多个体组成,小型的总体也应当包含足够多的个体,因为统计规律性寓于大量的个别现象之中。

统计总体可以分为有限总体和无限总体。如果统计总体包含的个体数是有限可数的,则称为有限总体;如果统计总体包含的个体数是无限的,或无法逐个计数的,则称为无限总体,如处于连续生产中的产品、海洋中的鱼、细菌的繁殖等。社会经济活动中的统计总体大多是有限总体。对于有限总体,可以用全面调查的方法,一个不漏地搜集个体的有关数据,也可以进行非全面调查,但对于无限总体,只能采取抽样调查的方法,通过采集样本数据来推断总体的数量特性。

二、标志和标志值

所谓标志是指总体中各个个体共同具有的特征或属性。能以数量表示的特征称为数量标志,不能以数量表示的特征称为品质标志。数量标志可以比较大小,品质标志则不能比较大小。以某局职工状况调查为例,全局职工是统计总体,每位职工是个体,性别、民族、文化程度等是品质标志,而年龄、工龄、工资则是数量标志。

标志的具体取值称为标志值。数量标志的标志值直接就是数值,而品质标志的标志值可用文字(或字符)表示。如性别这一标志的标志值有 2 个:男性、女性;民族这一标志的标志值为汉族、回族、藏族……为了数据汇总、计算的方便,在实际工作中也常把品质标志的标志值与一定的数字代码对应起来,如令男性为"1",女性为"0";汉族、回族、藏族……分别对应"1"、"2"、"3"……这样做完全是为了数据处理的方便,与数量标志的标志值为数值有本质的区别。由于标志的取值是变化的,所以也把标志叫做"变量",而标志值也被称为"变量值"。

标志的主要作用是对总体中包含的个体进行分类或分组,回答"具有不同标志值的个体各有多少"的问题,进而可以对总体的结构进行分析。表 1—1 列出了利用标志进行分组的若干铁路运输方面的例子。

表 1—1　利用标志进行分组的例子

统 计 总 体	总体单位(个体)	标志名称	回 答 的 问 题
全路车站	每个车站	车站等级	不同等级的车站各有多少个
全路车站	每个车站	铁路局(公司)	不同铁路局(公司)的车站各有多少个
全路车站	每个车站	职工人数	不同职工人数的车站各有多少个
全路客运站	每个客运站	始发旅客人数	不同始发旅客人数的客运站各有多少个
全路技术站	每个技术站	办理车数	不同办理车数的技术站各有多少个
全路货车	每辆货车	货车车种	不同车种的货车各有多少辆
全路货车	每辆货车	货车标记载重	不同标记载重的货车各有多少辆
全路发送货物	每吨货物	货物品类	不同品类的货物各发送多少吨
全路发送旅客	每位旅客	旅客行程	不同行程的旅客各发送多少人

统计总体	总体单位(个体)	标志名称	回 答 的 问 题
全路换算周转量	每1换算吨公里	铁路局(公司)	不同铁路局(公司)完成的换算周转量各是多少
全路营业线路	每1公里线路	铁路局(公司)	不同铁路局(公司)的线路各有多少公里
全路营业线路	每1公里线路	闭塞方式	不同闭塞方式的线路各有多少公里
某动车组在京沪线上的全部运行时间	每1分钟	列车状态(运行或者停站)	列车处于不同状态下的时间各有多少分钟
某动车组在京沪线上的全部运行时间	每1分钟	运行速度	列车处于不同速度下的时间各有多少分钟
某站一昼夜发出的全部列车	每列列车	列车种类	不同种类的列车各发出多少列
某站一昼夜发出的全部列车	每列列车	正、晚点情况	正点、晚点出发的列车各有多少列
某站一昼夜发出的全部列车	每列列车	与前一列出发列车的出发间隔时间	不同出发间隔时间的列车各发出多少列

不难看出,表1-1列出的标志中,有的是品质标志,有的是数量标志。为了从各个侧面了解统计总体,对同一总体可以提出多个标志,选择什么标志完全取决于统计研究的目的和实际的研究对象。

三、频数和频率

如果统计总体是有限总体,那么它所包含的个体数量是一定的,这就是总体容量,也叫总数。把总体中具有某种标志值的个体数量称为频数,将频数与总数之比称为频率。将标志名称和相应的频数、频率一并列出,用表格的形式显示出来,称为频数分布表,它可以反映总体的内部结构及个体的分布状况。

下面以全路机车统计为例,说明上述概念。统计总体是全路机车,个体是每台机车,选取原动力作为标志,则标志值为:电力机车、内燃机车、蒸汽机车。由有关文献查得1995、2000、2005三年的统计数据,列出三年机车的频数分布如表1-2所示。从表中可以看出,蒸汽机车数量在急剧减少,趋于被淘汰,电力、内燃机车数量在增加,其中电力机车增加幅度高于内燃机车,这正符合我国铁路"大力发展电力机车牵引技术,积极提高电力牵引承担的换算周转量的比重。在高速铁路等线路上,应采用电力机车牵引,其他线路及调车作业应采用内燃机车牵引"的技术政策。

表1-2　不同类型机车的频数分布表

机车类型	频　数(台)			频　率(%)		
	1995 年	2000 年	2005 年	1995 年	2000 年	2005 年
电　力	2 517	3 516	5 166	16.2	23.0	29.6
内　燃	8 411	10 826	12 114	54.1	71.0	69.3
蒸　汽	4 626	911	193	29.7	6.0	1.1
合　计	15 554	15 253	17 473	100	100	100

四、统计指标和指标体系

1. 统计指标概念

统计指标简称"指标",是用来描述统计总体的规模、水平等数量特征的概念或范畴。

　　统计指标必须有明确的内涵和规定的计量单位,并且便于统计计算。例如,国内生产总值(GDP)这一经济指标,指的是在某一既定时期一个国家内生产的所有最终物品与劳务的市场价值,计量单位是美元或本国货币单位。又如铁路运输业生产的产品是旅客、货物(含行包)的位移,反映总产品产量的指标是换算周转量,它的含义是一定时期铁路运输企业运送的旅客人数、货物吨数、行包吨数与相应的运送距离之乘积的总和,计量单位是换算吨公里,等于全部的旅客人公里、货物吨公里和行包吨公里之和。这些指标的含义都是非常明确的。上面的例子中,都有"一定时期"的字样,"一定时期"就是统计研究的时期,统计学上称之为"报告期"。

　　在实际统计工作中,一个完整的、具体的统计指标由指标名称、指标值、计量单位、指标的时间界限(报告期)和指标的空间界限(指标的主体或承担者)五个要素组成。科学的指标名称,加上准确的指标数值和规范的计量单位,就可以反映一定时空条件下某一统计总体某方面的数量特征。例如,2006 年我国 GDP 为 210 871 亿元(合 26 681 亿美元);2007 年我国铁路完成换算周转量 31 013 亿换算吨公里,其中旅客周转量 7 216 亿人公里,货物周转量和行包周转量合计 23 797 亿吨公里。这些数据概括地反映了我国 2006 年的国民经济总量情况和 2007 年铁路运输生产的总产量情况。

　　统计指标是进行统计分析的基础,或者说,统计分析是通过指标的计算及指标之间的运算来实现的。举个简单的例子:我们知道了 2007 年换算周转量的数据,又知道 2006 年的换算周转量为 28 576 亿换算吨公里,通过简单的运算就可得出 2007 年换算周转量比 2006 年增长了8.53%。如果还掌握了换算周转量若干年的历史资料,就可以计算出这若干年来的平均增长量和平均增长率,从而了解我国铁路运输生产的总体发展速度和演变趋势,还可以此为基础进行趋势预测。关于统计分析方法详见本书第九章。

　　2. 统计指标的分类

　　统计指标有多种分类。依据所起的不同作用,统计指标分为数量指标和质量指标。数量指标反映总体的规模或总量,故也称总量指标,一般表示成绝对数,故又称绝对指标。质量指标反映总体的相对水平或平均水平,一般由两个数量指标对比求得,表示成相对数或平均数,故也称相对指标,或平均指标。如前面提到的国内生产总值反映一国的经济总量,属于数量指标,如果除以一国的人口数,成为"人均国内生产总值",便成为质量指标了。同样,换算周转量属于数量指标,若除以总的营业里程,成为"换算密度"(或"运输密度"),便是质量指标;如果不除以营业里程,而是除以总的职工人数,则成为劳动生产率指标,仍然是质量指标。

　　按计量单位的不同,统计指标可分为实物指标、价值指标和劳动量指标。实物指标以实物单位计量,包括自然单位、度量衡单位、复合单位等,如煤产量按吨计,房屋建筑面积按平方米计,货车数以辆计,机车数以台计,旅客周转量以人公里计,等等。实物指标能直接反映事物的使用价值,但由于使用价值、计量单位不同,不同的实物指标一般不能汇总,故综合性较差。价值指标以货币单位计量,也称货币指标,如国内生产总值、工业增加值、运输收入、生产成本、商品销售额等。价值指标综合性强,可解决不同性质指标不能加总的问题,但脱离了具体的物质内容,比较抽象。劳动量指标以劳动时间(如工日、工时、工年等)为计量单位,反映产品在生产过程中消耗的劳动量,也具有综合性,主要用于制定劳动定额、核算劳务工资及编制生产进度计划等。

　　按反映的时间不同,统计指标有时期指标和时点指标之分。时期指标反映总体某一时期的总量或水平,如关于产量、产值的指标,往往要统计一月、一季、一年完成的总量,属于时期指标。时点指标反映总体在某一时点的状况或水平,如职工人数、设备台数、物资库存量、固定资产价值等,统计某月末、年末的数量,属于时点指标。时期指标与时间长短有直接关系,可以累加汇总,而时点指标反映的是某一时点的水平,是不能累加的。

3. 指标与标志

指标与标志是两个既有区别又有联系的概念。它们的区别是:(1)指标反映的是总体的特征,标志反映的是总体单位(个体)的特征。(2)指标的取值(指标值)一定是数量,而标志的取值(标志值)因数量标志和品质标志而不同,数量标志的标志值是数量,品质标志的标志值不是数量。

它们的联系是:(1)有些统计总体的指标值可由个体的标志值汇总计算得来,也有些统计总体的指标值可由个体的标志值平均计算得来。例如,统计研究的对象是某局职工状况,以职工工资作为标志,全局职工工资总额这一指标等于全体职工工资之和,而职工平均工资这一指标等于全体职工工资的平均值。(2)在一定条件下,统计指标与数量标志之间可以互相转化。例如表1-1,办理车数(也叫"办理辆数")作为标志,用来对技术站分组,当把一个技术站看作一个总体时,办理车数又可以作为一项衡量车站业务量大小的技术指标了。始发旅客人数是车站的一项指标,这时车站作为统计总体,当研究全路各站客运任务完成情况时,车站是个体,始发旅客人数又可以作为一种数量标志了。

由于指标和标志的取值都是可变的,统计学上也常把指标和标志统称为"变量",把指标值和标志值统称为"变量值"。

4. 统计指标体系

由于统计工作在经济活动中有着十分重要的作用,各行各业都规定有适合于本行业、本部门的统计指标。单个指标能够反映研究对象的某个侧面特征,但要反映现象总体的全貌,深入研究客观事物的统计规律性,还必须从多方面进行观察、了解,因此需要将多个单一的指标联系起来,共同构成一个有机整体,这就是所谓的统计指标体系。

统计指标体系按其反映的内容可以分为两大类:基本统计指标体系和专题统计指标体系。国家基本统计指标体系反映国民经济和社会发展的基本情况,各部门、行业或基层单位也可结合本部门、行业或单位的具体实际,建立反映本系统基本情况的基本统计指标体系。专题统计指标体系是针对某项专门问题研究而设立的指标体系。

统计指标体系本质上属于概念系统。系统有大有小,但都由相互关联的要素组成,这里的要素就是各个指标。只要这些指标围绕某一核心研究对象,各自从不同的侧面反映这个对象的特征,这样结合在一起的指标就可以认为构成了指标体系。

例如,统计研究的对象是铁路货物运输生产,那么反映这一研究对象数量特征的指标包括:数量指标有货物承运量、发送量、到达量、运送量、周转量等,质量指标有货物平均运程、货运密度、货物平均运送速度和运送时间等。这些指标互相关联,共同构成一个指标体系,从各方面描述铁路货运状况。又如,统计研究的目的是考核货车运用效率情况,那么围绕这一目的的指标也有很多,有从时间利用方面考察的,如货车周转时间、货车日车公里,有从载重力利用方面考察的,如货车静载重、动载重、载重力利用率,还有货车日产量这一综合性指标,与这些质量指标相关的还有其他质量指标和许多数量指标,它们共同构成一个指标体系,全面反映货车运用成绩和效率。

在建立统计指标体系时应当注意指标体系中的多个指标之间必须有内在的联系。这种联系可以通过计算公式表现出一种函数关系,如货物平均运程＝货物周转量/货物运送量,这一公式将三个指标联系起来;也可以不出现在一个公式中而体现出一种互补关系,如围绕货车运用效率的各项指标从时间和载重力两方面考察,显然是互补的关系。此外,还需注意使所设立的指标能全面反映实际问题,便于搜集资料以及具有一定的前瞻性。

第三节 统 计 调 查

一、统计调查的意义及分类

利用统计分析方法进行科学研究的第一步是搜集统计数据(统计资料)。从使用者的角度来讲,统计数据的获取不外乎两个途径:一是直接获取,即直接进行调查或实验,取得原始数据,由此得来的数据是第一手资料,其中,调查是取得社会经济数据的重要手段,实验(含试验、观测等)是取得自然科学数据的主要手段。二是间接获取,即搜集他人取得的原始数据,或他人已经加工过的数据,这是第二手资料。统计学中的统计调查,指的是第一个途径,而且主要是指针对社会经济现象所做的统计调查。

1. 统计调查的意义

统计调查是指按照统计研究的目的和要求,采用科学的方法,有组织有计划地搜集原始数据的过程。

统计调查与一般所说的调查研究是有区别的。首先,统计调查着重搜集调查对象的数字资料,而一般的调查研究虽不排除数据资料的搜集,但常侧重于了解情况,调查事情经过,搜集案例。其次,统计调查搜集的数据往往是大量的、全面的,以期反映统计总体的各方面数量特征,而一般的调查研究可能针对个别现象搜集个别资料。

统计调查是整个统计活动的第一个环节,是统计整理和统计分析的基础。为了保证统计工作的质量,对统计调查提出三项基本要求。

(1)准确性。准确性是指统计调查所搜集的各项原始数据必须符合客观实际,真实可靠,准确无误。只有在真实可靠的数据基础上进行统计分析,才可能做出正确的判断,得出科学的结论。相反,资料不实,信息不准,就可能做出错误的判断,甚至导致决策的失误,由此产生严重的后果。因此可以说,准确性是统计工作的生命。被调查者应实事求是地提供数字资料,调查人员应有高度的责任感,同时提高业务素质,如发现数据不可信,应立即核实订正,将错误消灭在统计调查阶段。

(2)及时性。及时性是指按规定的时间要求及时完成统计调查任务,及时提供各项统计数据。如果需要的数据上报不及时,就有可能影响下一步工作的开展。及时性亦称作时效性,在当今快速发展的信息社会,数据的时效性特点十分明显。时过境迁的数据资料即使正确,也会削弱甚至失去其使用价值,难以起到应有的作用。在某些部门或行业,如铁路运输业,对数据的时效性要求尤显突出,严重时会贻误决策时机,造成不应有的后果。

(3)完整性。完整性是指统计数据应当全面、系统,相互之间关联、配套,尽可能反映统计对象的全貌及其发展变化的全过程。为此,在设计调查方案时,应根据调查的目的要求周密考虑,在调查过程中不要遗漏应调查的总体单位和调查项目。

2. 统计调查的分类

统计调查可以按照不同的标志分成不同的种类。

(1)按调查组织形式的不同,统计调查分为统计报表调查和专门调查。

统计报表调查是以原始记录为基础,按照统一的表格形式、统计指标、报送时间和报送程序,自上而下统一布置,自下而上报送资料的一种调查方式。这是国家统计部门和各个业务系统取得统计数据的基本组织形式。铁路运输统计调查就是以统计报表制度为主要组织形式的。统计报表有多种类型,按调查范围可分为全面的统计报表和非全面的统计报表,按报送时间可分为日报、月报、季报和年报等,按报送受体可分为国家统计报表、业务部门统计报表和地方统计报表。专门调查是为研究某些专门问题或为某种特定目的而专门组织的统计调查,包括普查、重点调查、抽样调查、典型调查等。

(2)按调查对象包括的范围不同,统计调查分为全面调查和非全面调查。

全面调查是对调查对象总体中的所有单位(个体)一个不漏地进行调查,其组织形式有普查和全面的统计报表。如全国人口普查、全国工业普查、全国基本单位普查、全国经济普查、全路车辆清查等都属于全面调查。全面调查可取得全部单位的数据资料,有利于反映总体的全貌,并对其现状及发展趋势做出正确的判断,但要耗费较多的人力、物力、财力和时间,组织工作较为复杂,当调查的单位很多、调查的内容很细时,容易产生统计误差(包括登记性误差和技术性误差)。非全面调查只对调查对象总体中的部分单位(个体)进行调查,其组织形式包括重点调查、抽样调查、典型调查和非全面的统计报表。非全面调查比较简便灵活,可节省人力、物力、财力,有利于集中力量在较短时间内对较少的单位做深入、细致的调查,对有些难以进行全面调查的现象,采取非全面调查可取得较好效果。非全面调查的主要不足是用样本数据来推断总体时容易产生代表性误差。为此,需要全面分析,采用科学的抽样方法,获取有代表性的数据,达到正确认识总体的目的。全面调查和非全面调查并非对立的关系,而是各有长处、相辅相成的,可根据需要适时采用。例如,我国在2000年第五次全国人口普查之后,于2005年进行了一次人口抽样调查,推算出全国总人口数及其他各项人口指标,填补了两次普查之间的空白。

(3)按调查登记的时间是否连续,统计调查分为连续调查和不连续调查。

连续调查也称经常性调查,是对调查对象连续地、经常地登记,以取得原始数据。这种调查方式主要适用于时期现象,即数量变化与时间长短有关,数据可以累加的现象,如产品产量的调查,客、货运量的调查,商品销售额的调查等。不连续调查又称一次性调查,指非连续性的、隔一定时期进行一次的调查,如铁路上隔若干年进行一次的车辆清查、全国人口普查都属于不连续调查。这种调查方式主要用于时点现象,时点现象的数据与时间长短无关,是不能累加的。

(4)按搜集资料的方法不同,分为直接观察法、报告法、采访法。

直接观察法是调查人员亲临现场对调查对象进行观察、计量以取得原始数据的方法,如材料库存盘点、牲畜普查、农作物的收获计量等。此法准确性高,但要耗费较多的人力、物力和时间。报告法是以各种原始记录、凭证为依据,通过填写规定的调查表提供资料的方法,如我国统计报表制度就属于此类方法。采访法包当面询问、电话询问、开调查会和问卷调查几种,由被调查者向调查者提供情况以获取原始资料。

以上几种调查方法是从不同的角度划分的。在实际统计工作中,就某项具体的调查而言,可以归属于多种不同的类别。例如车辆清查,既属于专门调查、全面调查,又属于不连续调查、报告法搜集资料;客、货运量调查属于统计报表调查、全面调查、连续调查,搜集资料的方法也是报告法。

二、统计调查方案

由于统计调查是一项复杂而严肃的工作,在着手调查之前,必须制定一个周密的、科学的统计调查方案,以保证调查的顺利进行,达到预期的目的。统计调查方案的基本内容包括以下几项:

1. 确定调查目的

进行统计调查,首先要确定调查目的,明确需要解决的问题。调查目的的表述应当简洁明了,重点突出。例如,我国 2008 年进行第二次全国经济普查,其主要目的是:全面调查了解我国第二产业和第三产业的发展规模及布局;了解我国产业组织、产业结构、产业技术的现状以及各生产要素的构成;摸清我国各类企业和单位能源消耗的基本情况;建立健全覆盖国民经济各行业的基本单位名录库、基础信息数据库和统计电子地理信息系统。通过普查,进一步夯实统计基础,完善国民经济核算制度,为加强和改善宏观调控,科学制定中长期发展规划,提供科学准确的统计信息支持。

2. 确定调查对象和调查单位

调查对象是指需要调查的现象(客观事物)的全体,调查单位是组成调查对象的每一个单位。调查对象和调查单位分别是统计总体和总体单位(个体)在统计调查阶段的具体化。确定调查对象和调查单位实际上就是明确统计调查的范围和界限。例如

第二次全国经济普查的普查对象是在我国境内从事第二产业和第三产业的全部法人单位、产业活动单位和个体经营户,调查单位是每一个在我国境内从事第二产业和第三产业的法人单位、产业活动单位和个体经营户。

第五次全国人口普查的调查对象(调查范围)是祖国大陆 31 个省、自治区、直辖市和现役军人人口,香港、澳门特别行政区人口,台湾省和福建省的金门、马祖等岛屿人口,调查单位是每一个具有中华人民共和国国籍并在中华人民共和国境内大陆上常住的人(注:香港、澳门人口数分别由香港、澳门特别行政区政府提供,台湾省和福建省的金门、马祖等岛屿的人口数是由台湾当局公布的数据)。

铁道部进行货车清查的调查对象是全路所有的部属货车及参加铁路运输的企业自备货车,调查单位则是每一辆货车。

需要说明的是,调查单位与报告单位(填报单位)是不同的概念,有时一致,有时不一致。如经济普查的调查单位与报告单位是一致的,货车清查则不一致:调查单位是每一辆货车,报告单位是各铁路局(公司)。

3. 确定调查项目,设计调查表

调查项目是根据调查目的确定的具体的调查内容,是标志在统计调查阶段的具体化。确定调查项目时应注意:

(1)兼顾需要与可能,项目既要能满足调查目的的需要,又能取得确切的答案。

(2)项目含义明确、统一,不能含糊不清,模棱两可,避免由于歧义而产生差错,必要时采用列举的办法说明包括什么和不包括什么。

(3)项目之间尽量相互关联、彼此衔接,以便进行核对,检查答案的正确性。

(4)兼顾发展与稳定,为适应出现变化的情况,对有的项目可做适当调整、补充和完善,同时尽可能保持稳定,以便于进行动态分析。

例如,人口普查时个人登记的项目有姓名、性别、年龄、民族、文化程度、行业、职业、婚姻状况等;货车清查登记的项目一般有车种、车号、轴数、标记载重、自重、运用车状态(重或空)、非运用车种类、车辆制造厂、车辆制造年月、厂修到期年限、自备车状况等。

又如,第二次全国经济普查的主要内容包括:单位基本情况、财务状况、生产经营情况、生产能力、能源消耗、主要生产设备、信息化和科技活动情况等。其中必须填报的共性内容为:单位基本情况、财务状况、水及能源消费情况、信息化情况主要指标。每一项内容下又列出具体的调查项目。如"法人单位基本情况"下包括的项目有:组织机构代码、单位名称、法定代表人、

单位所在地及行政区划、联系方式、行业类别、行业代码、登记注册类型、执行会计制度类别、机构类型、产业活动单位数、年末从业人员数、开业(成立)时间、企业营业状态、企业控股情况、隶属关系、企业主要经济指标、企业集团情况、建筑业及房地产业企业资质等级、批发和零售业及住宿和餐饮业经营形式、住宿业企业星级评定情况,共计21项。与第一次全国经济普查相比,为适应建设资源节约型、环境友好型社会对能源消耗统计的需求,第二次普查扩大了主要能源品种和水的消费量的统计范围,以及增加高耗能通用设备的普查内容。

调查表是统计调查的基本工具,是把拟定的调查项目按一定的逻辑顺序排列在表格上而形成的。调查表分单一表和一览表两种形式。单一表是在一张表上只登记一个调查单位的资料,可容纳较多的调查项目;一览表是在一张表上登记多个调查单位的资料,便于比较和核对,但项目不宜过多。在实际的统计调查中,如果调查涉及的范围广、内容多,调查表可以按调查对象的特点加以分类。如第二次全国经济普查的普查表分为以下三类:

(1)普查通用表,包括单位基本情况普查表(包括法人和产业活动单位表)、企业普查表、非企业单位普查表、水及能源消费情况、信息化情况主要指标。

(2)专业普查表,包括规模以上工业、资质内建筑业、限额以上批发和零售业、住宿和餐饮业、房地产开发业企业的普查表。

(3)部门普查表,包括铁路运输业普查表(见表1-3)、银行业及相关金融业(不包括典当业)、证券业、保险业的财务表。

表1-3　铁路运输业普查表格式

铁路运输业普查表

法人单位名称:

组织机构代码:□□□□□□□□□-□□

2008 年

表　号:F 3 4 0 表
制表机关:国 家 统 计 局
国务院经济普查办公室
文　号:国统字(2008)105 号
有效期至:2009 年 12 月

一、财务指标					
指标名称	代码	金额(千元)	指标名称	代码	金额(千元)
甲	乙	1	甲	乙	1
一、资产	—	—	1. 营业成本	15	
固定资产原价	01		2. 营业税金及附加	16	
固定资产净值	02		3. 管理费用	17	
实收资本	03		其中:税金	18	
1. 国家资本	04		劳动保险费	19	
2. 集体资本	05		住房公积金和住房补贴	20	
3. 法人资本	06		工会经费	21	
4. 个人资本	07		劳动保护费	22	
5. 港澳台资本	08		差旅费	23	
6. 外商资本	09		4. 财务费用	24	
二、损益	—	—	其中:利息收入	25	
(一)营业总收入	10		利息支出	26	
(二)营业总成本	11		(三)公允价值变动损益	27	
其中:工资	12		(四)投资收益	28	
折旧	13		(五)营业利润	29	
职工福利费	14		(六)利润总额	30	

续上表

二、能源消费指标				
指标名称	计量单位	代码	全年消费量	全年消费额(千元)
甲	乙	丙	1	2
1. 水	$m^3(t)$	P01		
2. 电	kW·h(度)	P02		
3. 煤炭	t	P03		
4. 煤气	m^3	P04		
5. 天然气	m^3	P05		
6. 液化石油气	kg(公斤)	P06		
7. 汽油	L	P07		
8. 煤油	L	P08		
9. 柴油	L	P09		
10. 燃料油	L	P10		
三、信息化指标				
指　标　名　称	计量单位	代　码	本年实际	
甲	乙	丙	1	
年末在用计算机数	台	01		
年末拥有网站数	个	02		
全年电子商务采购金额	千元	03		
全年电子商务销售金额	千元	04		

单位负责人：　　　　统计负责人：　　　　填表人：　　　　报出日期:200 年 月 日

12

4. 规定调查时间和调查期限

调查时间是指调查资料的所属时点或时期。例如,第五次全国人口普查,普查登记以2000 年 11 月 1 日 0:00(北京时间)为标准时点,所有调查表格上记载的都是这一时点的人口状况。又如 2002 年全路进行了一次货车清查,清查时点为 2002 年 5 月 23 日 9:00。以上是时点现象。如果调查的是时期现象,则调查时间便不是一个时点,而是资料所属的起讫时间,即一个时期。如调查春运时期的客运量,那么春运期间(各年的春运起讫时间不相同)便是调查时间。第二次全国经济普查的普查时点为 2008 年 12 月 31 日 24:00,普查时期为 2008 年 1月 1 日~12 月 31 日。从表 1-3 可以看出,其中有的指标是时点指标,则以 2008 年 12 月 31 日24:00 为标准时点,有的指标是时期指标,则以 2008 年度为资料所属时期。

调查期限是指进行调查工作从开始到结束的期限,包括从准备工作起直至得出结果、报送资料的全过程所需要的时间。规定调查期限是为了保证数据的及时汇总整理,发挥资料的时效性。在保证统计数据准确可靠的前提下,调查期限应尽可能缩短。

5. 制定调查的组织实施计划

为使统计调查工作顺利进行,还须制定严密细致的组织实施计划,包括:调查组织机构的成立、调查人员的培训、文件资料的准备、调查方式及步骤的拟定、工作进度安排、经费的预算和开支计划等。对于规模大、周期长的统计调查,往往还需组织试点工作。通过试点,训练人员,取得经验,并检验调查方案,必要时对原方案加以修改或调整。

第四节 统 计 整 理

一、统计分组

经过统计调查搜集到大量的、分散的、体现个体特征的原始数据之后,下一步的工作是对统计数据进行整理。统计整理的目的是使数据条理化和系统化,从刻画个体特征上升到描述总体的综合性特征,为统计分析打下良好的基础。在统计整理阶段要做的工作是:对统计数据进行检查、核实、订正;对统计数据加以分组,并进行汇总、计算;编制统计表,绘制统计图,显示统计整理的结果。其中,统计分组是核心内容。

1. 统计分组的含义与作用

所谓统计分组就是根据统计研究的目的,把调查到的数据资料按照一定的标志划分成若干类型或组别。通过分组,标志值相同的个体处于同一组内,标志值不同的个体被区分开来。

统计分组的作用是:

(1)划分子系统的类型。将统计总体看作是一个大系统,则它由一些子系统组成,通过分组可以对子系统进行分类。如国民经济产业结构按三次产业划分为第一产业、第二产业和第三产业;工业企业按生产要素组合特点划分为资金密集型、技术密集型和劳动密集型三种类型;现代交通运输体系按运输方式划分为铁路运输、公路运输、水路运输、航空运输和管道运输五种类型。通过划分类型可以相互比较,揭示不同类型子系统的数量特征,从而对总体有更全面、深入的认识。

(2)反映总体的内部结构和个体分布状况。以人口普查为例,将全国总人口按性别分组可反映性别构成,按民族分组可反映民族构成,按年龄分组可反映年龄构成,按受教育程度分组可反映国民的文化素质结构,等等。表 1-4 是根据 2000 年第五次全国人口普查数据(未含港、澳、台及福建省的金门、马祖)按性别、民族、年龄分组结果,从中可看出全国人口在这三个方面的构成情况。

(3)研究变量之间的相关关系。一个变量或一个统计指标,可以用来刻画统计总体某一方面的数量特征。变量与变量之间往往存在着相互依赖、相互制约的关系。利用统计分组的方法对变量之间的相关关系进行研究,就是按某一变量分组,观察另一个(或几个)与之相关的变量取值的变化情况,从中找出规律性的结论。这是进一步深入量化分析的基础。

2. 分布数列

在进行统计分组时,可以按品质标志分组,也可以按数量标志分组。对于同一总体,

表 1-4 第五次全国人口普查数据按性别、民族、年龄分组情况

分组标志	人数(万)	构成比例(%)
性别		
男　性	65 355	51.63
女　性	61 228	48.37
民族		
汉族	115 940	91.59
少数民族	10 643	8.41
年龄		
0～14 岁	28 979	22.89
15～64 岁	88 793	70.15
65 岁及以上	8 811	6.96

品质标志和数量标志可能都不止一个。究竟选择什么分组标志,主要看统计研究的目的是什么,看研究者关心的是什么。本章第二节对此已有阐明。表 1-1 中列举的示例说明,分组标志是多种多样的,完全可以依据不同的要求选择不同的标志。

在确定分组标志的基础上,对总体中的个体按不同的标志值划归各组,分类汇总,计算频

数和频率,将各组的频数和频率按一定顺序排成一列,由此而形成的数列叫做频数分布数列,简称分布数列(或频数分布、分配数列)。例如,表1-2显示了全路机车按原动力分组得到的三年的分布数列,表1-4显示了全国人口按性别、民族、年龄分组分别得到的三个分布数列。分布数列通常以表格的形式显示出来,故也叫做频数分布表。

分布数列有品质分布数列和数量分布数列两种。按品质标志分组所形成的分布数列叫做品质分布数列,简称品质数列,如表1-2所示的机车按原动力分组,表1-4所示的人口按性别、民族分组,都属于品质分布数列。表1-5是2006年国家铁路货车按车种分组得到的品质分布数列,从中可看出敞车、棚车所占比重是最大的。

如果按数量标志分组,则所形成的分布数列叫做数量分布数列,简称变量数列,如表1-4所示人口按年龄分组得到的分布数列。变量数列又可分为两种:

表1-5　2006年国家铁路货车按车种分组的分布数列

货车车种	货车数量	频率(%)
棚　车	99 399	17.8
敞　车	360 500	64.5
平　车	32 222	5.8
毒品车	2 056	0.4
罐　车	35 654	6.4
冷藏车	7 393	1.3
其　他	21 259	3.8
合　计	558 483	100

(1)单项式变量数列,是指每组变量值(标志值)只有一个数值的变量数列,适用于标志取值较少的离散型变量。

(2)组距式变量数列,是指每组变量值(标志值)以区间形式表示的变量数列。区间的两端值称为组限,按数值大小分别称为上限和下限,上限与下限之差称为组距,上限和下限的平均值称为组中值。如果各组组距相等,称为等距数列,组距不相等的称为不等距数列(或异距数列)。当标志为连续型变量,或虽为离散型,但变量取值较多及变动幅度较大时,采用组距式变量数列是合适的。

例如,某中间站有职工80人,按工龄(以整年数表示)分组得到表1-6,这是单项式变量数列;按工资分组得到表1-7,这是组距式变量数列,且是等距数列。在表1-7中,数列的首末两组标志值是开区间,分别缺少下限和上限,称为开口组,其余的为闭口组。开口组的组中值可用下面的式子计算:

$$缺下限开口组的组中值＝本组上限－邻组组距/2$$
$$缺上限开口组的组中值＝本组下限＋邻组组距/2$$

表1-6　职工工龄分布数列

工龄(年)	人数	频率(%)
3	10	12.50
5	13	16.25
8	20	25.00
12	12	15.00
15	9	11.25
20	7	8.75
25	6	7.50
30	3	3.75
合　计	80	100

表1-7　职工工资分布数列

工资(元)	人数	频率(%)
1 000 以下	6	7.50
1 000～1 500	11	13.75
1 500～2 000	15	18.75
2 000～2 500	20	25.00
2 500～3 000	12	15.00
3 000～3 500	9	11.25
3 500～4 000	5	6.25
4 000 以上	2	2.50
合　计	80	100

3. 频数分布表的编制步骤

品质标志频数分布表和单项式变量频数分布表编制起来比较简单,一般按照确定的标志值归类、汇总、计算,一一列举即可。组距式变量频数分布表的编制要复杂一些,下面介绍其编制步骤。

(1)整理原始数据

将分散凌乱的原始数据由小到大排序,找出其中的最大值 x_{max} 和最小值 x_{min},计算全距 R:

$$R = x_{max} - x_{min} \tag{1-1}$$

(2)确定组距和组数

这是编制组距式变量频数分布表的关键。组距 d 与组数 k 的关系是

$$d = \frac{R}{k} \tag{1-2}$$

很明显,组数不宜过多或过少。组数少,组距大,频数分布表会显得粗糙,数据分布过于集中,失去原始数据较多的信息;组数多,组距小,比较繁琐,数据分布过于分散,不便于分析变量的分布特征。因此,应当在保证频数分布规律性能满足分析需要的前提下,尽量简洁明了。对此,美国学者斯特吉斯(H·A·Sturges)提出一个确定组距的经验公式,可在实际统计分组时参考采用

$$d = \frac{R}{1 + 3.322 \lg n} \tag{1-3}$$

其中,n 是总体容量,即全部数据个数。组距 d 用式(1-3)计算,得出初步结果,为了方便,可将组距调整为 10 或 5 的整倍数,然后用式(1-2)反推出组数 k。

(3)计算频数、频率、累计频数和累计频率

频数和频率的概念前面已经介绍,不再重复。需要注意的是,计算频数时,当某个数据恰好等于组限,习惯上按照"归下不归上"的原则处理,即将它作为下限对待。如表1-7,若有工资恰等于1 500元的工人,则应计入1 500~2 000元的这一组中。累计频数和累计频率是将各组的频数和频率依次加总求和,可以反映频数和频率的变化过程。按观察问题的角度不同,累计频数(频率)有向上累计和向下累计两种,分别回答某个上限以下和某个下限以上的频数(频率)各是多少的问题。

(4)列出频数分布表

将标志值、频数、频率、累计频数和累计频率列在一张表上即为频数分布表。

【例1-1】　甲编组站某年9月份各天的办理车数列于表1-8,试据此编制组距式变量频数分布表。

表1-8　甲站9月份办理车数原始数据　　　　　单位:辆

12 000	11 586	13 255	9 985	10 068	11 054
10 869	12 240	12 385	10 657	11 480	11 320
13 002	11 687	12 009	10 548	11 455	11 895
11 085	11 520	10 674	11 245	12 006	10 661
11 544	11 865	10 853	9 994	10 815	11 213

从表1-8中找出最小值为9 985辆,最大值为13 255辆,于是全距

$$R = 13\,255 - 9\,985 = 3\,270$$

组距

$$d = \frac{R}{1 + 3.322 \lg n} = \frac{3\,270}{1 + 3.322 \times \lg 30} = 553.6 \Rightarrow 560$$

取 $d=560$，则

$$k=\frac{R}{d}=\frac{3\,270}{560}=5.8\Rightarrow 6$$

即划分为6组，各组组距为560。频数分布表如表1-9所示。

表1-9　甲站9月份办理车数频数分布表

办理车数	频 数（天）	频 率（%）	向 上 累 计		向 下 累 计	
			频数（天）	频率（%）	频数（天）	频率（%）
9 940～10 500	3	10.00	3	10.00	30	100
10 500～11 060	8	26.66	11	36.66	27	90.00
11 060～11 620	9	30.00	20	66.66	19	63.34
11 620～12 180	4	13.33	26	86.66	10	33.34
12 180～12 740	2	6.67	28	93.33	4	13.34
12 740～13 300	2	6.67	30	100	2	6.67
合　计	30	100	—	—	—	—

由表1-9可知，甲站办理车数在11 620辆以下的天数有20天，占全月的2/3，在10 500辆及以上的天数占全月的90%，在12 180辆以下的占全月的86.7%，而办理车数在10 500～12 180之间的天数有23天，占全月的3/4强。

二、统计图表

1. 统计表

统计分组是统计整理的核心内容，统计图表是统计整理结果的重要表现形式。一张好的统计图表，往往胜过冗长而繁琐的文字表述。前面介绍的频数分布表就是一种统计表，它一般是在原始数据（通称"初级资料"）的基础上所做的加工整理，得到的是比较简单的分组表。统计整理也可以是在已加工过的数据（通称"次级资料"）的基础上进行的再加工，其结果可根据需要编制为较为复杂的统计表。例如，对2001～2005年的客、货运输市场进行统计调查，得到各种运输方式各年度分别完成的客、货周转量。希望在此基础上，进一步了解各种运输方式在整个交通运输体系中所占的份额，那么可以按运输方式分组，对搜集到的次级资料进行再加工。表1-10和表1-11分别是按运输方式分组的客、货周转量完成情况及构成比例表，从表中可以看出5年来我国运输市场格局发生的变化。

表1-10　2001～2005年各种运输方式完成的旅客周转量及构成比例

运输方式	旅客周转量（亿人·km）					构成比例（%）				
	2001	2002	2003	2004	2005	2001	2002	2003	2004	2005
铁　路	4 766.8	4 969.4	4 788.6	5 712.2	6 062.0	36.2	35.2	34.7	35.0	34.7
公　路	7 207.1	7 805.8	7 695.6	8 748.4	9 292.1	54.8	55.2	55.7	53.7	53.2
水　运	89.9	81.8	63.1	66.3	67.8	0.7	0.6	0.5	0.4	0.4
民　航	1 091.4	1 268.7	1 263.2	1 782.3	2 044.9	8.3	9.0	9.1	10.9	11.7
合　计	13 155.1	14 125.7	13 810.5	16 309.1	17 466.7	100	100	100	100	100

表 1-11　2001～2005 年各种运输方式完成的货物周转量及构成比例　←总标题

运输方式	货物周转量(亿 t·km)					构成比例(%)				
	2001	2002	2003	2004	2005	2001	2002	2003	2004	2005
铁路	14 694	15 658	17 247	19 289	20 726	30.8	30.9	32.0	27.8	25.8
公路	6 330	6 782	7 099	7 841	8 693	13.2	13.4	13.2	11.3	10.8
水运	25 989	27 511	28 716	41 429	49 672	54.5	54.3	53.3	59.6	61.9
民航	44	52	58	72	79	0.1	0.1	0.1	0.1	0.1
管道	653	683	739	815	1 088	1.4	1.3	1.4	1.2	1.4
合计	47 710	50 686	53 859	69 445	80 258	100	100	100	100	100

纵栏标题、横行标题、数字资料、主词、宾词

统计表的形式多种多样,完全可以根据使用者的要求及数据本身的特点设计。表 1-11 显示了统计表的一般构成。从内容看,统计表由主词和宾词两大部分组成。主词是统计表所要说明的对象,可以是调查项目、标志(或指标)名称等,一般列于表的左边;宾词是对主词的具体说明,列于表的右边。从结构看,统计表由四部分组成:总标题、横行标题、纵栏标题和数字资料。总标题也叫表头或表名,它概括地说明表的内容,写在表的正上方。横行标题也叫行标题,是横行各组的名称,纵栏标题也叫列标题,是纵栏各列的名称,数字资料是统计表的具体数据内容。

对于时间序列数据,也可把时间作为主词(横行标题)列于左边,而把各项指标值作为宾词放在右边,便于对照比较,如表 1-12 所示。

表 1-12　2001～2007 年全国铁路完成的客货运量情况

年　份	客运量指标		货运量指标	
	客运量(万人)	旅客周转量(亿人·km)	货运量(万 t)	货物周转量(亿 t·km)
2001	105 155	4 767	192 580	14 575
2002	105 606	4 969	204 956	15 516
2003	97 260	4 789	221 178	17 247
2004	111 764	5 712	249 017	19 289
2005	115 583	6 062	269 296	20 726
2006	125 656	6 622	288 224	21 954
2007	135 670	7 216	314 237	23 797

在编制统计表时应注意:

(1)如果统计表的栏数(即列数)较多,要加以编号。如表 1-3 所示,主词、计量单位和代码各栏标注"甲、乙、丙"等文字,宾词各栏则用阿拉伯数字编号。

(2)数字资料要标明计量单位。若横行计量单位不一致,可专设"计量单位"一栏(见表 1-3),若横行计量单位一致,纵栏计量单位不一致,可将它标在纵栏标题的右边或下边(见表 1-6～1-7,表 1-9～1-12),若全表计量单位一致,可将它写在表头的右端。

(3)表中数字要填写整齐、规范,位数对准,不存在数据的单元格内划"—"表示。

(4)需要说明、注释的文字写在表的下方。

2. 统计图

与统计表相比,统计图的优点是能形象、直观、简明地反映数据的分布状况。常用的统计图有条形图、饼图(圆形图)、直方图、折线图、曲线图等。

条形图是用宽度相同的条形的高度或长度来表示各组频数或频率的图形。条形图按排列方式分水平条形图和竖直条形图,后者也可画成立体形式,称为柱形图;按同一组中的条形多

少分单式条形图和复式条形图。如图1-1是按表1-5数据绘制的柱形图,图1-2是按表1-6数据绘制的竖直条形图。

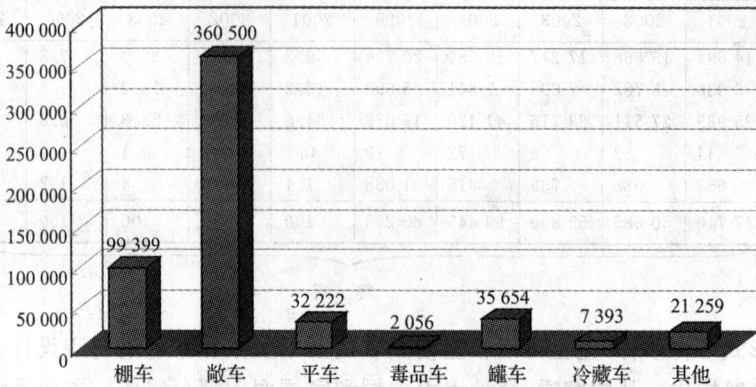

图1-1 货车车种频数分布柱状图

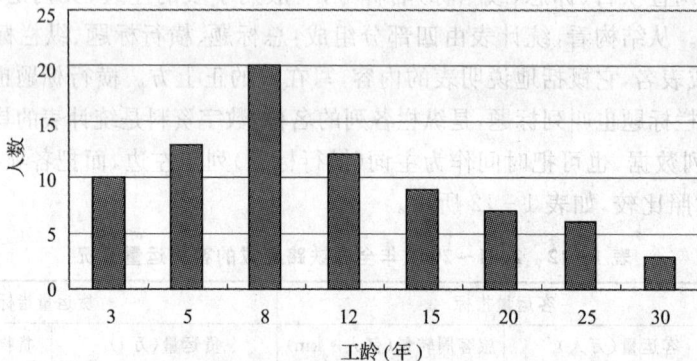

图1-2 职工工龄频数分布条形图

当分组标志在不同时间(或空间、状态)有多个取值时,可以绘制复式条形图(也称对比条形图)。复式条形图以两个或多个条形为一组,可从多方面进行对比,反映指标在不同时间(空间、状态)的差异。按表1-2数据绘制的复式条形图如图1-3所示。

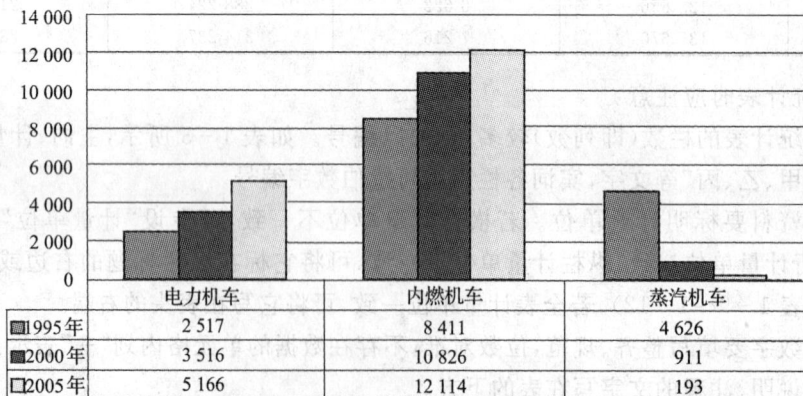

	电力机车	内燃机车	蒸汽机车
1995年	2 517	8 411	4 626
2000年	3 516	10 826	911
2005年	5 166	12 114	193

图1-3 全国铁路机车拥有量条形图

饼图也叫圆形图,是用圆形及圆内扇形的面积来表示各组频数或频率的图形。根据表1-10中2005年的数据绘制的饼图如图1-4所示。

直方图是用长方形的高度和宽度来表示频数分布的图形,主要适用于组距式变量数列。直方图横轴表示各组组限,纵轴表示各组频数和频率,频数通常标在左侧,频率标在右侧。依

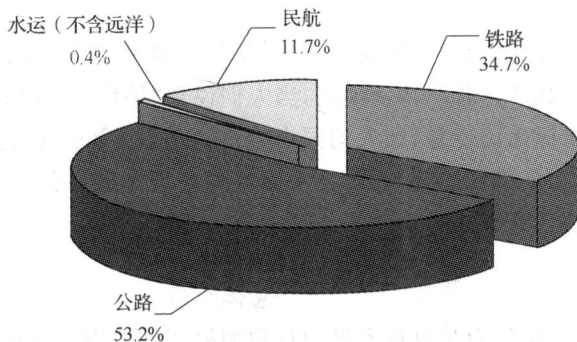

图 1-4　2005 年全部旅客周转量中各种运输方式所占比重圆形图

据表 1-7 的数据,画出直方图如图 1-5 所示。

折线图是在直方图的基础上,用折线连接每个长方形顶端中点(组中值坐标)而成,一般将起点和终点延伸到横轴上,画成闭合形式。图 1-6 是在图 1-5 的基础上画出的折线图。若将折线修匀成平滑的曲线,得到的便是曲线图。

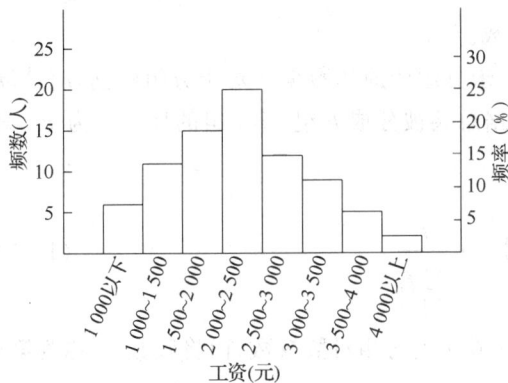

图 1-5　职工工资频数分布直方图

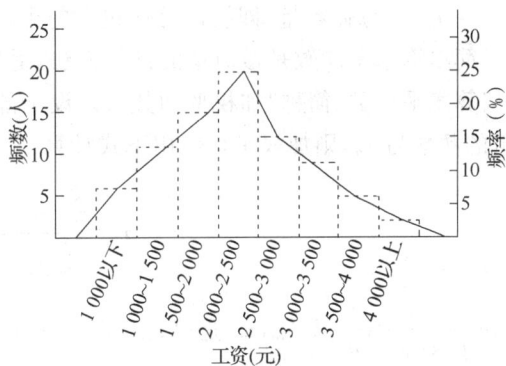

图 1-6　职工工资频数分布折线图

第五节　数据的概括性度量

由统计调查获得的大量数据经过分组整理之后,形成比较有条理的分布数列,利用统计图表显示出来,能简明、直观地反映总体的构成及频数分布情况。但是,要全面掌握数据的分布特征,还需要对分布数列(主要指按数量标志分组的变量数列)中数据的集中趋势、离散趋势和分布形态进行测定,这就是数据的概括性度量。所谓集中趋势是指大量数据(数量标志的标志值)向其中心值靠拢的趋势,离散趋势是指数据远离其中心值向外分散的趋势或程度,分布形态是指数据分布的形状对称、偏斜及扁平的程度。

一、集中趋势的度量

测定数据的集中趋势用的是平均指标,分为数值平均数和位置平均数两大类。数值平均数反映标志值的平均水平,包括算术平均数、几何平均数和调和平均数,位置平均数代表分布数列的中心位置,包括众数和中位数。

1. 数值平均数

(1)算术平均数

算术平均数是诸多平均指标中用得最广泛、也是最重要的平均指标。它相当于变量数列的中心值，通常也叫做"均值"。若不特别说明，当人们说到"平均"一词时，就是指算术平均数。在统计中，算术平均数指标比比皆是，如人均国内生产总值、粮食平均亩产量、人均寿命、职工平均工资、学生平均成绩、全路日均装车数、技术站日均办理车数、列车平均总重、列车平均速度，等等。算术平均数的计算通式为

$$算术平均数 = \frac{总体标志总量}{总体容量}$$

算术平均数按计算方法分为简单算术平均数和加权算术平均数两种。简单算术平均数的计算公式为

$$\bar{x} = \frac{x_1 + x_2 + \cdots + x_n}{n} = \frac{\sum\limits_{i=1}^{n} x_i}{n} \tag{1-4}$$

式中　$\bar{x}$——算术平均数；

　　　x_i——第 i 个个体的标志值；

　　　n——总体容量，即统计总体包含的个体总数。

简单算术平均数是最简单的计算方法，适用于未分组的原始数据。对于分组数据，应计算加权算术平均数（简称"加权平均数"）。设全部数据总共被分成 k 组，第 i 组的标志值为 x_i，第 i 组的频数为 f_i，则加权平均数用下式计算

$$\bar{x} = \frac{\sum\limits_{i=1}^{k} x_i f_i}{\sum\limits_{i=1}^{k} f_i} = \sum\limits_{i=1}^{k} x_i \cdot \frac{f_i}{\sum\limits_{i=1}^{k} f_i} \tag{1-5}$$

令 $w_i = \frac{f_i}{\sum\limits_{i=1}^{k} f_i} = \frac{f_i}{n}$，显然，$w_i$ 是第 i 组的频率，称之为第 i 组的相对数权数，而将频数 f_i 称为第 i 组的绝对数权数，于是，式(1-5)可写成以下简洁的形式：

$$\bar{x} = \sum\limits_{i=1}^{k} x_i w_i \tag{1-6}$$

很明显，当各组频数均为 1 时，式(1-6)、式(1-5)退化为式(1-4)，加权算术平均数便成为简单算术平均数，故后者是前者的特例。需要说明的是，对于组距式变量数列，第 i 组的标志值 x_i 用第 i 组的组中值替代计算。由于各组标志值在组内的分布不一定均匀，计算结果较简单算术平均数可能会有微小的偏差。

【例1-2】　利用表1-6的数据计算算术平均数。

用式(1-5)计算加权平均数如下：

$$\bar{x} = \frac{\sum\limits_{i=1}^{k} x_i f_i}{\sum\limits_{i=1}^{k} f_i} = \frac{3 \times 10 + 5 \times 13 + 8 \times 20 + 12 \times 12 + 15 \times 9 + 20 \times 7 + 25 \times 6 + 30 \times 3}{80}$$

$$= \frac{914}{80} = 11.43$$

这表明，该站职工的平均工龄为 11.43 年。

【例1-3】　利用表1-7的数据计算算术平均数。

列出计算表如表1-13所示。

用式(1－6)计算加权平均数如下：

$$\bar{x}=\sum_{i=1}^{k}x_{i}w_{i}=750\times0.075+1\ 250\times0.137\ 5+1\ 750\times0.187\ 5+\cdots+4\ 250\times0.025$$
$$=2\ 237.5$$

这表明，该站职工的平均工资为 2 237.5 元。

表 1－13　职工平均工资计算表

工资分组(元)	组中值(元) x_i	人　数 f_i	各组工资额 $x_i f_i$	频率(%) w_i
1 000 以下	750	6	4 500	7.50
1 000～1 500	1 250	11	13 750	13.75
1 500～2 000	1 750	15	26 250	18.75
2 000～2 500	2 250	20	45 000	25.00
2 500～3 000	2 750	12	33 000	15.00
3 000～3 500	3 250	9	29 250	11.25
3 500～4 000	3 750	5	18 750	6.25
4 000 以上	4 250	2	8 500	2.50
合　计	—	80	179 000	100

(2)调和平均数

调和平均数又叫"倒数平均数"，计算时先求各个变量值的倒数的算术平均数，再求该平均数的倒数。调和平均数记作 H，与算术平均数类似，也有简单和加权之分。对 n 个变量值 x_1、x_2、$\cdots$、x_n，简单调和平均数的计算公式为

$$H=\cfrac{1}{\cfrac{\frac{1}{x_1}+\frac{1}{x_2}+\cdots+\frac{1}{x_n}}{n}}=\cfrac{1}{\frac{1}{n}\left(\frac{1}{x_1}+\frac{1}{x_2}+\cdots+\frac{1}{x_n}\right)}=\cfrac{n}{\sum\limits_{i=1}^{n}\frac{1}{x_i}} \tag{1-7}$$

若将 n 个变量值分成 k 组，第 i 组的标志值为 x_i，第 i 组的个体数量 f_i 未知，但第 i 组的标志总量 $m_i=x_i f_i$ 已知，则加权调和平均数的计算公式为

$$H=\cfrac{1}{\cfrac{\frac{m_1}{x_1}+\frac{m_2}{x_2}+\cdots+\frac{m_k}{x_k}}{m_1+m_2+\cdots+m_k}}=\cfrac{m_1+m_2+\cdots+m_k}{\frac{m_1}{x_1}+\frac{m_2}{x_2}+\cdots+\frac{m_k}{x_k}}=\cfrac{\sum\limits_{i=1}^{k}m_i}{\sum\limits_{i=1}^{k}\frac{m_i}{x_i}} \tag{1-8}$$

以表 1－13 为例，如果各组人数未知，而各组发放的工资总额是已知的，要求职工平均工资，就需要用式(1－8)计算加权调和平均数。

令 $w_i=\cfrac{m_i}{\sum\limits_{i=1}^{k}m_i}$，则式(1－8)可写成下面的形式

$$H=\cfrac{1}{\sum\limits_{i=1}^{k}\frac{w_i}{x_i}} \tag{1-9}$$

调和平均数主要用于计算由平均指标组成的数据序列的平均数。

【例 1－4】　有甲、乙、丙 3 种糖果，甲种糖果单价为 26 元/kg，乙种为 35 元/kg，丙种为 40 元/kg。现 3 种糖果各买 100 元，平均价格是多少？若甲、乙、丙 3 种糖果消费金额按 1:1.5:3 的比例支出，平均价格是多少？

以百元为单位计算。先解第一小问，求简单调和平均数。将已知数据代入式(1－7)，得平

均价格为

$$H=\cfrac{3}{\cfrac{1}{0.26}+\cfrac{1}{0.35}+\cfrac{1}{0.4}}=\frac{3}{3.846+2.857+2.5}=0.326(百元/kg)$$

再解第二小问,求加权调和平均数。用式(1-9)计算,得

$$H=\cfrac{5.5}{\cfrac{1}{0.26}+\cfrac{1.5}{0.35}+\cfrac{3}{0.4}}=\frac{5.5}{3.846+4.286+7.5}=0.351\,8(百元/kg)$$

在实际的统计工作中,调和平均数往往作为算术平均数的一种变形或补充形式出现。比较式(1-8)和式(1-5),并注意到 $m_i=x_if_i$,有

$$H=\frac{\sum\limits_{i=1}^{k}m_i}{\sum\limits_{i=1}^{k}\cfrac{m_i}{x_i}}=\frac{\sum\limits_{i=1}^{k}x_if_i}{\sum\limits_{i=1}^{k}\cfrac{x_if_i}{x_i}}=\frac{\sum\limits_{i=1}^{k}x_if_i}{\sum\limits_{i=1}^{k}f_i}=\overline{x}$$

可见,加权调和平均数与加权算术平均数的计算结果是一致的,二者只是形式上的不同而已。

【例1-5】 某铁路运输企业下辖4个车务段,各段货车平均静载重及货物发送量统计资料见表1-14。试计算该企业总的货车平均静载重。表中,以静载重为数量标志将数据分成4组,各组标志值及标志总量是知道的,但各组单位数(即装车数)未知。为求出该企业总的货车平均静载重,需要采用加权调和平均数来计算。

表 1-14　某铁路企业货车静载重有关数据

车务段	各段货车平均静载重(t) x_i	各段货物发送量(t) $m_i=x_if_i$
A	46.5	23 482.5
B	50.0	32 950.0
C	48.2	35 475.2
D	52.6	42 869.0
合　计	—	134 776.7

应用式(1-8),得

$$H=\cfrac{23\,482.5+32\,950+35\,475.2+42\,869}{\cfrac{23\,482.5}{46.5}+\cfrac{32\,950}{50}+\cfrac{35\,475.2}{48.2}+\cfrac{42\,869}{52.6}}=\frac{134\,776.7}{2\,715}=49.64(t)$$

容易看出,上式的分母就是各车务段的装车数。如果已知各段装车数,用式(1-5)就能直接求出算术平均数,这就是该企业总的货车平均静载重。因此,在实际统计中应分析具体资料的拥有情况,如不能直接计算算术平均数,可采用调和平均数。

(3)几何平均数

几何平均数主要用于计算平均比率或平均发展速度。当变量值本身是比率的形式,且各比率的乘积等于总的比率时,就要用几何平均数作为其平均比率。几何平均数也有简单几何平均数和加权几何平均数两种形式。以符号 G 记几何平均数,对 n 个变量值 x_1、x_2、$\cdots$、x_n,简单几何平均数的计算公式为

$$G=\sqrt[n]{x_1x_2\cdots x_n}=\sqrt[n]{\prod_{i=1}^{n}x_i} \tag{1-10}$$

如果 n 个变量值有重复出现的情况,可以将它们分组,计算加权几何平均数。假定共分 k 组,第 i 组的变量值为 x_i,x_i 重复出现的次数为 f_i,则加权几何平均数用下式计算

$$G=\sqrt[\sum\limits_{i=1}^{k}f_i]{x_1^{f_1}\cdot x_2^{f_2}\cdots x_k^{f_k}}=\sqrt[\sum\limits_{i=1}^{k}f_i]{\prod_{i=1}^{k}x_i^{f_i}} \tag{1-11}$$

由于 $\sum\limits_{i=1}^{k}f_i=n$,令 $w_i=\cfrac{f_i}{n}$,则式(1-11)可写成下面的形式:

$$G = \prod_{i=1}^{k} x_i^{w_i} \tag{1-12}$$

【例1-6】 利用表1-12的资料计算2001～2007年全国铁路旅客周转量平均发展速度。计算表见表1-15。表中，环比发展速度等于本年度旅客周转量与上年度旅客周转量之比。

平均发展速度用式(1-10)计算。由已知条件，$n=6$，代入各项数据，得

$$G = \sqrt[6]{1.042 \times 0.964 \times 1.193 \times 1.061 \times 1.092 \times 1.09}$$
$$= 107.15\%$$

表1-15　旅客周转量平均发展速度计算表

年　份	旅客周转量 （亿人 km）	环比发展速度 （%）
2001	4 767	—
2002	4 969	104.237 5
2003	4 789	96.377 5
2004	5 712	119.273 3
2005	6 062	106.127 5
2006	6 622	109.237 9
2007	7 216	108.970 1

计算结果说明，在2001～2007年间，全国铁路旅客周转量年均发展速度为107.15%，即平均每年递增7.15%。

【例1-7】 某人存款10年，年利率在不同年份不相等。已知有3年利率为3%，2年利率为2.5%，4年利率为2%，1年利率为1.8%。按复利公式计算这笔存款的平均年利率。

用式(1-11)计算年均本利率的加权几何平均数为

$$G = \sqrt[10]{1.03^3 \times 1.025^2 \times 1.02^4 \times 1.018^1} = 1.023\ 8$$

于是，平均年利率为 $1.023\ 8 - 1 = 0.023\ 8 = 2.38\%$。

上述三种数值平均数在统计分析中都可能用到，其中，算术平均数和调和平均数主要用于静态分析，而几何平均数主要用于动态分析。

2. 位置平均数

(1)众数

众数是指一组数据中出现次数最多的数，在分布数列中就是频数（或频率）最高的标志值，用 M_o 表示。例如，表1-6中，工龄为8年的职工人数有20人，频数最大，频率最高，因而众数 $M_o = 8$。

对于组距式变量分布数列，首先找出众数所在组，然后用下式计算：

$$M_o = L + \frac{\Delta_1}{\Delta_1 + \Delta_2} \cdot d \tag{1-13}$$

或

$$M_o = U - \frac{\Delta_2}{\Delta_1 + \Delta_2} \cdot d \tag{1-14}$$

式中　L——众数所在组的下限；

U——众数所在组的上限；

Δ_1——众数所在组频数与上一组频数之差；

Δ_2——众数所在组频数与下一组频数之差；

d——众数所在组的组距。

【例1-8】 某年级两个班学生60人期中考试英语成绩组距式分布数列如表1-16所示。试比较两个班学生成绩的集中趋势。

先用式(1-5)计算算术平均数，发现两个班学生成绩的算术平均数相等，均为73分。

表1-16　两班学生考试成绩比较表

成　绩 （分）	组中值 （分）	人　数 一　班	人　数 二　班
60 以下	55	3	3
60～70	65	10	6
70～80	75	9	16
80～90	85	6	4
90～100	95	2	1
合　计		30	30

再分别计算众数。观察表 1-16，一班学生成绩在 60~70 之间人数最多，故该组为众数所在组。用式(1-13)计算，得一班众数为

$$M_o = L + \frac{\Delta_1}{\Delta_1 + \Delta_2} \cdot d = 60 + \frac{7}{7+1} \times 10 = 68.75(\text{分})$$

二班学生成绩在 70~80 之间人数最多，众数所在组为第 3 组，经计算，二班众数为

$$M_o = L + \frac{\Delta_1}{\Delta_1 + \Delta_2} \cdot d = 70 + \frac{10}{10+12} \times 10 = 74.55(\text{分})$$

为便于比较，画出两个班的学生成绩频数分布图，如图 1-7 所示。由图可见，一班成绩分布的峰值不突出，数据比较分散，众数所在组的频数与相邻组的频数差别不大，因而众数的代表性不强；二班峰值突出，数据的集中趋势非常明显，说明学生成绩相对集中，故众数的代表性好。本例还说明，仅用均值描述数据的集中趋势还不够，辅以位置平均数则更好。

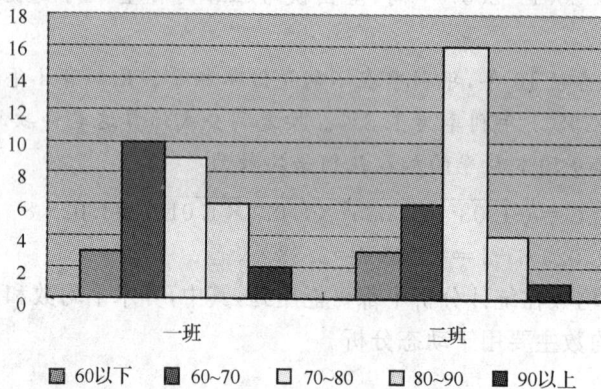

图 1-7　两班学生成绩频数分布直方图

众数作为一种位置平均数，是依据数据的位置计算的，其优点是不受极端值的影响，能够明显地反映数据分布的集中趋势和一般水平。但是，众数的稳定性差，且具有不唯一性。如果数据的集中趋势不明显，众数不存在，有两个及以上高峰点，就存在双众数或多众数，也失去意义。因此，众数的计算适用于数据量较大，有显著的极端值，且存在明显集中趋势的统计总体。

(2)中位数

中位数与众数类似，也是由位置决定的平均数。把总体中全部个体的标志值按大小顺序排列后，处于中间位置的标志值就是中位数。由此可知，中位数将全部数据分成相等的两部分，一半比它大，另一半比它小，所以，中位数也叫二分位数。中位数用 M_e 表示。

中位数的确定与总体容量(或数据个数)n 有关。当 n 为奇数时，其中点位置的标志值就是中位数。当 n 为偶数时，取其中间相邻两点位置标志值的算术平均数作为中位数。

按照这一规则，在单项式变量频数分布表中确定中位数比较简单：累计频数为 $n/2$(或累计频率为 50%)所在组的标志值就是中位数。如表 1-6 中，中位数所在组为第 3 组，对应的中位数 $M_e = 8$。

对于组距式变量频数分布表，先用上面的规则确定中位数所在组，对各组自上而下编号，设中位数所在组组号为 m，然后用下式计算中位数

$$M_e = L + \frac{0.5n - S_{m-1}}{f_m} \cdot d \qquad (1-15)$$

或

$$M_e = U - \frac{0.5n - S_{m+1}}{f_m} \cdot d \qquad (1-16)$$

式中　　L——中位数所在组的下限；

U——中位数所在组的上限；

n——总体容量；

S_{m-1}——第 $m-1$ 组的向上累计频数；

S_{m+1}——第 $m+1$ 组的向下累计频数；

f_m——中位数所在组的频数；

d——中位数所在组的组距。

【例 1-9】 将表 1-7 扩充为表 1-17，据此确定众数和中位数。

因工资在 2 000~2 500 元之间的人数最多，频率最高，故第 4 组为众数所在组。应用式(1-13)计算，得

$$M_o = L + \frac{\Delta_1}{\Delta_1 + \Delta_2} \cdot d = 2\,000 + \frac{5}{5+8} \times 500$$

$$= 2\,192.3(元)$$

因累计频率 50% 落在第 4 组，故第 4 组为中位数所在组。将已知数据代入式(1-15)，得

$$M_e = L + \frac{0.5n - S_{m-1}}{f_m} \cdot d = 2\,000 + \frac{0.5 \times 80 - 32}{20} \times 500$$

$$= 2\,200(元)$$

表 1-17　职工工资频数分布表

序号	工资（元）	人数	频率（%）	向上累计频数	向上累计频率（%）
1	1 000 以下	6	7.50	6	7.50
2	1 000~1 500	11	13.75	17	21.25
3	1 500~2 000	15	18.75	32	40.00
4	2 000~2 500	20	25.00	52	65.00
5	2 500~3 000	12	15.00	64	80.00
6	3 000~3 500	9	11.25	73	91.25
7	3 500~4 000	5	6.25	78	97.50
8	4 000 以上	2	2.50	80	100.00
	合　　计	80	100	—	—

从结果可以看出，众数和中位数有少许不一致，说明数据分布呈现一定程度的偏态。

用中位数来代表标志值的一般水平，也可以避免极端值的影响，比较适合于开口组数据资料，因此在数列中含有特大值或特小值的情况下，中位数比算术平均数更具代表性。

3. **算术平均数、众数和中位数的比较**

算术平均数、众数和中位数都是反映数据集中趋势的度量指标，它们之间存在一定的数量关系。对于单峰分布的数据来说，如果数据的分布是对称的，则算术平均数、众数和中位数三者相等，即 $\bar{x} = M_o = M_e$；如果数据是左偏分布，说明数据中偏小的数较多，所占比重较大，必然拉动算术平均数向左的一方偏移，而众数和中位数是位置平均数，不受极值的影响，所以三者之间有关系：$\bar{x} < M_e < M_o$；如果数据是右偏分布，数据中偏大的数较多，算术平均数向右方偏移，则 $M_o < M_e < \bar{x}$。图 1-8 是上述关系示意图。在前面的例子中，例 1-3 计算出了某中间站职工的平均工资为 2 237.5 元，例 1-9 算出了该站职工工资的众数为 2 192.3 元，中位数为

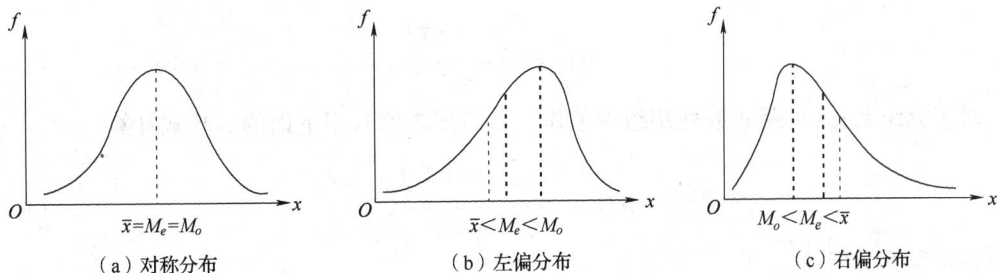

(a) 对称分布　　　　　　(b) 左偏分布　　　　　　(c) 右偏分布

图 1-8　算术平均数、众数和中位数关系示意图

2 200元,所得结果符合图1-8(c)所示特征,可知该站职工工资属于右偏分布。

综上所述,算术平均数、众数和中位数三者各有特点和合适的应用条件。算术平均数利用了全部数据信息,有着充分的代表性,稳定而唯一,而且具有优良的数学性质(x_i 与 $\bar{x}$ 离差之和等于 0,x_i 与 $\bar{x}$ 离差平方和最小),在实际中应用最为广泛。其主要缺点是易受数据中极端值的影响,当数据分布偏斜程度较大时,代表性欠佳;另外,组距式变量分布数列存在开口组时,组中值的确定带有假定性,也使算术平均数的代表性受到影响。众数和中位数都是位置代表值,它们的突出优点是不受极端值和开口组的影响。众数在数据分布具有明显的集中趋势时,代表性较好,但它具有不唯一性,一组数据可能有一个众数,也可能没有众数,还可能有两个或多个众数。由于众数体现的是数据分布的高峰值,故在数据量较少或无明显集中趋势时,计算众数意义不大。中位数处于数列的中部,在数据偏态分布明显时,其代表性较好,使用它可弥补算术平均数的不足。中位数的最大缺点是对数据信息的利用不够充分,仅利用了数列中部较少的数据资料,因此灵敏度和计算功能较差,如果两半部分的数据分布很不均匀,或总体中有间断数据时,中位数的代表性也会减弱。

二、离散趋势的度量

数据的离散趋势是体现数据分布特征的又一重要方面。顾名思义,"离散"就是离开中心而分散的意思。平均指标是对数据集中趋势的度量,但若数据很分散,即离散程度很大,平均指标的代表性将会变差,其应用价值也会因此受到影响。所以,测定数据的离散趋势,以配合平均数的使用,具有重要的实际意义。离散趋势的测度用的是变异指标,也叫标志变动度。常用的变异指标有极差、平均差、方差、标准差和离散系数。

1. 极差和平均差

极差又称"全距",是数据中的最大值与最小值之差,记作 R。例如,由表1-6可知,职工工龄的极差为 27 年,由表1-8知,办理车数的极差为 3 270 辆。极差在第4节介绍频数分布时已经提到,式(1-1)是它的计算公式。

极差是测定数据离散趋势的最简单的变异指标,它揭示了标志值的变动范围。一般说来,极差越大,平均数的代表性越差。在实际中,可用极差来检查产品质量的稳定性。因为产品质量在正常情况下是比较稳定的,极差在一定范围内波动,一旦极差超出这个范围,说明可能出现某种不正常情况,这时应及时检查,采取措施,保证质量。由于极差的计算过于粗略,它只利用了数据两端的信息,受极端值影响大,忽略了中间数据的分布情况,因而无法精确反映数据的离散程度,在应用中有较大的局限性。

平均差是各标志值与其算术平均数的离差绝对值的平均数,记作 AD。对未分组数据,计算公式为

$$AD=\frac{\sum\limits_{i=1}^{n}|x_i-\bar{x}|}{n} \tag{1-17}$$

对于分组数据(组距式数列用组中值作为各组标志值),用下面的加权式计算

$$AD=\frac{\sum\limits_{i=1}^{k}|x_i-\bar{x}|\cdot f_i}{n} \tag{1-18}$$

式中各符号意义同前。

平均差的物理意义非常清楚,它能全面准确地反映标志值与平均数的平均离差程度。平

均差越大,表明标志变动越大,即数据离散程度越大。由于各标志值与平均数的离差有正有负,为避免相互抵消而使离差之和为0,公式中采用了取绝对值的办法,这样做给计算带来了不便,因而平均差在实际中较少使用。

2. 方差和标准差

为克服平均差在数学处理上的不足,将离差平方之后再求平均数,这就是方差。将方差开平方,得到的便是标准差(亦称"均方差")。标准差的量纲与算术平均数的量纲是一致的。标准差记作 σ,其计算公式为

$$\sigma = \sqrt{\frac{\sum\limits_{i=1}^{n}(x_i - \overline{x})^2}{n}} \qquad (1-19)$$

如果将 n 个数据分成 k 组,第 i 组的标志值为 x_i(组距式数列取组中值),频数为 f_i,则标准差用下面的加权式计算

$$\sigma = \sqrt{\frac{\sum\limits_{i=1}^{k}(x_i - \overline{x})^2 f_i}{n}} \qquad (1-20)$$

或

$$\sigma = \sqrt{\frac{\sum\limits_{i=1}^{k} x_i^2 f_i}{n} - \overline{x}^2} \qquad (1-21)$$

应当说明的是,式(1-19)~(1-21)是计算总体标准差的公式。若为抽样统计,计算的是样本标准差,只要将式中的 n 改为 $n-1$ 即可,这时,n 为样本容量,$n-1$ 是自由度。

标准差能全面刻画数据的离散程度,同时又便于数学处理,故在实际中得到广泛应用。

【例1-10】 利用表1-8数据计算甲编组站9月份办理车数的算术平均数、平均差和标准差。表1-9已经对数据进行了分组,在其基础上,列出计算表如表1-18所示。

表1-18 甲站办理车数平均差和标准差计算表

办理车数 (辆)	组中值 x_i	频数(天) f_i	各组标志总量 $m_i = x_i f_i$	$\lvert x_i - \overline{x} \rvert \cdot f_i$	$(x_i - \overline{x})^2$	$(x_i - \overline{x})^2 f_i$
9 940~10 500	10 220	3	30 660	3 471	1 338 649	4 015 947
10 500~11 060	10 780	8	86 240	4 776	356 409	2 851 272
11 060~11 620	11 340	9	102 060	333	1 369	12 321
11 620~12 180	11 900	6	71 400	3 138	273 529	1 641 174
12 180~12 740	12 460	2	24 920	2 166	1 172 889	2 345 778
12 740~13 300	13 020	2	26 040	3 286	2 699 449	5 398 898
合 计	—	30	341 320	17 170		16 265 390

由表1-18,计算算术平均数、平均差和标准差如下

$$\overline{x} = \frac{\sum\limits_{i=1}^{n} x_i f_i}{n} = \frac{341\ 320}{30} = 11\ 377(辆)$$

$$AD = \frac{\sum\limits_{i=1}^{k} \lvert x_i - \overline{x} \rvert \cdot f_i}{n} = \frac{17\ 170}{30} = 572(辆)$$

$$\sigma=\sqrt{\frac{\sum_{i=1}^{k}(x_i-\overline{x})^2 f_i}{n}}=\sqrt{\frac{16\ 265\ 390}{30}}=736(辆)$$

计算结果表明,甲编组站 9 月份日均办理车数为 11 377 辆,平均差和标准差分别为 572 辆和 736 辆,即每天办理车数在 11 377 辆上下波动,平均波动 736 辆,为平均数的 6.5%。可以认为,该站出入车数波动幅度不大,运输生产是比较正常的。

需要说明的是,一般情况下,标准差比平均差要大一些。另外,用组中值计算平均数与用原始数据计算相比,结果有微小误差。

3. 离散系数

标准差是反映数据分散程度的绝对数指标,其大小与总体标志值的平均水平有直接关系,其计量单位与标志的计量单位相同。如果要比较两个统计总体数据的离散程度,当它们的平均水平不同,或计量单位不一样,用标准差是无法直接进行对比的。离散系数正是为克服这一障碍而引入的相对数指标。

离散系数也叫变异系数,用符号 V 表示,等于标准差与算术平均数之比,即

$$V=\frac{\sigma}{\overline{x}} \tag{1-22}$$

其作用是用来比较不同总体数据的分散程度。显然,离散系数较大的总体,其数据分散程度也较大,相应其平均指标的代表性也较差;相反,离散系数越小,数据集中程度越高,平均数的代表性越好。

例如,例 1-10 算出了甲编组站日办理车数的均值和标准差:$\overline{x}=11\ 377$ 辆,$\sigma=736$ 辆。如果还有一个乙编组站,经过统计调查和分组计算,其日均办理车数 $\overline{x}=5\ 882$ 辆,标准差 $\sigma=450$ 辆。那么,哪个编组站的 $\overline{x}$ 更有代表性呢?表面看,乙编组站的 σ 较甲站小,似乎数据的分散程度也较甲站小,但是由于两编组站的 $\overline{x}$ 不相等,不能直接下这样的结论。分别计算两站的离散系数如下

$$V_{甲}=\frac{736}{11\ 377}=6.47\%,V_{乙}=\frac{450}{5\ 882}=7.65\%$$

$V_{甲}<V_{乙}$,可见,乙站的数据还不如甲站集中,说明乙站各天的办理车数相对波动程度比甲站要大,甲站的均值代表性较好。

利用离散系数不仅可以在同质总体之间进行比较,也可以在不同性质的总体之间进行比较。从离散系数的大小,可以看出不同现象的波动性、生产的均衡性和稳定性状况。以平均数为基础,结合标准差和离散系数一起进行分析,是经常采用的数据分析方法。

三、偏态和峰态的度量

数据的分布特征除了表现在集中趋势和离散趋势外,还表现在它的分布形态上。偏态和峰态便是描述数据分布形态的两个概念,其中,偏态是关于数据分布对称性及其偏斜程度的描述,峰态是关于数据分布扁平(或尖峭)程度的描述。

1. 偏态的测度

如果数据分布是对称的,就称为对称分布;如果是非对称的,则称为偏态分布。偏态分布又分为左偏分布和右偏分布两种。这些内容在前面论述均值、众数和中位数的关系时已经谈到,并画出了三种分布示意图(如图 1-8 所示)。现在的问题是:如果是偏态分布,怎样测定其偏斜程度?

数据分布的偏斜程度称为偏度,测量偏度的指标是偏度系数。偏度系数的计算方法有多种,下面是两种常用的计算方法。

(1)概约法

我们知道,对称分布时算术平均数与众数重合,而偏态分布时算术平均数与众数之间有一定距离。概约法基于这一特点,以算术平均数与众数之间的离差与标准差之比来度量分布偏斜的相对程度。用概约法计算的偏度系数记作 SK,计算公式为

$$SK = \frac{\overline{x} - M_o}{\sigma} \tag{1-23}$$

SK 是无量纲系数,通常取值在 $-3 \sim +3$ 之间。当 SK=0,表明数据呈对称分布;SK<0,呈左偏分布(也叫负偏分布);SK>0,呈右偏分布(也叫正偏分布)。SK 的绝对值越大,说明偏斜程度越大,越趋近于 0,偏斜程度越小,越接近对称分布。

例如,例 1-3 计算出了某中间站职工的平均工资为 2 237.5 元,例 1-9 算出了该站职工工资的众数为 2 192.3 元,又经过计算,得到工资标准差为 862.3 元,于是偏度系数

$$SK = \frac{\overline{x} - M_o}{\sigma} = \frac{2\ 237.5 - 2\ 192.3}{862.3} = 0.052\ 4$$

可知该站职工工资呈轻微右偏分布,从图 1-5 和图 1-6 也可以清楚地看出这一点。

(2)矩法

用矩法计算的偏度系数记作 α,计算公式为

$$\alpha = \frac{m_3}{\sigma^3} = \frac{\sum\limits_{i=1}^{k}(x_i - \overline{x})^3 f_i}{n\sigma^3} \tag{1-24}$$

式中,$m_3 = \dfrac{\sum\limits_{i=1}^{k}(x_i - \overline{x})^3 f_i}{n}$,称为三阶中心矩。对照式(1-20)可知,方差 σ^2 其实就是二阶中心矩 m_2,恒为正,而一阶中心矩 m_1 恒为 0。用三阶中心矩可以比较高于平均数的离差之和与低于平均数的离差之和谁大谁小,以测定分布的对称程度,或偏斜程度。不难知道,当 $\alpha = 0$,分布是对称的,$\alpha < 0$,分布呈负偏态,$\alpha > 0$,分布呈正偏态,α 的绝对值越大,偏斜程度越高,反之亦然。

矩法与概约法计算的结果可能稍有出入,但结论应当是一致的。一般说来,用概约法计算偏度系数比较粗略,能反映大概情形,较为精确的结论应以矩法计算为准。

2. **峰态的测度**

峰态指的是数据分布图形顶部的形态。按顶部形态是尖峭还是扁平,可分为尖峰分布和平峰分布。说某个分布是尖峰分布或平峰分布,都是相对于标准正态分布而言的。从前面的学习可以知道,当分布数列中的频数比较集中于众数周围,则分布图形就会显得陡峭,反之,当频数在众数附近不够集中,而是分散开来,则图形显得扁平。

分布图形的扁平或尖峭程度叫做峰度,测量峰度高低的指标称为峰度系数,用 β 表示。

研究表明,分布图形的尖峭程度与偶数阶中心矩的大小有关。一般而言,偶数阶中心矩越大,分布图形越陡峭,偶数阶中心矩越小,图形越平坦。基于此,β 的计算公式如下

$$\beta = \frac{m_4}{\sigma^4} = \frac{\sum\limits_{i=1}^{k}(x_i - \overline{x})^4 f_i}{n\sigma^4} \tag{1-25}$$

式中,m_4 是四阶中心矩,其余符号同前。

29

通过峰度系数 β 的取值可以获知数据分布图形的尖峭（或扁平）程度。正态分布的 $\beta=3$。当 $\beta<3$ 时为平峰分布，β 越小，顶部越平坦；当 $\beta>3$ 时为尖峰分布，β 越大，曲线越陡峭（见图1—9）。

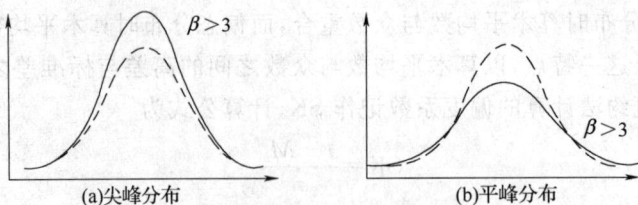

(a)尖峰分布　　　　　　　(b)平峰分布

图1—9　尖峰分布与平峰分布示意图

【例1—11】　仍以某中间站职工工资为例，用矩法计算偏度和峰度。计算表列于表1—19。为方便计算，表中将组中值缩小100倍。

已经算出平均工资 $\bar{x}=2\,237.5$ 元，其余各项参数计算如下

$$m_2=\sigma^2=\frac{\sum_{i=1}^{k}(x_i-\bar{x})^2 f_i}{n}=\frac{5\,948.751}{80}=74.359 \Rightarrow \sigma=8.623$$

表1—19　职工工资分布偏度计算表

工资分组 （元）	组中值/100 x_i	人　数 f_i	$(x_i-\bar{x})^2 f_i$	$(x_i-\bar{x})^3 f_i$	$(x_i-\bar{x})^4 f_i$
1 000 以下	7.5	6	1 327.594	−19 747.957	293 750.861
1 000～1 500	12.5	11	1 072.672	−10 592.635	104 602.268
1 500～2 000	17.5	15	356.484	−1 737.861	8 472.074
2 000～2 500	22.5	20	0.313	0.039	0.005
2 500～3 000	27.5	12	315.188	1 615.336	8 278.597
3 000～3 500	32.5	9	922.641	9 341.736	94 585.080
3 500～4 000	37.5	5	1 143.828	17 300.400	261 668.556
4 000 以上	42.5	2	810.031	16 301.879	328 075.313
合　计	—	80	5 948.751	12 480.937	1 099 432.754

$$m_3=\frac{\sum_{i=1}^{k}(x_i-\bar{x})^3 f_i}{n}=\frac{12\,480.937}{80}=156.012$$

$$\alpha=\frac{m_3}{\sigma^3}=\frac{156.012}{8.623^3}=0.243\,3$$

$$m_4=\frac{\sum_{i=1}^{k}(x_i-\bar{x})^4 f_i}{n}=\frac{1\,099\,432.754}{80}=13\,742.91$$

$$\beta=\frac{m_4}{\sigma^4}=\frac{13\,742.91}{8.623^4}=2.485\,7$$

对计算结果可从两方面做一简要分析：从偏态来说，偏度 $\alpha=0.243\,3>0$，但比较接近0，说明该站职工工资分布曲线呈右偏分布，偏斜程度不大；从峰态来说，峰度 $\beta=2.485\,7<3$，但比较靠近3，说明工资分布曲线与正态分布相比略有一些扁平。

复习思考题

1. 如何理解"统计"一词的含义? 各种含义之间的关系是怎样的?

2. 简述描述统计与推断统计的区别与联系。

3. 简述统计的四个基本性质。

4. 什么是统计总体、总体单位、标志、标志值、频数、频率? 举例说明。

5. 简述统计指标的含义与分类,举例说明。

6. 举例说明指标与标志的关系。

7. 统计工作中,为何要采用统计指标体系? 建立统计指标体系时要注意什么?

8. 何谓统计调查? 对统计调查的要求有哪些?

9. 举例说明统计调查的分类。

10. 统计调查方案包括哪些基本内容?

11. 何谓统计分组? 统计分组的作用是什么?

12. 什么是分布数列? 分布数列分为哪几种? 各举一例说明。

13. 简述组距式变量频数分布表的编制步骤。

14. 简述统计表的构成。制作统计表应注意什么?

15. 怎样理解平均指标在统计学中的地位?

16. 怎样计算算术平均数、众数和中位数? 简述它们的特点和应用场合。

17. 怎样计算调和平均数和几何平均数? 举例说明它们的应用条件。

18. 变异指标起什么作用? 常用的变异指标有哪些? 各有何特点?

19. 为什么要计算离散系数? 举例说明其作用。

20. 怎样测度数据分布的偏态和峰态?

第二章　货物运输统计

货物运输统计简称货运统计,属于产品统计的范畴。铁路货运统计的基本任务是:建立和完善适应铁路行业管理及企业经营管理所需要的货运统计指标体系和调查方法,准确、及时、全面、系统地收集、整理、提供反映铁路货运状况的统计资料,揭示铁路货物运输规律,分析、预测货物运输发展水平、结构和趋势,为制定铁路发展规划、改善货物运输生产经营管理、实现铁路运输企业财务清算及各级领导决策提供依据。

第一节　货运统计调查

一、货物运输统计调查方式

货运统计调查采取以统计报表为主,临时性的专门调查为辅的方式进行。日常的、系统的基本统计资料的取得,是依靠一整套特定的定期统计报表来实现的;临时调查则是定期统计报表的补充,它与定期统计报表是相辅相成的。

货物运输统计报表制度分速报统计报表制度和精密统计报表制度两种。前者是由铁道部制定的《铁路货车统计规则》中关于"装卸车统计"所规定的;后者是由《铁路货物运输统计规则》规定的,它具体规定了各种定期统计报表的格式、内容和编制要求以及报告方式。

货物运输统计的临时调查是针对某一时期某项工作的特殊要求,为研究和解决货物运输工作中某一问题,而现行定期统计报表的统计资料又不足时,所临时组织的一次性专门调查或短期的定期报表。如需要组织全路性临时调查时,其调查内容、方式、方法、要求等,由铁道部进行统一部署。货物运输统计中的临时调查有:

(1)货物运输统计的重点调查。如为了对现有铁路干线强化改造,提高运输能力,使铁路运输由限制型向适应型转化。而对部分主要干线运量、货运密度等资料进行调查,也可建立短期的报告制度的调查方法,以进一步研究其变化的规律性。

(2)货物运输统计的抽样调查。如调查货物运送时间和货物运送速度等情况,可在铁路运输设备有较大的技术改造或新的列车运行图实行后,进行抽样调查,用抽样指标来推断总体指标,对货运工作的质量进行考核。

货物运输统计还可以根据统计研究的需要进行必要的典型调查。

二、货物运输统计的调查对象和调查单位

货物运输统计的基本任务阐明了货物运输统计调查的目的。要高质量地完成货物运输统计的基本任务,必须明确货物运输统计的调查对象,也就是货物运输统计的范围。

货运统计的调查对象(即统计范围)是:在铁路营业线、临时营业线上的车站承运并填制货票,使用运用车(包括企业自备及租用车)运送的一切货物。其中包括:

1. 自站办理承运的货物(包括免费回送货主的货车用具和加固材料)。

2. 口岸站由境外接运的货物。

3. 不同轨距倒装站,由不同轨距倒装的货物。

对下列运输不包括在货物运输统计范围之内:

(1)铁路专用线、不办理公共营业的专用铁路及在建线内部运送的货物。

(2)按轴公里计费,挂运或自行的铁道机车、车辆及轨道机械。

货运统计的调查单位是一批货物的运输。一批货物不等于一车货物,也不是一件或 1t 货物,而是指填制一张货票,按同一运输条件运输的货物,在铁路货物运输中,"批"是办理货物承运与交付的基本单位。

货运统计调查的主要原始单据是货票。货票上记载了所需要的统计项目:发站、到站、发局、到局、经由、里程、货物名称、货物重量、运费、承运时间等。货票一式四联:甲联留发站存查;乙联由发站报送发局,分批向统计部门移交,作为货运统计的原始资料;丙联交托运人;丁联随货物送至到站存查。

将一批货物从甲地运往乙地,需要花费一定的时间,因此,是按货物发送时间统计,还是按货物到达时间统计,是应当明确的一个问题。相比之下,按货物发送时间统计的好处是:统计的原始单据在运输过程开始时即可取得,有利于提高统计资料的时效性;按货票乙联进行统计,货票号码是连续的,有利于保证统计资料的完整性;原始数据可与财务有关报表核对,有利于保证统计指标的正确性。因此,我国铁路是按货物发送时间统计的。关于货运统计结算时间,规定为 18:00,即每日 18:00 前承运的货物统计为当日的货物发送量,18:00 后承运的货物统计为次日的货物发送量。

三、货物运输统计的原则

为了使全路货物运输统计工作顺利进行,保证准确地进行铁路货物运输统计,必须遵循以下几项原则。

(一)按铁路运输企业进行统计

货物运输统计是以铁路运输企业为报告单位。而每批货物的运送通常是由几个运输企业共同完成的,且铁路货车又在全国铁路线上流动作业,各铁路运输企业的机车也经常跨越相邻铁路运输企业管辖线路的牵引区段进行牵引作业,为了使各铁路运输企业货物运输统计工作和日常运输组织工作相适应,必须与铁路运输企业范围结合起来,以便于统计资料的搜集、整理和分析;便于检查监督铁路运输企业和其所属单位货物运输计划的执行情况;加强企业的经营管理工作;研究线路的货物运输密度和运输效率。因此,货物运输统计工作应按铁路运输企业范围进行统计。

(二)明确货物运输统计报告期的起止时间

货物运输的统计调查和统计整理工作是按月进行的,各种季(年)定期报表也是在按月整理的基础上汇总编制而成的,为了使货物运输统计与计划口径一致,并且与货物运输速报统计一口径,便于督促检查和相互核对,保证货物运输统计资料的完整性和准确性,对货物运输统计报告期的起止时间有明确和统一的规定。即自上月末最后一天的 18:01 起至本月末最后一天的 18:00 为止为统计报告期。

(三)货物运输量按实际重量进行统计

各种货物的计量单位因其形态各异而不同,为了组织好运输工作,其首要问题是要切合实际地反映货物运输的总规模,而且要便于计算。现行的办法对无论以哪种运输方式计算货运输量时,都统一按实际重量进行统计。这是因为:第一,大宗物资的运输,如煤、钢铁、粮食、棉花等,在生产部门和销售部门都是以重量为计量单位的,货物运输量也采用重量单位计算,相互一致,有利于研究产、运、销之间的关系。第二,一般货物不论其外形包装如何改变,其重量总是不变的。例如,1 t棉花散堆或捆成包或用机器压缩包装时,其重量还是1t,而体积却发生了很大的变化。如果以体积来计算货物运输量,就很难正确反映货物运输量的大小。第三,铁路载运货物的货车主要是按载重量来计算其使用效率的,货车按标记载重分 60 t、70 t、80 t 等多种类型;铁路机车在牵引作业时也是按其牵引重量来考核其运用效率的。所以,用重量单位来计算货物运输量,便于反映货车载重能力和机车牵引力的利用程度及研究运量和运能之间的平衡,以适应铁路现代化建设的需要。

第二节　货运统计分组

科学的统计分组是整理和分析统计资料的基础,是研究运输经济现象的重要方法。货物运输的生产活动是一个复杂的过程,涉及面很广,为了深入细致地研究分析货物运输的各种情况,需要按不同标志,把运输经济现象区分出不同性质或类型的组。在货物运输统计中,主要有以下几种分组方法。

一、按运输企业性质分组

目前,全国铁路运输企业按产权不同分为国家铁路、合资铁路和地方铁路三大类,其中,国家铁路包括国家铁路运输企业及控股合资铁路运输企业。各铁路运输企业都要分别编制、上报货运统计报表,提供统计资料。

二、按运输的货物种类分组

在货物运输统计中,按货物种类分组是最重要的统计分组。铁路承运的货物种类繁多,各种货物在国民经济中的作用不同,其所要求的运输条件也不同,为了全面反映货物运输情况和其与国民经济各部门、各行业的联系,研究产、运、销之间的关系,加强计划运输和日常运输组织管理工作,检查分析运输政策、运输计划的执行情况,必须对运输的货物进行分门别类的统计。

铁路运输的货物品名数以万计,逐一按品名统计是不可能的,也是不必要的,科学的方法是按一定的原则加以归类统计。分类原则主要有:

(1)根据党和国家发展国民经济的基本方针、政策和各种货物在国民经济中所处的地位和作用。

(2)根据各种货物的运量大小和其在全部货物运输量中所占的比重。

(3)按照特殊货物对载运工具、运输条件的特殊要求,如石油用罐车运输,易腐货物用冷藏车运输等。

(4)分类标志的选择要科学、合理,既要满足分类的目的和要求,又要保证分类清晰,即货物各个类别之间的界限要鲜明。

(5)货物分类要相对稳定,随着国民经济的不断发展,应有相应的变化。但也要照顾到与历史资料的可比性。同时统计分类一定要与计划分类相适应。

按照以上原则,铁路运输的货物共分为 26 类,即:①煤;②石油;③焦炭;④金属矿石;⑤钢铁及有色金属；⑥非金属矿石；⑦磷矿石；⑧矿物性建筑材料；⑨水泥；⑩木材；⑪粮食；⑫棉花；⑬化肥及农药；⑭盐；⑮化工品；⑯金属制品；⑰工业机械；⑱电子、电器机械；⑲农业机具；⑳鲜活货物；㉑农副产品；㉒饮食品及烟草制品；㉓纺织品，皮革、毛皮及其制品；㉔纸及文教用品；㉕医药品；㉖其他货物。

此外，对于零担货物和集装箱货物，不论为何种品名，均按"零担"货物品类和"集装箱"货物品类统计。

通过货物品类的分组统计，可以检查运输政策的贯彻及运输计划的执行情况；研究各地区经济特征和各地区之间的经济联系；揭露货物不合理运输等情况。车站还可以根据各种货物所需要的运输条件及货车的种类，合理地安排货位、调配车辆和配备装卸机具及劳动力等，以便科学地组织货物装卸和运输工作。

三、按运输范围分组

按运输范围分组也叫按运输种别分组，是指按经由运输企业的范围进行分类。按照这一标准，货物运输主要分成两大类：

1. 管内运输

管内运输是指发到站均在本运输企业内，不经过其他运输企业所完成的运输。

2. 直通运输

直通运输是指经过两个及两个以上运输企业所完成的运输。直通运输又分为输出运输、输入运输和通过运输。

(1)输出运输是指发站在本运输企业，发往其他运输企业，或虽发往本运输企业，而在运输过程中需经由其他运输企业的运输。

(2)输入运输是指发站属于其他运输企业，或虽属本运输企业，但在运输过程中需经由其他运输企业而到达本运输企业的运输。

(3)通过运输是指由相邻运输企业接入，通过本运输企业再移交相邻运输企业的运输。

另外，当以国家铁路运输企业为统计对象时，将其与管内合资、地方铁路相互间的运输，视为管内运输。合资、地方铁路运输企业划分运输种别时，将其作为独立的运输企业进行划分（有特殊指明时除外）。

综上所述，按运输范围分组也反映了铁路运输企业货物运输作业的不同，如：管内运输在本运输企业有货物装车作业、运送作业、卸车作业；输出运输在本运输企业只有货物装车作业、运送作业，然后向相邻运输企业移交，而在本运输企业无卸车作业；输入运输的货物由相邻运输企业接入，在本运输企业无装车作业，经过运送作业，然后进行卸车作业；通过运输的货物由相邻运输企业接入后进行运送作业，然后再向相邻运输企业移交，在本运输企业既无装车作业，又无卸车作业。因此，按运输范围分组，可以说明各种货物运输在铁路运输企业总的货物运输量及周转量中所占的比重，反映铁路运输企业货运工作量的结构及其运营工作的性质，从而分析它们对运输成本、劳动生产率等的不同影响，同时与货物品类进行复合分组，计算每类货物的各种运输的数量则还可以说明铁路运输企业所在地区的经济特征。

四、按货物发、到地区分组

这种分组是将各运输企业、各省(直辖市、自治区)或一个运输企业各站发送的货物(包括各分界口接入的货物)，按其到达各运输企业、各省(直辖市、自治区)或运输企业各站(包括各分界口交出的货物)进行分组,来反映货物的流量和流向,从而说明各地区(站)货物交流量及其经济联系的情况。通常采用货物交流表(又称斜线表或棋盘式交流表)来表示。此表的格式是:主词栏为货物发送(接入)地区,宾词栏为货物的到达(移交)地区,而且主词栏和宾词栏的地区名称是以同一顺序排列的。这样,同一行由左向右各格内的数字表示同一地区运往各到达地区的货物运输量;在同一栏由上到下各栏的数字表示同一到达地区的货物是由哪些地区运来的。此表要按货物品类分别编制,这样可以对各种品类货物在各地区间发、到情况一目了然,全面反映出各类货物的流向、流量和有关地区之间的经济联系,是各级经济、计划、规划、设计、科研等部门所必需的统计资料之一。

省级行政区划间货物交流统计表的格式见表2-1。

表 2-1 省级行政区划间货物交流量统计表

_____品类　　　　　　　　　　　　　　　　　　　　　　　　　单位:kt

铁路运输企业:　　　　　　　　　　年　月

发送省＼到达省	省1	省2	省3	…	省 N	合　计
省1						
省2						
省3						
⋮						
省 N						
合　计						

表内由左上方向右下方的斜线上的数字为各省的省内货物运输量。

货物品名别的行政区域间货物交流统计表,可以反映各省(直辖市、自治区)各种货物的发送量、到达量、输入量和输出量以及本省内部的运输量。还可以说明各省(直辖市、自治区)之间的经济联系。

如果将此表的各省(直辖市、自治区)改为各运输企业,则可以了解各运输企业所在地区之间的经济联系和各运输企业按品名别的管内运输、输出运输和输入运输的货物重量以及货物的发送量和到达量。

又如对某运输企业各主要站(区段)间各类货物的交流情况进行统计,则可反映出该运输企业内部的货物运输情况及与相邻运输企业的货物接入和移交情况。由于一个运输企业的货运车站较多,故在设计此表时,没有必要将每一个车站一一列入发、到地区内,可将运量较大的主要货运站单列,对运量较小的中间站可合并为区段列出,做到在不影响统计分析结果的前提下适当缩小表的幅面。

五、按运输距离分组

前面三种分组都是按品质标志分组,按运输距离分组则是按数量标志分组。这种分组反映了货运量在不同运距上的分布情况,并能揭示过近、过远等不合理运输,促进各种运输方式的合理分工。

按运输距离分组是以货物的运输距离作为分组标志。铁路所运输的货物距离有远有近,近者几十公里,远者达数千公里。不同运输距离的货物运输组织工作是不同的,每批货物在运输过程中所需要的时间不同,其运送速度也不一样。因此,为了深入地研究货物运输距离远近与货物运送时间、运送速度和运输成本等指标的关系；研究分析不同运输距离货物的发送量及其结构变化的情况，就必须将货物发送量按照不同的运输距离进行分组。

表2-2可以说明货物发送量在不同运输距离范围内的分配情况。如果结合货物品类的分组，则可进一步分析货物产销地之间的联系距离和揭露过近、过远等不合理运输，从而采取消除不合理运输的措施；研究其与现有运输能力之间的平衡问题，制定合理的运输政策和运价，协调各种运输方式的合理分工；研究不同运输距离货物运输对运输成本的影响程度，以充分利用现有铁路运输能力和发挥铁路运输的优势。

表2-2　某运输企业货物发送量按运输
距离分组的统计资料

运输距离(km)	货物运输量比例(%)
50以下	0.6
50～100	2.4
100～600	30.1
600～1 100	44.2
1 100～1 600	26.2
1 600～2 100	3.2
2 100～2 600	1.8
2 600以上	1.5
合　　计	100.0

上述货物运输统计分组在目前实行的货物运输统计定期报表制度中都有所体现。由于统计分组的根本任务在于区别现象之间存在着的质的差别，从而进一步从数量方面揭示现象内部的联系和说明总体的特征，所以，统计分组在整个统计研究中具有十分重要的意义。统计分组的正确与否是决定整个统计研究成败的关键。为此，货物运输统计的分组，并不局限于上述几种，而是要根据统计调查研究的任务和目的，抓住本质性、根本性的问题，正确地选择分组标志进行统计分组，这样才会取得满意的统计研究结果。

除上面五种常见的分组方式外，还有按货流密度分组、按货车种类分组、按货物性质分组等类型，实际工作中可灵活运用。

第三节　货运统计指标

一、货物重量指标

1. 货物承运量

货物承运量是指铁路货运营业车站承运的货物重量（包括本站承运货物、入境货物、不同轨距倒装货物）。货物重量根据货物运输单据中记载的货物实际重量计算，无货物实际重量时，按计费重量计算。

$$\begin{array}{l}铁路运输企业\\货物承运量\end{array}=\begin{array}{l}本运输企业内\\各营业站货物\\承运量之和\end{array}+\begin{array}{l}本运输企\\业管内货\\物承运量\end{array}+\begin{array}{l}输出货物\\承运量\end{array} \qquad (2-1)$$

$$\begin{array}{l}全国铁路\\货物承运量\end{array}=\begin{array}{l}国家铁路\\货物承运量\end{array}+\begin{array}{l}合资铁路\\货物承运量\end{array}+\begin{array}{l}地方铁路\\货物承运量\end{array} \qquad (2-2)$$

$$省级行政区划货物承运量=省级行政区划辖区内各营业站货物承运量之和 \qquad (2-3)$$

2. 货物接运量

货物接运量是指从其他铁路运输企业接入到达及接入通过本铁路运输企业的货物量。

3. 货物发送量

货物发送量又称货物发送吨数，简称发吨，是指铁路各营业站发送货物的重量。它既可以指某一特定货物品类的发送量，也可以指某一特定时期内全部货物的发送量。它既可以指某一营业站的货物发送量,也可以指某一铁路运输单位,如运输企业或全路的货物发送量,还可以指某一省、直辖市、自治区范围内的全部货物发送量。

(1)当货物发送量指某一特定时期内的全部货物发送量时,有

$$货物发送量=各种货物全部发送量的总和 \tag{2-4}$$

(2)当货物发送量指某一运输企业或全路,或某一省、直辖市、自治区范围内的全部货物发送量时,有

$$货物发送量=管内各站货物发送量的总和 \tag{2-5}$$

由国外铁路或由不同轨距铁路倒装续运的货物,视同由本单位始发的货物,一并计入相应的货物发送量。

(3)就某一运输企业而言,或就某一省、直辖市、自治区而言,按所发送货物的去向,又有到达自单位管内的(即自装自卸的)和向外单位输出的,有

$$货物发送量=管内货物重量+输出货物重量 \tag{2-6}$$

(4)就某一运输企业而言,有

$$货物发送量=货物运送量-货物接运量 \tag{2-7}$$

国家铁路货物发送量由两部分组成,一部分是国家铁路运输企业货物发送量,另一部分为国家铁路运输企业管内控股合资铁路货物发送量。

$$国家铁路运输企业货物发送量=国家铁路运输企业货物承运量+管内非控股合资铁路、地方铁路运输企业承运经国家铁路运输企业分界站(或交接站)输出的货物量 \tag{2-8}$$

$$合资铁路运输企业货物发送量=合资铁路运输企业货物承运量 \tag{2-9}$$

$$地方铁路运输企业货物发送量=地方铁路运输企业货物承运量+货物接运量 \tag{2-10}$$

$$国家铁路货物发送量=各国家铁路运输企业货物发送量之和+各控股合资铁路货物发送量之和 \tag{2-11}$$

$$合资铁路货物发送量=各合资铁路运输企业货物发送量之和 \tag{2-12}$$

$$地方铁路货物发送量=各地方铁路运输企业货物发送量之和 \tag{2-13}$$

$$省级行政区划货物发送量=各铁路运输企业在相应行政区划辖区内的货物发送量之和 \tag{2-14}$$

$$全国铁路货物发送量=国家铁路货物发送量+合资铁路货物发送量+地方铁路货物发送量 \tag{2-15}$$

货物发送量是铁路运输企业货物运输收入的源泉,也是获取货运经济效益的源泉。为此,各单位都高度重视货物发送量的完成和提高。做好运输市场营销工作,不断提高铁路运输的服务质量,以及努力促进本地区吸引范围内的经济发展,是提高本单位货物发送量的重要措施。

货物发送量的多少,反映着铁路为国民经济和社会发展服务的数量,也表现出一个车站、运输企业或全路货物始发工作量(如承运、装车、调车等)的大小。

4. 货物到达量

货物到达量也称货物到达吨数,简称到吨,是指铁路各营业站到达货物的重量。和货物发送量一样,它既可以指某一特定货物品类的到达量,也可以指某一特定时期内的全部货物的到达量。它既可以指某一车站的货物到达量,也可以指某一运输企业或全路的货物到达量,还可以指某一省、直辖市、自治区范围内的全部货物到达量。为此,相应有

$$货物到达量=各种货物全部到达量的总和 \tag{2-16}$$

$$货物到达量=管内各站货物到达量的总和 \tag{2-17}$$

$$货物到达量=管内货物重量+输入货物重量 \tag{2-18}$$

$$货物到达量 = 货物运送量 - 货物移交量 \tag{2-19}$$

$$国家铁路运输企业货物到达量 = 本运输企业内各营业站货物到达量之和 \tag{2-20}$$

$$\begin{matrix}合资铁路运输企\\业货物到达量\end{matrix} = \begin{matrix}本运输企业内各营业\\站货物到达量之和\end{matrix} = \begin{matrix}管内货物\\承运量\end{matrix} + \begin{matrix}输入货\\物量\end{matrix} \tag{2-21}$$

$$\begin{matrix}地方铁路运输企\\业货物到达量\end{matrix} = \begin{matrix}本运输企业内各营业\\站货物到达量之和\end{matrix} = \begin{matrix}管内货物\\承运量\end{matrix} + \begin{matrix}输入货\\物量\end{matrix} \tag{2-22}$$

$$\begin{matrix}国家铁路货\\物到达量\end{matrix} = \begin{matrix}各国家铁路运输企\\业货物到达量之和\end{matrix} + \begin{matrix}各控股合资铁路\\货物到达量之和\end{matrix} \tag{2-23}$$

$$合资铁路货物到达量 = 各合资铁路运输企业货物到达量之和 \tag{2-24}$$

$$地方铁路货物到达量 = 各地方铁路运输企业货物到达量之和 \tag{2-25}$$

$$\begin{matrix}省级行政区划\\货物到达量\end{matrix} = \begin{matrix}各铁路运输企业在相应行政区划\\辖区内的货物到达量之和\end{matrix} \tag{2-26}$$

$$\begin{matrix}全国铁路货\\物到达量\end{matrix} = \begin{matrix}国家铁路货\\物到达量\end{matrix} + \begin{matrix}非控股合资铁\\路货物到达量\end{matrix} + \begin{matrix}地方铁路货\\物到达量\end{matrix} \tag{2-27}$$

如果说货物承运是铁路货物运输工作的起点，则货物到达也可以说是铁路货物运输工作的终点。货物到达量的大小，表现出一个车站、运输企业或全路在一定时期内到达工作量（如卸车、交付等）的大小。

货物到达量虽不像货物发送量那样可以直接从货主处取得运输收入，但它是各铁路运输单位运输收入清算的依据之一。同时，它同货物发送工作一样，包含着直接面向货主的服务。因此，做好货物到达工作，不断提高服务质量，也是非常重要的。

5. 货物运送量

货物运送量是指铁路运输企业货物运输的总重量。包括本运输企业货物发送量和由相邻铁路运输企业接运的货物重量。有

$$\begin{matrix}铁路运输企业\\货物运送量\end{matrix} = \begin{matrix}管内货\\物重量\end{matrix} + \begin{matrix}输出货\\物重量\end{matrix} + \begin{matrix}输入货\\物重量\end{matrix} + \begin{matrix}通过货\\物重量\end{matrix} \tag{2-28}$$

$$铁路运输企业货物运送量 = 货物发送量 + 货物接运量 \tag{2-29}$$

$$铁路运输企业货物运送量 = 货物到达量 + 货物交出量 \tag{2-30}$$

全路在统计的意义上是一个封闭的系统，既无输出、输入，也无通过。这是因为从国境站接入的货物量统计为该站的承运量，由国境站交出的货物量统计为该站的到达量。因此，对全路而言，货物承运（到达）量与货物运送量是一致的，有

$$全国铁路货物运送量 = 全国铁路货物承运量 = 全国铁路货物到达量 \tag{2-31}$$

由此可知

$$全国铁路货物运送量 \neq 各运输企业货物运送量的总和 \tag{2-32}$$

【例 2-1】　甲运输企业某年货运统计资料如表 2-3 所列。计算该企业的各项货物重量指标。

表 2-3　甲运输企业货运统计资料　　　　　　　　　　　　　　单位：万 t

发送量		接　运　量					
计	其中管内	自乙运输企业	其中输入	自丙运输企业	其中输入	自丁运输企业	其中输入
6 000	4 000	1 200	500	800	300	1 000	600

由表 2-3 中的数据，可计算出甲运输企业的各项货物重量指标如下：

货物发送量为 6 000 万 t

管内货物重量为 4 000 万 t

货物接运量＝1 200 ＋800＋1 000＝3 000(万 t)

输出货物重量＝6 000－4 000＝2 000(万 t)

输入货物重量＝500＋300＋600＝1 400(万 t)

通过货物重量＝(1 200－500)＋(800－300)＋(1 000－600)＝1 600(万 t)

货物到达量＝4 000＋1 400＝5 400(万 t)

货物交出量＝输出货物重量＋通过货物重量＝2 000＋1 600＝3 600(万 t)

货物运送量＝货物发送量＋货物接运量＝6 000＋3 000＝9 000(万 t)

6. 货物中转量

货物中转量也称货物中转吨数,简称中转吨,是指铁路营业站或中转站完成中转作业的货物重量。

$$某一运输企业或全路的货物中转量＝管内各站货物中转量的总和 \qquad (2-33)$$

货物中转量反映的是一个车站、运输企业或全路货物中转工作量的大小。由于货物中转是一种附加的作业,在可能条件下,应力争减少货物的中转次数,压缩货物中转吨数。

7. 出入境货物量

(1)出境货物量

出境货物量是指由国内铁路营业站承运及口岸站本站承运、由口岸站交出到境外铁路的货物重量。

(2)入境货物量

入境货物量是指由境外铁路接入的全部货物重量,包括由境外铁路接入后继续接运到内地的货物、接入后直接在口岸站办理交付及在口岸站终止国际联运手续的货物重量。

(3)过境货物量

过境货物量是指由境外铁路(或经港口)接入后,按规定填制货票,并通过国内运输又由另一口岸站(或经港口)交出境外(铁路)的货物重量。

8. 货运总发送量

货运总发送量是指货物发送量与行李、包裹发送量之和。

$$货运总发送量＝货物发送量＋行李、包裹发送量 \qquad (2-34)$$

二、货物周转量

货物周转量,简称货周量,是指货物重量与相应的运送距离的乘积,单位是"t·km"。1 t货物被运送 1 km 即为完成 1 t·km 的货物周转量。

铁路运输业的产品是货物、旅客的位移,也就是货物或旅客所在地的变更。因此,全面反映铁路货物运量的指标应当包括所运货物的数量和所运货物的距离两个因素。但是,货物发送量和运送量等指标都只能反映所运货物的数量,而没有包括运输距离的因素,都不能全面地反映铁路的运量。能够全面反映铁路货物运量的指标就是货物周转量,它是由各种运程的货物运送量和相应的货物运输距离相乘而得。货物周转量全面反映了运输业的产品特性,是货物运输的产量指标。

由于一个运输企业的货物发送量不能表明它的全部货物运输工作量,因此在计算货物周转量时必须采取货物运送量,而不能以货物发送量为依据。

在铁路货物运输统计中,货物重量和货物周转量统称为货物运输量。

对于站内搬运货物,只统计重量,不计算货物周转量。

$$\begin{aligned}\frac{\text{全部货物}}{\text{周转量}}=\frac{\text{各种货物周}}{\text{转量的总和}}=\left(\begin{array}{l}\text{各种运程的}\\\text{货物运送量}\end{array}\times\begin{array}{l}\text{相应的货}\\\text{物运程}\end{array}\right)\text{的总和}\end{aligned} \quad (2-35)$$

$$\text{全部货物周转量}=\text{全部货物的运送量}\times\text{全部货物的平均运程} \quad (2-36)$$

货物周转量根据不同分组方式及经由口径分为运输种别货物周转量、品类别货物周转量、区段货物周转量、线别货物周转量、铁路运输企业货物周转量及货物计费周转量等。

1. 运输种别货物周转量

$$\text{管内货物周转量}=\sum(\text{管内货物重量}\times\text{发、到站间运输里程}) \quad (2-37)$$

$$\text{输出货物周转量}=\sum(\text{输出货物重量}\times\text{发站至输出分界站间运输里程}) \quad (2-38)$$

$$\text{输入货物周转量}=\sum(\text{输入货物重量}\times\text{输入分界站至到站间运输里程}) \quad (2-39)$$

$$\text{通过货物周转量}=\sum(\text{通过货物重量}\times\text{输入分界站至输出分界站间运输里程}) \quad (2-40)$$

2. 铁路运输企业货物周转量

$$\text{铁路运输企业货物周转量}=\text{铁路运输企业内各运输种别货物周转量之和} \quad (2-41)$$

3. 全国铁路、国家铁路、合资铁路、地方铁路货物周转量

国家铁路货物周转量由两部分组成,一部分为国家铁路运输企业货物周转量,另一部分为国家铁路运输企业管内控股合资铁路货物周转量。

$$\text{国家铁路运输企业货物周转量}=\text{各国家铁路运输企业货物周转量之和} \quad (2-42)$$

$$\frac{\text{国家铁路货}}{\text{物周转量}}=\frac{\text{各国家铁路运输企业}}{\text{货物周转量之和}}+\frac{\text{各控股合资铁路货}}{\text{物周转量之和}} \quad (2-43)$$

$$\text{合资铁路货物周转量}=\text{各合资铁路运输企业货物周转量之和} \quad (2-44)$$

$$\text{地方铁路货物周转量}=\text{各地方铁路运输企业货物周转量之和} \quad (2-45)$$

$$\frac{\text{全国铁路货}}{\text{物周转量}}=\frac{\text{国家铁路货}}{\text{物周转量}}+\frac{\text{非控股合资铁}}{\text{路货物周转量}}+\frac{\text{地方铁路货}}{\text{物周转量}} \quad (2-46)$$

4. 省级行政区划货物周转量

$$\text{省级行政区划货物周转量}=\frac{\text{各铁路运输企业在相应省级行政}}{\text{区划辖区内的货物周转量之和}} \quad (2-47)$$

5. 货物计费周转量

$$\text{货物计费周转量}=\text{货物计费重量}\times\text{计费里程} \quad (2-48)$$

计费周转量,也称计费吨公里,是根据货票中所载的货物实际重量和铁路货物运价里程表中的计费里程(一般是最短距离)计算的,一般只在月末和年末进行总算,作为计算和考核各运输企业或全路及分配各运输企业运输收入和计算运输成本之用。计费周转量的大小直接关系到货运收入的多少。每一运输企业的计费周转量,就是在各运输企业范围内运送的各批货物计费周转量的总和。

6. 货运总周转量

货运总周转量是指货物周转量与行李、包裹周转量之和。即

$$\text{货运总周转量}=\text{货物周转量}+\text{行李、包裹周转量} \quad (2-49)$$

货物周转量是铁路运输工作中最重要的指标之一,它能较全面地表明铁路的货物运量,是铁路运输收入的来源,因此它也应当是铁路在各运输企业间分配运输收入的基本依据。同时,

它又是铁路计算运输成本和劳动生产率的重要依据。

货物周转量的大小是影响铁路运输成本和劳动生产率的重要因素之一。在其他条件相同或大体相同的情况下,更多地完成货物周转量就可以提高劳动生产率和降低运输成本;反之,如果货物周转量减少了,就会使劳动生产率降低和运输成本增大。

除了精密统计用计费周转量外,在速报统计中,还经常使用运行周转量,也称运行吨公里。

运行吨公里(也称载重吨公里、营运吨公里),是根据司机报单上所载的货物实际重量和实际走行距离计算的。它每天都要计算,用以考核并分析机车用油或电、油脂的支出和机车运用情况。在其他有关指标不变的情况下,运行吨公里的大小直接影响到车辆公里、列车公里等的大小,因而它直接关系到铁路运营支出的多少。

在铁路实际工作中会产生计费吨公里和运行吨公里的差别,这是因为铁路运输货物有时并非按照最短距离,而是迂回运送的,而且计费吨公里有时从计费地点起算而不是从装车地点起算,这样就造成了二者之间的差额。就某一运输企业而言,运行吨公里往往大于计费吨公里。但是,二者之间的出入不能过大,否则应积极追查原因,以求改进。计费吨公里和运行吨公里差数百分率的计算方法如下

$$计费吨公里和运行吨公里差数百分率 = \frac{运行吨公里 - 计费吨公里}{计费吨公里} \times 100\% \qquad (2-50)$$

因此,运行吨公里和计费吨公里有如下的关系

$$运行吨公里 = 计费吨公里 \times (1 + 计费吨公里和运行吨公里差数百分率) \qquad (2-51)$$

在制订计划时,计费吨公里是根据货流图计算的,而运行吨公里则按照上述公式(根据计划的差数百分率)推算而得。

在实际工作中,究竟采用哪种货物周转量作为计算的依据,要视具体情况而定。一般来说,涉及铁路对外部的指标一般采用计费吨公里,而运输企业内部的许多考核指标则往往采用运行吨公里为计算依据。

在实际的统计工作中,是利用站间货运密度(或称区间货运密度)来计算货物周转量的。所谓站间货运密度,是指两相邻车站间通过的货物吨数。同一区间上、下行通过的货物吨数往往不相等,故站间货运密度应按上、下行方向分别计算。

设某区段共有 n 个站间区间,第 i 区间的上行(或下行)货运密度记作 $g_i^{\text{上(下)}}$,第 i 区间的长度(里程)记作 l_i,则该区段上(下)行货物周转量 $Z_货^{\text{上(下)}}$ 为

$$Z_货^{\text{上(下)}} = \sum_{i=1}^{n} g_i^{\text{上(下)}} l_i \qquad (2-52)$$

对运输企业所有区段都计算出了货物周转量之后,该运输企业的货物周转量即为各区段货物周转量之和,即

$$Z_货 = \sum_{区段} (Z_货^{\text{上}} + Z_货^{\text{下}}) \qquad (2-53)$$

由此可见,计算运输企业乃至全路的货物周转量的关键是计算各区段的货物周转量,而各区段的里程是定值,故计算区段货物周转量的关键是求站间货运密度。下面通过一个例子说明其计算方法。

【例 2-2】 A—B 区段($A \rightarrow B$ 为下行)站间里程分别为:

$A \rightarrow a$:10 km $a \rightarrow b$:12 km $b \rightarrow c$:11 km

$c \rightarrow d$:15 km $d \rightarrow e$:9 km $e \rightarrow B$:13 km

A—B 区段站间货物交流量如表 2-4 所列。

表 2-4　A－B 区段站间货物交流表　　　　　　　　　　单位:百万 t

自 \ 至	A	a	b	c	d	e	B	计
A		1	3	—	0.5	2	10	16.5
a	4		—		0.8	—	5	9.8
b	0.5	—				0.6	2	3.1
c	2	—	0.1				1	3.1
d	0.4	0.3				0.1	3	3.8
e	6	4	0.2		—		7	17.2
B	15	—		8		1.3		24.3
计	27.9	5.3	3.3	8	1.3	4	28	77.8

据上表,通过绘制货流图可以直接观察计算各区间上、下行货运密度。例如

$$g_{A-a}^{下}=10+2+0.5+3+1=16.5(百万 t)$$

$$g_{A-a}^{上}=15+6+0.4+2+0.5+4=27.9(百万 t)$$

各区间货运密度算出之后,即可求得全区段的货物周转量。具体计算过程列于表 2-5。

表 2-5　区段货物周转量计算表

区 段	区间里程	下 行 货运密度 g(百万 t)	下 行 货物周转量 (百万 t·km)	上 行 货运密度 g(百万 t)	上 行 货物周转量 (百万 t·km)
A—a	10	16.5	165.0	27.9	279.0
a—b	12	21.3	255.6	28.2	338.4
b—c	11	20.9	229.9	28.0	308.0
c—d	15	21.9	328.5	33.9	508.5
d—e	9	23.7	213.3	33.2	298.8
e—B	13	28	364.0	24.3	315.9
Σ	70		1 556.3		2 048.6

由表 2-5 可知,A—B 区段上、下行货物周转量分别为

$$Z_{货}^{上}=2\ 048.6\ 百万 t·km$$

$$Z_{货}^{下}=1\ 556.3\ 百万 t·km$$

上面的方法称为图解计算法。这一方法需要作图,比较麻烦,若不愿作图,直接从货物交流表(表 2-4)上求站间货运密度也是可行的。具体办法是:欲求 $i—j$ 区间($i→j$ 为下行)下行货运密度,以 i 站所在行、j 站所在列的交点为起点,向右、向上行走,至最右端车站和最上方车站处转折,继续行走,可得一矩形,此矩形范围内的全部数字之和即为 $i—j$ 区间下行货运密度 $g_{i-j}^{下}$。欲求 $i—j$ 区间上行货运密度 $g_{i-j}^{上}$,只需"反其道而行之",即以 j 站所在行、i 站所在列的交点为起点,向左、向下行走作一矩形,该矩形框住的数字之和即为 $g_{i-j}^{上}$,例如

$$g_{c-d}^{下}=0.5+0.8+2+0.6+10+5+2+1=21.9(百万 t)$$

$$g_{c-d}^{上}=0.4+6+15+0.3+4+0.2+8=33.9(百万 t)$$

与表 2-5 中的数值是一致的。此法可称之为"矩形法",其计算过程也可列表进行(格式同表 2-5)。除上面介绍的两种方法之外,还可用"递推法"计算站间货运密度。

将区段各站按某一方向,不妨假定按下行方向,自起点至终点编号为$1,2,\cdots,n$,相应各区间按下行方向依次编号为$1,2,\cdots,n-1$,第i站的下行货物发送吨数、到达吨数分别记作$G_{发i}^{下}$、$G_{到i}^{下}$,第i区间的下行货运密度记作$g_i^{下}$,计算下行站间货运密度的递推公式为

$$g_i^{下}=g_{i-1}^{下}+G_{发i}^{下}-G_{到i}^{下},(i=2,3,\cdots,n-1) \tag{2-54}$$

当$i=1$时的初始条件是$g_1^{下}=G_{发1}^{下}$。反过来,计算上行站间货运密度的递推公式为

$$g_i^{上}=g_{i+1}^{上}+G_{发i+1}^{上}-G_{到i+1}^{上}(i=n-2,n-3,\cdots,2,1) \tag{2-55}$$

当$i=n-1$时的初始条件是$g_{n-1}^{上}=G_{发n}^{上}$。

以表2-4的资料为例,用递推法计算A—B区段货物周转量见表2-6。

表2-6　区段货物周转量的递推计算表

站名	车站编号	区间名	区间编号	区间里程	下　行				上　行			
					$G_发$ (百万 t)	$G_到$ (百万 t)	g (百万 t)	gl (百万 t·km)	$G_发$ (百万 t)	$G_到$ (百万 t)	g (百万 t)	gl (百万 t·km)
A	1	$A-a$	1	10	16.5	—	16.5	165.0	—	27.9	27.9	279.0
a	2	$a-b$	2	12	5.8	1	21.3	255.6	4	4.3	28.2	338.4
b	3	$b-c$	3	11	2.6	3	20.9	229.9	0.5	0.3	28.0	308.0
c	4	$c-d$	4	15	1		21.9	328.5	2.1	8	33.9	508.5
e	5	$d-e$	5	9	3.1	1.3	23.7	213.3	0.7	—	33.2	298.8
e	6	$e-B$	6	13	7	2.7	28.0	364.0	10.2	1.3	24.3	315.9
B	7				—	28			24.3	—		
Σ					36	36		1 556.3	41.8	41.8		2 048.6

很明显,表2-6与表2-5的结果是一致的。

上述三种方法都可采用。图解法比较直观,但多了画图这一步骤,当区段内车站数目较多,观察计算容易出错。矩形法省去作图,方法简单易行,便于手工计算。递推法规律性强,有利于编程上机运算。

三、货物平均运程

货物平均运程,也称货物平均运输距离,是指平均每吨货物的运送距离。

货物平均运程不仅要按照全国铁路,而且要按各运输企业分别计算;不仅可按全部货物,而且可按每类货物分别计算。

$$国家铁路货物平均运程=国家铁路货物周转量/国家铁路货物发送量 \tag{2-56}$$

$$铁路运输企业货物平均运程=铁路运输企业货物周转量/铁路运输企业货物运送量 \tag{2-57}$$

$$某种货物的平均运程=\frac{该种货物的周转量}{该种货物的运送量} \tag{2-58}$$

$$全部货物的平均运程=\frac{全部货物周转量}{全部货物运送量} \tag{2-59}$$

货物平均运程反映产销地之间的联系距离,主要取决于资源配置和生产力布局。

货物平均运程的大小,直接关系到货物周转量的大小,直接关系到货主需要支付的运输费用和铁路货物运输收入的高低,因此是一项重要的指标。全国和各地区生产力的配置,地区之间的经济贸易联系和人民生活习惯以及地区间的物价差异等,是影响货物平均运程大小的重要因素。国家对生产的合理布局,全国和地区物资供应体制的改进与完善,正确和调控得宜的

物价政策等,对货物平均运程的合理化将会起到积极的作用。

【例2-3】 某运输企业某年品类别运送货物吨数及相应的平均运程如下:

煤	2 000万t	435 km
粮食	500万t	150 km
钢铁	300万t	250 km
其他	600万t	200 km

该运输企业全部货物的平均运程为:

$$\bar{L}=\frac{2\,000\times435+500\times150+300\times250+600\times200}{2\,000+500+300+600}=335.3(\text{km})$$

四、货物运输密度

货物运输密度简称货运密度,是指在一定时期内铁路某一区间、区段、某条线路、某一运输企业或全路平均每公里营业线所担负的货物周转量。货物运输密度计算中所用里程原则上按《货物运价里程表》确定。货运密度的计量单位一般采用"t·km/km",以表示线路的平均货运负荷这一物理意义。

1. 站间货物运输密度

站间货物运输密度是表示相邻车站之间平均每公里营业线所担负的货物周转量,分别按上、下行方向计算。

站间货物运输密度的计算方法(按运行方向计算)是

$$\frac{\text{第一个站间货}}{\text{物运输密度}}=\frac{\text{该线开始第一个车站}}{\text{所发送的货物吨数}}+\frac{\text{接入经由该站}}{\text{的货物吨数}} \qquad (2-60)$$

$$\frac{\text{第二个站间货}}{\text{物运输密度}}=\frac{\text{第一个站间货}}{\text{物运输密度}}+\frac{\text{第二个车站的}}{\text{发送货物吨数}}-\frac{\text{该站到达}}{\text{货物吨数}} \qquad (2-61)$$

以下各站间货物运输密度以此类推。

2. 区段货物运输密度

区段货物运输密度是表示某区段内平均每公里线路所担负的货物周转量,分别按上、下行方向计算。

$$\text{区段货物运输密度}=\frac{\sum(\text{站间货物运输密度}\times\text{站间里程})}{\text{区段里程}} \qquad (2-62)$$

3. 线别货物运输密度

线别货物运输密度是表示某营业线平均每公里线路所担负的货物周转量。

$$\text{线别货物运输密度}=\text{某营业线货物周转量}/\text{该线里程} \qquad (2-63)$$

4. 铁路运输企业货物运输密度

铁路运输企业货物运输密度是指铁路运输企业平均每公里营业线路所担负的货物周转量。

$$\frac{\text{铁路运输企业}}{\text{货物运输密度}}=\frac{\text{铁路运输企业货物周转量}}{\text{铁路运输企业营业里程}} \qquad (2-64)$$

5. 全国铁路货物运输密度

全国铁路货物运输密度是指全国铁路平均每公里营业线路所担负的货物周转量。

$$\text{全国铁路货物运输密度}=\text{全国铁路货物周转量}/\text{全国铁路营业里程} \qquad (2-65)$$

货运密度是表明线路运输能力利用程度的指标,也是表明线路工作强度的指标。因此,货物周转量一般用运行吨公里作为计算依据。铁路无论在新线设计或在旧线改建时,一般都要考虑货运密度的大小,以确定总重密度[即:(货运密度+相应的车辆自重吨公里)/线路总长度,其单位是总重吨公里/km],用作确定轨道类型,即选择钢轨类型、轨枕根数和道床厚度的依据。在计算时,一般都以一年或者平均每年的货物周转量及相应的总重吨公里为准。

同时,货运密度也是表明某一区段或某一运输企业或全路货运工作强度的指标。当两个区段的长度或两个运输企业所管辖的线路总长度相等而货物周转量不等时,其货运密度也就不等。很显然,货运密度大的区段、运输企业,其货运工作强度大,货运密度小的单位,货运工作强度也小。同一区段或同一运输企业,在不同时期货运工作强度的大小,也可以用货运密度指标明确地反映出来。

为了反映各条线路的货运工作强度,除了计算路网的平均货运密度之外,还要对具体的线路区段(特别是繁忙线路区段)计算这一指标。这时,同货物周转量一样,需按上、下行分别计算。以 $d_货^{上(下)}$ 记区段上(下)行平均货运密度,联系到式(2-52),有

$$d_货^{上(下)} = \frac{\sum_{i=1}^{n} g_i^{上(下)} l_i}{\sum_{i=1}^{n} l_i} \tag{2-66}$$

$d_货^上$ 与 $d_货^下$ 往往不相等,其差别程度反映了货物运输分方向的不均衡程度。例2-2中,已经算出了 A—B 区段上、下行货物周转量,代入式(2-66),得

$$d_货^上 = \frac{2\,048.6 \times 10^2}{70} = 2\,926.6(万\ t \cdot km/km)$$

$$d_货^下 = \frac{1\,556.3 \times 10^2}{70} = 2\,223.3(万\ t \cdot km/km)$$

可见,下行货运密度低于上行,二者之比为0.76,通常称此为货流不均衡系数。

货运密度指标除反映线路货运负荷外,还能反映线路(区段)的货运能力利用程度,从而为运输能力的加强提供依据。

第四节　集装箱运输统计

集装箱运输统计工作是集装箱运输管理的重要内容。通过集装箱运输的各项统计指标,可以直接反映集装箱运输的管理水平和运营效果,为此,应建立集装箱运输统计的报告制度,及时、准确地对集装箱运输进行统计分析,以便掌握情况,获取信息,正确指导日常运输工作。

一、铁路集装箱的主要类型

目前,我国铁路运输的集装箱按重量和尺寸分为1 t箱、20 ft箱、40 ft箱以及经铁道部批准运输的其他重量和尺寸的集装箱。

按箱主分为铁路箱和自备箱,其中铁路箱是承运人提供的集装箱,自备箱是托运人自有或租用的集装箱。

按所装货物种类和箱体结构分为普通货物集装箱和特种货物集装箱。普通货物集装箱包括通用集装箱和专用集装箱,专用集装箱包括封闭式通风集装箱、敞顶集装箱、台架集装箱和平台集装箱等;特种货物集装箱包括冷藏集装箱、罐式集装箱、干散货集装箱和按货物命名的集装箱等。

按是否符合国家或铁道行业标准分为:标准集装箱和非标集装箱。

进行集装箱运输统计时需要按以上集装箱箱型、种类分别加以统计,然后进行相应的折算和加总。

二、集装箱运输统计指标

集装箱办理站应使用全路统一标准的集装箱管理信息系统,及时、准确地录入集装箱承运、装卸车、出入站等信息。每日 18:00 做出"集装箱运用报告",逐级上报集装箱调度。集装箱运用报告按"集装箱运用报告填制说明"的要求填制。

集装箱运输的主要统计指标分为数量指标和质量指标。

(一)数量指标

1. 集装箱发送箱

集装箱发送箱是指集装箱办理站发送集装箱的箱数,包括发送的铁路重箱和企业自备各型集装箱。它既可以指某一营业站的集装箱发送箱数,也可以指某一铁路运输单位,如运输企业或全路的集装箱发送箱数。

集装箱箱数分为自然箱和换算箱。换算箱是指国际标准换算箱(TEU),TEU 是国际标准集装箱的换算单位,表示 1 个 20 ft 的国际标准集装箱;1 个 40 ft 的集装箱折合 2TEU。自然箱按集装箱的自然箱型个数计算,自然箱可按规定折合成换算箱。

2. 集装箱发送吨

集装箱发送吨是指某单位发送集装箱内所装货物的总重量(不包括集装箱自重)。集装箱重箱统计时,若未记载装运货物的重量,按集装箱标记载重计算。托运人自备集装箱空箱回送时,统计其箱自重。

集装箱发送吨可按货物品类分别进行统计。

3. 国际集装箱发送箱

国际集装箱发送箱是指铁路有关单位办理的用于进出口运输和过境运输的出境和入境集装箱箱数。

4. 箱周转量

箱周转量是指集装箱箱数与相应运送距离的乘积,单位为箱公里。应按不同箱型分别进行统计,并可按相应的折算系数折合为 TEU·km 数。不同分组方式的箱周转量概念同货物周转量,此处不再重复。

对于站内搬运的集装箱,只统计重量、箱数,不计算集装箱周转量。

5. 集装箱货物周转量

集装箱货物周转量是指集装箱内装载的货物重量与相应运送距离的乘积,单位为 t·km。

6. 箱平均运程

箱平均运程是指平均每箱集装箱货物的运送距离,有

$$\frac{\text{国家铁路集装}}{\text{箱平均运程}} = \frac{\text{国家铁路集装箱箱周转量}}{\text{国家铁路发送集装箱箱数}} \qquad (2-67)$$

$$\frac{\text{铁路运输企业}}{\text{箱平均运程}} = \frac{\text{铁路运输企业集装箱箱周转量}}{\text{铁路运输企业集装箱运送箱数}} \qquad (2-68)$$

7. 集装箱运输收入

集装箱运输收入是指运输集装箱的运费收入。根据集装箱运输收入和集装箱箱周转量和集装箱货物周转量,分别可以计算出箱公里的收入率和吨公里的收入率。

(二)质量指标

1. 集装箱在站平均停留时间

集装箱在站停留时间是指从集装箱在到站卸车完了时起,到重新装车时止的全部停留时间,但不包括其中转入非运用的停留时间。集装箱在站平均停留时间是指一定时期内全部集装箱在站停留时间的平均值,它是分析集装箱办理站集装箱运用效率的主要指标,只对铁路集装箱统计计算,应分箱型统计,或折合为 TEU 数后计算各型集装箱的在站平均停留时间,其计算公式为

$$\text{集装箱在站平均停留时间} = \frac{\text{集装箱总停留时间(h)}}{(\text{发出铁路重箱} + \text{发出铁路运用空箱数}) \times 24(h)}(d) \quad (2-69)$$

集装箱在站停留时间的统计分为非号码制和号码制两种方法。非号码制使用"集装箱停留时间统计簿"计算,号码制使用"集装箱到发登记簿"计算。

2. 集装箱保有量

集装箱保有量是指铁路拥有的各型集装箱的数量。应按箱型分别进行统计,并可按相应的折算系数折合为保有的 TEU 数。

3. 集装箱周转时间

集装箱周转时间是指集装箱在一次周转中平均花费的时间。一般指集装箱从第一次装箱完了开始,到下一次装箱完了为止所消耗的全部时间。可用如下公式计算

$$\text{集装箱周转时间} = \text{集装箱保有量}/\text{集装箱发送箱数} \quad (2-70)$$

集装箱周转时间可按不同箱型分别计算,也可根据折算的集装箱保有量 TEU 数与折合的集装箱发送箱 TEU 数计算各型集装箱的平均周转时间。

集装箱周转时间是分析集装箱使用效率的重要指标,努力压缩集装箱的装箱、取送、等待、途中运输时间,是压缩集装箱周转时间,提高集装箱使用效率的重要途径。

4. 平均箱重

平均箱重是指平均每个集装箱装载货物的重量,应按箱型分别统计。其计算公式为

$$\text{平均箱重} = \text{集装箱发送吨数}/\text{集装箱发送箱数} \quad (2-71)$$

平均箱重是反映集装箱载重力利用程度的指标。

5. 集装箱门到门运输比重

是指集装箱门到门运输的发送、交付箱数占集装箱发送、交付总箱数的百分比,其计算公式为

$$\beta = \frac{N_{门发} + N_{门交}}{N_{发} + N_{交}} \times 100\% \quad (2-72)$$

式中　$N_{门发}$,$N_{门交}$——分别为门到门发送箱数和门到门交付箱数;

　　　$N_{发}$,$N_{交}$——分别为发送总箱数和交付总箱数。

在日常集装箱运输组织工作中,要注意上述指标的变化,发现问题应及时找出原因,有针对性地提出解决问题的措施,以不断改进集装箱运输工作。

第五节　行包运输统计

一、铁路行李包裹运输统计概述

1. 铁路行李、包裹运输统计的基本任务

铁路行李、包裹运输统计的基本任务是建立和完善适应铁路行业管理及企业经营管理所需要的行李、包裹运输统计指标体系和调查方法,全面、系统、准确、及时地收集、整理、提供反映铁路行李、包裹运输状况的统计资料,揭示铁路行李、包裹运输规律,分析、预测铁路行李、包裹运输发展水平和趋势,为铁路制定行李、包裹运输发展规划,改善行李、包裹运输经营管理提供依据。

2. 铁路行李、包裹运输统计工作的管理

铁道部统计中心对全国铁路行李、包裹运输统计工作实行统一归口管理,负责制定规章、业务指导、工作协调、监督检查和质量考核。

各铁路运输企业(含专业运输公司)之间对行李、包裹统计质量应加强相互控制和相互监督,发现其他铁路运输企业的统计问题要协调沟通解决,对重大问题要报告铁道部,由铁道部按规定处理。

各铁路运输企业(含专业运输公司)应加强对行李、包裹运输统计工作的领导,维护法律法规赋予统计人员的职权,支持统计人员依照统计法规进行行李、包裹运输统计,如实提供统计信息,防止虚报、瞒报、拒报、迟报、伪造和篡改统计资料。

各铁路运输企业(含专业运输公司)应加强行李、包裹运输统计基础工作,抓好信息源点和信息流程的管理,加强对基层单位的检查监督和业务指导,推进铁路行李、包裹运输统计工作规范化、标准化、制度化、信息化建设,确保行李、包裹统计质量。

3. 铁路行李、包裹运输的统计类型

铁路行李、包裹分三类进行统计

(1)普通行李、包裹

普通行李、包裹是指加挂在旅客列车上的行李车运送的行李、包裹。

(2)行包专列行李、包裹

行包专列行李、包裹是指用行包专列运送的行李、包裹。行包专列是在主要行包办理站间每日固定时刻开行的时速为 120 km 的快速列车,有的行包专列在中途 2~3 个作业站进行车辆的摘挂作业或成组换挂作业,但无解体和编组作业。

(3)行邮专列行李、包裹

行邮专列行李、包裹是指用行邮专列运送的行李、包裹。行邮专列又分为特快行邮专列和快速行邮专列两种,特快行邮专列是在基地站间每日固定时刻开行的时速为 160 km 的直达特快列车。

4. 铁路行李、包裹的经营方式

行李、包裹按经营方式分为以下两种:

(1)专业运输公司办理的行李、包裹

专业运输公司办理的行李、包裹是指专业运输公司所属营业网点办理的通过铁路运输的行李、包裹。

(2)代办行李、包裹

代办行李、包裹是指专业运输公司之外,其他铁路运输企业的车站办理的行李、包裹。

5. 铁路行李、包裹的运输种别

运输种别是指对行李、包裹运输过程,按经由铁路运输企业的范围进行分类。运输种别包括管内运输、直通运输(包括输出运输、输入运输、通过运输)。

在进行行李、包裹运输统计时,将国家铁路运输企业与管内的合资、地方铁路视为不同的运输企业。

6. 行李、包裹件数及重量的计算

(1)普通行李、包裹件数及重量的计算

普通行李、包裹件数和重量,是依据行李票、包裹票、快运运单、装卸交接证及相关凭证记载的实际件数和重量分别计算的。

普通行李、包裹件数和重量包括普通行李、包裹发送,中转,到达件数和重量。中转按照一卸一装统计一件中转。

凡通过铁路行李车运输的行李、包裹,在运输过程中,需经其他运输方式在铁路车站之间进行转运时,如发生转运、交接的车站即不是该批行李、包裹的发站,也不是其到站,则该交接站统计行李、包裹中转量。

(2)行包专列、行邮专列运送行李、包裹重量的计算

行包专列、行邮专列运送的行李、包裹单独统计,重量为实际重量,无实际重量时按计费重量统计。

行李、包裹重量以 kg 整理。

7. 行李、包裹运送里程的计算

行李、包裹运送里程根据行李、包裹运输统计原始单据中记载的发、到站和规定经由,按《铁路客运运价里程表》查定。轮渡按铁道部公布的实际里程确定。

二、行李、包裹运输统计指标

1. 行李、包裹件数及重量指标

(1)行李、包裹发送量

行李、包裹发送量简称行包发送量,是指铁路行李、包裹营业站或专业运输公司营业部承运的经铁路运输的行李、包裹件数和重量。

当行李、包裹发送量是指某一运输企业或全路的行李、包裹发送量时

$$\text{行李、包裹发送量} = \text{管内各站或专业运输公司营业部行李、包裹发送量的总和} \tag{2-73}$$

如果按照发送行李、包裹的去向,则又有到达管内的和向其他运输企业输出的,有

$$\text{行李、包裹发送量} = \text{行李、包裹管内运输量} + \text{行李、包裹输出量} \tag{2-74}$$

$$\text{铁路运输企业代办行李、包裹发送量} = \text{管内各车站代办的行李、包裹发送量之和} \tag{2-75}$$

$$\text{国家铁路运输企业行李、包裹发送量} = \text{各国家铁路运输企业代办行李、包裹发送量之和} + \text{管内专业运输公司行李、包裹发送量之和} \tag{2-76}$$

$$\text{合资铁路运输企业行李、包裹发送量} = \text{合资铁路运输企业代办行李、包裹发送量之和} + \text{管内专业运输公司行李、包裹发送量之和} \tag{2-77}$$

$$\text{地方铁路运输企业行李、包裹发送量} = \text{地方铁路运输企业代办行李、包裹发送量之和} + \text{管内专业运输公司行李、包裹发送量之和} \tag{2-78}$$

$$\text{国家铁路行李、包裹发送量} = \text{各国家铁路运输企业行李、包裹发送量之和} + \text{各控股合资铁路行李、包裹发送量之和} \tag{2-79}$$

$$\text{全国铁路行李、包裹发送量} = \text{国家铁路行李、包裹发送量} + \text{非控股合资铁路、地方铁路运输企业行李、包裹发送量之和} \tag{2-80}$$

承运和输送行包是铁路为旅客和货主服务的一种重要方式,其中特别是行李更是铁路直接为旅客服务的一个重要方面,而且发送行包还是铁路运输各单位包括车站、运输企业或全路运输收入的来源之一。为此,各单位对行李、包裹发送量的完成和提高是非常重视的。特别是

对包裹,做好市场营销,改进运输组织方式,更好地为货主服务,是十分必要的。

(2)行李、包裹到达量

行李、包裹到达量是指铁路车站终到的行李、包裹件数和重量。

当它指某一铁路运输企业某一特定时期内的全部行李、包裹到达量时

$$行李、包裹到达量=管内各站行李、包裹到达量的总和 \qquad (2-81)$$

$$行李、包裹到达量=行李、包裹管内运输量+行李、包裹输入量 \qquad (2-82)$$

$$行李、包裹到达量=行李、包裹运送量-行李、包裹输出量-行李、包裹通过量 \qquad (2-83)$$

$$铁路运输企业代办行李、包裹到达量=管内各车站代办的行李、包裹到达量之和 \qquad (2-84)$$

$$\begin{matrix}国家铁路运输企业\\行李、包裹到达量\end{matrix}=\begin{matrix}各国家铁路运输企业代办\\行李、包裹到达量之和\end{matrix}+\begin{matrix}管内专业运输公司行\\李、包裹到达量之和\end{matrix} \qquad (2-85)$$

$$\begin{matrix}合资铁路运输企业\\行李、包裹到达量\end{matrix}=\begin{matrix}合资铁路运输企业代办\\行李、包裹到达量之和\end{matrix}+\begin{matrix}管内专业运输公司行\\李、包裹到达量之和\end{matrix} \qquad (2-86)$$

$$\begin{matrix}地方铁路运输企业\\行李、包裹到达量\end{matrix}=\begin{matrix}地方铁路运输企业代办\\行李、包裹到达量之和\end{matrix}+\begin{matrix}管内专业运输公司行\\李、包裹到达量之和\end{matrix} \qquad (2-87)$$

$$\begin{matrix}国家铁路行李、\\包裹到达量\end{matrix}=\begin{matrix}各国家铁路运输企业\\行李、包裹到达量之和\end{matrix}+\begin{matrix}各控股合资铁路行李、\\包裹到达量之和\end{matrix} \qquad (2-88)$$

$$全国铁路行李、包裹到达量=全国铁路行李、包裹发送量 \qquad (2-89)$$

行包的到达过程可以说是铁路行包运输工作的终点,做好到达工作同样具有重要意义。行包到达量的大小,反映了一个车站、运输企业或全路行包到达工作量(如卸车、保管、交付等)的多少,也反映了铁路为旅客和社会服务工作量的大小。

(3)行李、包裹中转量

行李、包裹中转量是指行李、包裹在铁路运输过程中,在发站和到站之外按运输组织需要而产生的换装件数和重量。

当它指某一特定时期内某一铁路运输企业或全路的行包中转量时

$$行李、包裹中转量=管内各站或专业运输公司行李、包裹中转量的总和 \qquad (2-90)$$

$$\begin{matrix}铁路运输企业代办行\\李、包裹中转量\end{matrix}=\begin{matrix}管内各车站代办的行\\李、包裹中转量之和\end{matrix} \qquad (2-91)$$

$$\begin{matrix}国家铁路运输企业\\行李、包裹中转量\end{matrix}=\begin{matrix}各国家铁路运输企业代办\\行李、包裹中转量之和\end{matrix}+\begin{matrix}管内专业运输公司行\\李、包裹中转量之和\end{matrix} \qquad (2-92)$$

$$\begin{matrix}合资铁路运输企业行\\李、包裹中转量\end{matrix}=\begin{matrix}合资铁路运输企业代办\\行李、包裹中转量之和\end{matrix}+\begin{matrix}管内专业运输公司行\\李、包裹中转量之和\end{matrix} \qquad (2-93)$$

$$\begin{matrix}地方铁路运输企业\\行李、包裹中转量\end{matrix}=\begin{matrix}地方铁路运输企业代办\\行李、包裹中转量之和\end{matrix}+\begin{matrix}管内专业运输公司行\\李、包裹中转量之和\end{matrix} \qquad (2-94)$$

$$\begin{matrix}国家铁路行李、\\包裹中转量\end{matrix}=\begin{matrix}各国家铁路运输企业行\\李、包裹中转量之和\end{matrix}+\begin{matrix}各控股合资铁路行\\李、包裹中转量之和\end{matrix} \qquad (2-95)$$

$$\begin{matrix}全国铁路行李、\\包裹中转量\end{matrix}=\begin{matrix}国家铁路行李、\\包裹中转量\end{matrix}+\begin{matrix}非控股合资铁路、地方铁路运\\输企业行李、包裹中转量之和\end{matrix} \qquad (2-96)$$

行包中转通常是由于发站发往某些到站的行包没有直达的旅客列车,或虽有直达列车而由于某种原因不能装上而产生的一种行包作业。它使铁路增加了工作负担和运输成本,还使行包增加了毁损和灭失的可能性。因此,应尽可能地避免行包的不必要中转,使行李、包裹的中转量达到最少。

(4)行李、包裹运送量

行李、包裹运送量是指国家铁路运输企业、合资铁路、地方铁路行李、包裹运输的全部工作量,包括本企业车站行李、包裹发送量和由其他铁路运输企业接运的全部行李、包裹件数和重量。

与其他运输企业相互连通的任何一个铁路运输企业,既要对本运输企业发送的行包和到达本运输企业的行包办理一定的运送工作,同时还要对既非本运输企业发送,又非到达本运输企业的通过行包承担一定的运送工作。因此,为了表明一个铁路运输企业的全部行包运输工作量,还要计算行李、包裹运送量指标。

对某一运输企业

$$\text{行李、包裹运送量} = \text{行李、包裹发送量} + \text{行李、包裹接运量} \qquad (2-97)$$

$$\text{行李、包裹运送量} = \text{行李、包裹到达量} + \text{行李、包裹移交量} \qquad (2-98)$$

$$\text{行李、包裹运送量} = \text{行李、包裹管内运输量} + \text{行李、包裹输出量} + \text{行李、包裹输入量} + \text{行李、包裹通过量} \qquad (2-99)$$

$$\text{国家铁路运输企业行李、包裹运送量} = \text{国家铁路管内行李、包裹} + \text{国家铁路输出行李、包裹} + \text{国家铁路输入行李、包裹} + \text{国家铁路通过行李、包裹} \qquad (2-100)$$

$$\text{合资铁路行李、包裹运送量} = \text{合资铁路管内行李、包裹} + \text{合资铁路输出行李、包裹} + \text{合资铁路输入行李、包裹} + \text{合资铁路通过行李、包裹} \qquad (2-101)$$

$$\text{地方铁路行李、包裹运送量} = \text{地方铁路管内行李、包裹} + \text{地方铁路输出行李、包裹} + \text{地方铁路输入行李、包裹} + \text{地方铁路通过行李、包裹} \qquad (2-102)$$

$$\text{国家铁路行李、包裹运送量} = \text{各国家铁路运输企业行李、包裹运送量之和} + \text{各控股合资铁路行李、包裹运送量之和} \qquad (2-103)$$

$$\text{全国铁路行李、包裹运送量} = \text{全国铁路行李、包裹发送量} \qquad (2-104)$$

2. 行李、包裹周转量

行李、包裹周转量,简称行包周转量,是指行李、包裹重量与运送距离的乘积。行包周转量由于既包括了所运行李、包裹的数量,又包括了所运行李、包裹的距离,因而是一个能够全面反映行李、包裹运量的重要指标。

在铁路行李、包裹运输统计中,将行李、包裹重量和行李、包裹周转量统称为行李、包裹运输量。

当行李、包裹周转量指某一特定批的行李、包裹位移量时,有

$$\text{行李、包裹周转量} = \text{行李、包裹运送重量} \times \text{行李、包裹运送距离} \qquad (2-105)$$

(1)行李、包裹发送周转量

$$\text{行李、包裹发送周转量} = \text{行李、包裹发送重量} \times \text{发、到站间运送里程} \qquad (2-106)$$

(2)运输种别行李、包裹周转量

$$\text{管内行李、包裹周转量} = \sum(\text{管内行李、包裹重量} \times \text{发、到站间运送里程}) \qquad (2-107)$$

$$\text{输出行李、包裹周转量} = \sum\left(\text{输出行李、包裹重量} \times \text{发站至输出分界站间运送里程}\right) \qquad (2-108)$$

$$\text{输入行李、包裹周转量} = \sum\left(\text{输入行李、包裹重量} \times \text{输入分界站至到站间运送里程}\right) \qquad (2-109)$$

$$\text{通过行李、包裹周转量} = \sum\left(\text{通过行李、包裹重量} \times \text{输入分界站至输出分界站间运送里程}\right) \qquad (2-110)$$

$$\text{全部行李、包裹周转量} = \text{各种运输行李、包裹周转量的总和} = \sum\left(\text{各种运输的行包运送重量} \times \text{各种运输的行包平均运程}\right) \qquad (2-111)$$

(3)铁路运输企业行李、包裹周转量

$$\text{铁路运输企业行李、包裹周转量} = \text{铁路运输企业各运输种别行李、包裹周转量之和} \qquad (2-112)$$

(4)全国铁路、国家铁路、合资铁路、地方铁路行李、包裹周转量

$$\text{全国铁路行李、包裹周转量} = \text{国家铁路行李、包裹周转量} + \text{非控股合资铁路行李、包裹周转量} + \text{地方铁路行李、包裹周转量} \qquad (2-113)$$

52

$$国家铁路行李、 = 各国家铁路运输企业行 + 各控股合资铁路行 \atop 包裹周转量 \quad\quad 李、包裹周转量之和 \quad 李、包裹周转量之和$$ (2-114)

$$合资铁路行李、 = 各合资铁路运输企业行 \atop 包裹周转量 \quad\quad 李、包裹周转量之和$$ (2-115)

$$地方铁路行李、 = 各地方铁路运输企业行 \atop 包裹周转量 \quad\quad 李、包裹周转量之和$$ (2-116)

3. 行李、包裹平均运程

行李、包裹平均运程也称行李、包裹平均运输距离,是指平均每吨行李、包裹的运送距离。其计算公式为

$$行李、包裹平均运程 = \frac{行李、包裹周转量}{行李、包裹运送重量}$$ (2-117)

行李、包裹平均运程不仅要按全路,而且要按各铁路运输企业分别计算;还要按各种运输类别分别计算。

$$全国铁路行李、包裹平均运程 = \frac{全国铁路行李、包裹周转量}{全国铁路行李、包裹发送重量}$$ (2-118)

$$国家铁路行李、 = \frac{国家铁路行李、包裹周转量}{国家铁路行李、 + 非控股合资铁路、地方铁路 \atop 包裹发送重量 \quad 输出行李、包裹重量}$$ (2-119)

$$铁路运输企业行李、包裹平均运程 = \frac{铁路运输企业行李、包裹周转量}{铁路运输企业行李、包裹运送重量}$$ (2-120)

$$某运输种别行李、包裹平均运程 = \frac{该运输种别的行李、包裹周转量}{该运输种别对应的行李、包裹重量}$$ (2-121)

4. 行李、包裹运输密度

行李、包裹运输密度是指在一定时期内铁路某一区间、区段,某条线路或全路平均每公里营业线所担负的行李、包裹周转量。行李、包裹运输密度计算中所用里程原则上依据《铁路客运运价里程表》确定。

(1)站间行李、包裹运输密度

站间行李、包裹运输密度表示相邻车站之间平均每公里营业线所担负的行李、包裹周转量,分别按上、下行计算。

站间行李、包裹运输密度计算方法:按运行方向的第一个站间行李、包裹运输密度数值,是该线起始第一个车站所发送的行李、包裹重量和接入经由该站的行李、包裹重量之和;第二个站间密度数值,是将第一个站间密度数值加上第二个车站所发送的行李、包裹重量,再减去到达该站的行李、包裹重量。以下各站间密度依此类推。

(2)区段行李、包裹运输密度

区段行李、包裹运输密度表示某区段内平均每公里营业线所担负的行李、包裹周转量,分别按上、下行计算。

$$区段行李、包裹运输密度 = \frac{\sum(站间行李、包裹密度 \times 站间里程)}{区段里程}$$ (2-122)

(3)线别行李、包裹运输密度

线别行李、包裹运输密度表示铁路某营业线每公里所担负的行李、包裹周转量。

$$线别行李、包裹运输密度 = \frac{某营业线行李、包裹周转量}{该线里程}$$ (2-123)

(4)铁路运输企业行李、包裹运输密度

铁路运输企业行李、包裹运输密度表示铁路运输企业每公里营业线路所担负的行李、包裹

周转量。

$$铁路运输企业行李、包裹运输密度 = \frac{铁路运输企业行李、包裹周转量}{铁路运输企业营业里程} \qquad (2-124)$$

(5)全国铁路行李、包裹运输密度

全国铁路行李、包裹运输密度表示全国铁路平均每公里营业线路所担负的行李、包裹周转量。

$$全国铁路行李、包裹运输密度 = \frac{全国铁路行李、包裹周转量}{全国铁路营业里程} \qquad (2-125)$$

复习思考题

1. 货物运输统计的原则有哪些？

2. 货运统计分组的方法主要有哪几种？

3. 铁路货物重量指标主要有哪几项？其关系如何？

4. 全国铁路货物周转量、国家铁路货物周转量、合资铁路、地方铁路货物周转量之间的关系如何？

5. 货物平均运程和货物运输密度分别应如何计算？

6. 简述集装箱运输的主要统计指标及其含义。

7. 常用的行包运输统计指标有哪些？

第三章　旅客运输统计

旅客运输统计简称客运统计,也属于产品统计的范畴。客运统计与货运统计比较,在统计调查、统计分组、指标内容诸方面,有不少相似之处。客运统计的基本任务是:建立和完善适应铁路行业管理及企业经营管理所需要的客运统计指标体系和调查方法,准确、及时、全面、系统地收集、整理、提供反映铁路客运状况的统计资料,揭示铁路旅客运输规律,分析、预测旅客运输发展水平、结构和趋势,为制定铁路发展规划、改善旅客运输生产经营管理及各级领导决策提供依据。

第一节　客运统计调查与分组

一、客运统计调查

1. 统计范围

客运统计调查采取定期统计报表和临时性的专门调查相结合的组织方式。客运统计的调查单位是一位旅客由发站至到站的一次旅行。客运统计的调查对象是购买客票或者办理签证,在铁路营业线、临时营业线上的车站和乘降所乘车的旅客,包括:

(1)在铁路营业线、临时营业线上的车站及各车票代售点购买客票乘车的旅客。

(2)在旅客列车上和到站补购客票的旅客及退票的旅客。

(3)持铁路乘车证办理签证乘车的旅客。

(4)持储值票、铁路定期票乘车的旅客。

(5)办理始发改签、中转签证的旅客及办理退票(含签证退票)手续的旅客。

铁路专用线、不办理公共营业的专用铁路内部运送的旅客,不在旅客运输统计范围之内。

2. 原始资料

客运统计的原始资料包括:

(1)运输票(单)据,包括电子客票,代用票、军运后付代用票,区段票,往返票、月季票,定期票,国际联运清算单据、国际联运册页客票,客运运价杂费收据。

(2)原始电子信息,包括电子客票信息,电子退票信息,电子列车补票信息,电子到站补票信息,客运杂费收据原始信息。

(3)基层原始统计表,主要包括旅客补票统计表和旅客退票统计表。其中,旅客补票统计表分为车内旅客统计表和到站旅客补票统计表,均按旬提供给统计部门;旅客退票统计表由车站根据退票报告填报,退票人数和人公里应从当月资料中剔除。

3. 结算时间

旅客运输统计是按发送时间统计的,即按售出客票的日期统计。旅客运输统计结算时间为:精密统计为 24:00,速报统计为 18:00。

二、客运统计分组

客运统计的分组方式与货运统计类似,有以下几种分组方式:

1. 按运输企业分组

按运输企业分组,分为国家铁路、合资铁路、地方铁路三大类,国家铁路包括国家铁路运输企业(铁路局)和控股合资铁路运输企业。

2. 按运输种别(即按运输范围)分组

运输种别是指对旅客运输过程按经由运输企业的范围进行分类。其中包括:

(1)管内运输,是指发、到站均在本铁路运输企业内,不经过其他铁路运输企业所完成的运输。

(2)直通运输,是指经过两个以上铁路运输企业完成的运输。直通运输又分为:

① 输出运输,是指发站在本铁路运输企业,发往其他企业,或发往本企业,而在运输过程中需经由其他铁路运输企业的运输。

② 输入运输,是指由其他铁路运输企业接入到达本企业,或虽属本企业,但在运输过程中需经由其他铁路运输企业而到达本企业的运输。

③ 通过运输,是指由相邻铁路运输企业接入,通过本企业再移交相邻铁路运输企业的运输。

按运输种别划分时,将国家铁路运输企业与其管内的合资、地方铁路视为不同铁路运输企业。

铁路运输企业间始发旅客去向及企业间分界站输出、输入及通过旅客人数反映在分界站旅客输出输入及通过量统计表(客报-3)中,其格式见表3-1。

表3-1 分界站旅客输出输入及通过量统计表(客报-3)

输出分界站 输入分界站	通 过			共接入 通过旅客	输入	接入旅客合计
	分界站1	…	分界站 N			
通 分界站1						
⋮						
过 分界站 N						
共移交通过旅客						
输 出						
移交旅客合计						

3. 按发到地区分组

这种分组反映全国各省(市)间、企业间、车站间始发旅客运输相互交流的情况。其格式见表3-2和表3-3。

表3-2 省级行政区划/企业间旅客运输交流量统计表(客交流-2)

到达省/企业 发送省/企业	合计	省1/企业1	省2/企业2	…	省 N/企业 N
合 计					
省1/企业1					
省2/企业2					
⋮					
省 N/企业 N					

此统计表(客交流-2表)是从下面的客交流-1表中派生出来的。

表 3-3　车站间旅客运输交流量统计表(客交流-1)

发　站	到　站	交流量	发　站	到　站	交流量
发站 1	到站 1		发站 N	到站 1	
发站 1	⋮		发站 N	⋮	
发站 1	到站 N		发站 N	到站 N	
发站 1	发站 1 小计		发站 N	发站 N 小计	
⋮	⋮				

4. 按列车席别分组

按列车席别分组,分为硬座、软座(动车组分一等座和二等座)、硬卧、软卧四种。

5. 按运送距离分组

按运送距离分组,即按旅客被运送距离的远近分组(见表 3-4)。

表 3-4　距离别始发旅客运输量统计表(客报-5)

项目 运送里程	始发旅客人数					始发旅客周转量					票价收入 合计
	硬座	软座	硬卧	软卧	合计	硬座	软座	硬卧	软卧	合计	合计
1～50 km											
51～100 km											
1～100 km 计											
101～200 km											
201～300 km											
301～400 km											
401～500 km											
101～500 km 计											
501～700 km											
701～1 000 km											
501～1 000 km 计											
1 001～1 500 km											
1 501～2 000 km											
2 001 km 以远											
1 001 km 以远计											
合　计											

此外,客运统计分组还有按发送地区、客运密度、旅行目的、列车车次、运输经由等方式,详见《铁路旅客运输统计规则》。

第二节　客运统计指标

铁路旅客运输统计指标分以下四大类:旅客运输量(包括旅客人数和旅客周转量两个指标)、旅客平均行程、旅客运输密度以及综合指标。其中旅客运输量是数量指标,旅客平均行程、旅客运输密度以及综合指标是质量指标。

一、数量指标

1. 旅客人数指标

旅客人数统计指标反映人民生活和文化交流对铁路运输需要的情况,是局间旅客服务费清算的基础,并作为编制旅客列车运行图、配备客运设备和客运服务人员的依据。

(1)列车补票旅客人数,指在旅客列车内办理补购客票的旅客人数。

(2)到站补票旅客人数,指无票乘车后在到站办理补购客票的旅客人数。

(3)退票旅客人数,指在铁路营业站按规定办理退票手续的旅客人数。在中途站和到站办理的退票,不计算退票人数。发站是外企业的客票发生退票时,由退票站所在企业将退票资料分中途退票和异地退票,按规定的交换格式交换给发送企业,由发送企业进行调整;其中对于中途退票,发送企业根据中途退票资料,将原始到站调整为中途退票站,车站始发旅客人数不调整。

(4)出入境旅客人数,指乘坐国际旅客联运列车通过口岸站离开或进入边境的旅客人数。其中由境外接入的旅客人数为入境旅客人数;由国内口岸站交出的旅客人数为出境旅客人数。

(5)免票签证旅客人数,指持铁路乘车证办理签证的旅客人数,不包括持免予办理签证的铁路便乘、通勤、通学、购粮乘车证及特种乘车证乘车的旅客人数。

(6)始发旅客人数,指以旅客购买的客票票面上的发站为起始乘车站的旅客人数,为在铁路营业站或售票点购票旅客人数、购定期票旅客人数、列车补票旅客人数、到站补票旅客人数、入境旅客人数之和减去退票旅客人数。

始发旅客人数由始发管内旅客人数和始发直通旅客人数两部分组成。对车站、省级行政区划的铁路运输企业而言,始发直通旅客人数即为始发输出旅客人数。

始发直通旅客人数分为始发直通1旅客人数和始发直通2旅客人数。对国家铁路运输企业而言,直通1反映国家铁路运输企业始发输出到管内合资、地方铁路的旅客人数,直通2反映国家铁路运输企业始发输出到达除管内合资、地方铁路以外的其他铁路运输企业的旅客人数;对合资、地方铁路而言,直通1反映合资、地方铁路输出到所在国家铁路运输企业及其管内其他合资、地方铁路的旅客人数,直通2反映合资、地方铁路输出,除直通1以外的旅客人数。

$$\frac{全国铁路始发}{旅客人数} = \frac{国家铁路始发}{旅客人数} + \frac{非控股合资铁路}{始发旅客人数} + \frac{地方铁路始}{发旅客人数}$$

$$\frac{国家铁路始}{发旅客人数} = \frac{各国家铁路运输企业}{始发旅客人数之和} + \frac{各控股合资铁路始发}{旅客人数之和}$$

$$国家铁路运输企业始发旅客人数 = 管内各营业站始发旅客人数之和$$

$$合资铁路始发旅客人数 = 各合资铁路运输企业各营业站始发旅客人数之和$$

$$地方铁路始发旅客人数 = 各地方铁路运输企业各营业站始发旅客人数之和$$

$$省级行政区划始发旅客人数 = 省级行政区划辖区内各车站始发旅客人数之和$$

$$\frac{营业站始发}{旅客人数} = \frac{始发管内}{旅客人数} + \frac{始发直通旅客}{人数} = \frac{始发管内}{旅客人数} + \frac{始发输出}{旅客人数}$$

表 3-5 是始发旅客人数及票价收入统计表(客报-1)格式。

表 3-5 始发旅客人数及票价收入统计表(客报-1)

站/企业/省	类别	合 计					管 内					直 通														
												直通合计					直通1					直通2				
		硬座	软座	硬卧	软卧	人数合计	票价收入合计	硬座	软座	硬卧	软卧	人数合计	票价收入合计	硬座	软座	硬卧	软卧	人数合计	票价收入合计	硬座	软座	硬卧	软卧	人数合计	票价收入合计	硬座	软座	硬卧	软卧	人数合计	票价收入合计
	站售票																								
	补票																								
	退票																								
	合计																								
⋮	⋮																								
合计	站售票																								
	补票																								
	退票																								
	合计																								

(7)发送旅客人数,报告期内在铁路各营业站和乘降所购买客票乘车的旅客人数,在列车内和到站补票的旅客人数,由国外、新线、地方铁路接运的旅客人数。对国家铁路、合资铁路、地方铁路而言,发送旅客人数有不同的含义。

① 全国铁路发送旅客人数,指国家铁路、非控股合资铁路、地方铁路发送旅客人数之和。

$$\begin{aligned}\text{全国铁路管内}\\\text{发送旅客人数}\end{aligned}=\begin{aligned}\text{国家铁路管内}\\\text{发送旅客人数}\end{aligned}+\begin{aligned}\text{非控股合资铁路}\\\text{始发管内旅客人数}\end{aligned}+\begin{aligned}\text{非控股合资铁路始}\\\text{发直通旅客人数}\end{aligned}+\begin{aligned}\text{地方铁路始发}\\\text{管内旅客人数}\end{aligned}$$

$$\begin{aligned}\text{全国铁路直通}\\\text{发送旅客人数}\end{aligned}=\begin{aligned}\text{全国铁路发送}\\\text{旅客人数}\end{aligned}-\begin{aligned}\text{全国铁路管内}\\\text{发送旅客人数}\end{aligned}$$

② 国家铁路发送旅客人数包括两部分,一部分为国家铁路运输企业发送旅客人数之和,另一部分为控股合资铁路发送旅客人数之和。

$$\begin{aligned}\text{国家铁路发送}\\\text{旅客人数}\end{aligned}=\begin{aligned}\text{各国家铁路运输企业}\\\text{发送旅客人数之和}\end{aligned}+\begin{aligned}\text{控股合资铁路}\\\text{发送旅客人数之和}\end{aligned}$$

国家铁路发送旅客人数分管内发送旅客人数和直通发送旅客人数,其中:国家铁路管内发送旅客人数=国家铁路运输企业管内发送旅客人数+各控股合资铁路始发管内旅客人数+控股合资铁路始发直通1旅客人数;国家铁路直通发送旅客人数=国家铁路运输企业直通发送旅客人数+控股合资铁路始发直通2旅客人数。

$$\begin{aligned}\text{国家铁路运}\\\text{输企业发送}\\\text{旅客人数}\end{aligned}=\begin{aligned}\text{国家铁路运输}\\\text{企业管内各车站}\\\text{始发旅客人数}\end{aligned}+\begin{aligned}\text{管内各非控股合资铁路、地方铁路运}\\\text{输企业始发经其与国家铁路运输}\\\text{企业交接站输出的旅客人数}\end{aligned}$$

国家铁路运输企业发送旅客人数由管内发送旅客人数和直通发送旅客人数两部分组成,其中:国家铁路运输企业管内发送旅客人数=国家铁路运输企业始发管内旅客人数+国家铁路运输企业始发直通1旅客人数+管内非控股合资铁路、地方铁路始发直通1旅客人数;国家铁路运输企业直通发送旅客人数=国家铁路运输企业始发直通2旅客人数+管内非控股合资铁路、地方铁路始发直通2旅客人数。

$$\begin{aligned}\text{国家铁路运输}\\\text{企业省级行政区}\\\text{划旅客发送人数}\end{aligned}=\begin{aligned}\text{国家铁路运输}\\\text{企业省级行政区}\\\text{划始发旅客人数}\end{aligned}+\begin{aligned}\text{辖区内非控股合资铁路、}\\\text{地方铁路相应省级行政区}\\\text{始发输出旅客人数}\end{aligned}$$

③ 合资铁路发送旅客人数,指合资铁路运输企业始发旅客人数之和。

合资铁路发送旅客人数=各合资铁路运输企业始发旅客人数之和

④ 地方铁路发送旅客人数,指地方铁路始发旅客人数和由其他铁路运输企业接运旅客人数之和。

$$\text{地方铁路发送旅客人数}=\text{各地方铁路运输企业始发旅客人数}+\text{各地方铁路运输企业输入旅客人数}+\text{各地方铁路运输企业通过旅客人数}$$

国家铁路运输企业发送旅客人数统计表(客报-1B)的格式如表3-6所示。

表3-6 国家铁路运输企业发送旅客人数统计表(客报-1B)

企业名	合计发送旅客人数	管　内	直　通
	合计=管内+直通	本表管内=本企业(客报-1)管内+本企业(客报-1)直通1+管内非控股合资铁路、地方铁路(客报-1)直通1	本表直通=本企业(客报-1)直通2+管内非控股合资铁路、地方铁路(客报-1)直通2

(8)到达旅客人数,指铁路各营业站实际到达的旅客人数。

全国铁路到达旅客人数=全国铁路车站始发旅客人数

$$\text{国家铁路到达旅客人数}=\text{各国家铁路运输企业到达旅客人数之和}+\text{各控股合资铁路到达旅客人数之和}$$

$$\text{国家铁路运输企业到达旅客人数}=\text{国家铁路运输企业始发管内旅客人数}+\text{国家铁路运输企业输入旅客人数}$$

$$\text{合资铁路到达旅客人数}=\text{各合资铁路运输企业到达旅客人数之和}=\text{各合资铁路运输企业始发管内旅客人数}+\text{各合资铁路运输企业输入旅客人数}$$

$$\text{地方铁路到达旅客人数}=\text{各地方铁路运输企业到达旅客人数之和}=\text{各地方铁路运输企业始发管内旅客人数}+\text{各地方铁路运输企业输入旅客人数}$$

(9)运送旅客人数,是指报告期内国家铁路运输企业、合资铁路、地方铁路旅客运输的总人数,包括本企业车站始发旅客人数和由其他铁路运输企业接运的全部旅客人数。

全国铁路运送旅客人数=全国铁路始发旅客人数

对于国家铁路运输企业、合资铁路、地方铁路而言,其运送旅客人数可按下式确定:

$$\text{运送旅客人数}=\text{始发管内旅客人数}+\text{始发输出旅客人数}+\text{输入旅客人数}+\text{通过旅客人数}$$

(10)中转旅客人数,指在铁路营业站及旅客列车上办理中转签证手续的旅客人数。分站中转和车中转两类,站中转指在车站办理签证的中转,车中转指在车内办理签证的中转。

国家铁路运输企业中转旅客人数=各国家铁路运输企业中转旅客人数之和

(11)上车旅客人数,指以票面乘车日期为依据统计的旅客人数,包括乘车旅客人数、免票签证旅客人数和中转旅客人数。其中乘车旅客人数对国家铁路运输企业而言,指按乘车日期统计的发送旅客人数。

(12)售票旅客人数,为售票对应的旅客人数,即车站发售的旅客列车客票(含售出的异地票、预售票、减退票,不含公免、中转及到站补票和列车补票)对应的旅客人数,分担当企业别统计。

在以上各项指标中,始发旅客人数、发送旅客人数和运送旅客人数比较相似,但却是三个不同的指标。以$P_{始发}$、$P_{发送}$、P分别表示始发、发送、运送旅客人数,$P_{到达}$、$P_{接运}$分别表示到达、接运旅客人数,$P_{始发管内}$、$P_{始发直通}$、$P_{输入}$、$P_{通过}$分别表示始发管内、始发直通(即始发输出)、输入、通过旅客人数,$P^1_{始发直通}$表示铁路局管内各站始发到达管内合资企业及管内地方铁路的旅客人数,$P^2_{始发直通}$表示管内各站始发到达除管内合资、地方铁路以外的其他铁路运输企业的旅客人数,则对于铁路局而言,有下面的计算公式:

$$P_{始发} = P_{始发管内} + P_{始发直通} = P_{始发管内} + P^1_{始发直通} + P^2_{始发直通} \tag{3-1}$$

$$P = P_{始发} + P_{接运} = P_{始发管内} + P_{始发输出} + P_{输入} + P_{通过} \tag{3-2}$$

将铁路局的各种旅客人数之间的关系归纳一下,如下面所示:

$$
\begin{array}{ccc}
始发旅客人数 = & 始发管内旅客人数 + & 始发输出(即始发直通)旅客人数 \\
+ & + & + \\
接运旅客人数 = & 输入旅客人数 + & 通过旅客人数 \\
\parallel & \parallel & \parallel \\
运送旅客人数 = & 到达旅客人数 + & 移交旅客人数
\end{array}
$$

就全国铁路而言,运送旅客人数等于始发旅客人数,也等于到达旅客人数,即

$$P = P_{始发} = P_{到达} \tag{3-3}$$

就国家铁路而言,运送旅客人数等于发送旅客人数,即

$$P = P_{发送} \tag{3-4}$$

2. 旅客周转量

旅客周转量简称客周量,指报告期内旅客人数与相应的运送距离乘积之总和,以"人·km"为计量单位。旅客周转量既包含了运送人数,又包含了运送距离,因而全面反映了"位移"的性质,是旅客运输的产量指标。

(1)始发旅客周转量

始发旅客周转量 = 始发旅客人数 × 发、到站间运送里程

(2)运输种别旅客周转量

管内旅客周转量 = Σ(始发管内旅客人数 × 发、到站间运送里程)

输出旅客周转量 = Σ(始发输出旅客人数 × 发站至输出分界站间运送里程)

输入旅客周转量 = Σ(输入旅客人数 × 输入分界站至到站间运送里程)

$$
\text{通过旅客} \atop \text{周转量} = \Sigma \left(\text{通过旅客} \atop \text{人数} \times \text{输入分界站至输出} \atop \text{分界站间运送里程} \right)
$$

(3)铁路运输企业旅客周转量

铁路运输企业旅客周转量 = 铁路运输企业各运输种别旅客周转量之和

例如铁路局旅客周转量的计算公式为:

铁路局旅客周转量 = Σ(各运输种别旅客运送人数 × 在该局管内的运送距离)

(4)全国铁路、国家铁路、合资铁路、地方铁路旅客周转量

国家铁路旅客周转量包括两部分,一部分为国家铁路运输企业旅客周转量之和,另一部分为控股合资铁路旅客周转量。

$$
\text{全国铁路} \atop \text{旅客周转量} = \text{国家铁路} \atop \text{旅客周转量} + \text{非控股合资铁路} \atop \text{旅客周转量} + \text{地方铁路} \atop \text{旅客周转量}
$$

$$
\text{国家铁路} \atop \text{旅客周转量} = \text{各国家铁路运输企业} \atop \text{旅客周转量之和} + \text{各控股合资铁路} \atop \text{旅客周转量之和}
$$

合资铁路旅客周转量 = 各合资铁路运输企业旅客周转量之和

地方铁路旅客周转量 = 各地方铁路运输企业旅客周转量之和

二、质量指标

1. 旅客平均行程

旅客平均行程是指报告期内平均每位旅客的旅行距离。以 $\overline{L}_{客}$ 记旅客平均行程,$Z_{客}$ 记旅客周转量,则

$$\overline{L}_{客} = \frac{Z_{客}}{P} \tag{3-5}$$

需要注意的是,式(3-5)中的分母 P 表示运送旅客人数。对于全国铁路、国家铁路和铁路运输企业等不同情况,P 的取值有所不同,因此,为明确起见,旅客平均行程按不同情况用下面的公式计算

$$全国铁路旅客平均行程 = \frac{全国铁路旅客周转量}{全国铁路始发旅客人数}$$

$$国家铁路旅客平均行程 = \frac{国家铁路旅客周转量}{国家铁路发送旅客人数}$$

$$铁路运输企业旅客平均行程 = \frac{铁路运输企业旅客周转量}{铁路运输企业运送旅客人数}$$

$$某运输种别旅客平均行程 = \frac{该运输种别的旅客周转量}{该运输种别对应的旅客人数}$$

按运输种别的旅客运输量及平均行程统计表(客报-2)格式见表3-7。表中,各运输种别的合计栏为加补减退数。

表3-7 旅客运输量及平均行程统计表(客报-2)

运输类别			项　目	旅客人数	旅客周转量	平均行程
管　内			站售票			
			补票			
			退票			
			合计			
直　通	输　出		站售票			
			补　票			
			退　票			
			合　计			
	输　入		站售票			
			补　票			
			退　票			
			合　计			
	通　过		站售票			
			补　票			
			退　票			
			合　计			
合　计			站售票			
			补　票			
			退　票			
			合　计			

其中	临时营业线	始发旅客人数				旅客周转量			
		站售票	补票	退票	合计	站售票	补票	退票	合计

其中	省级行政区划或窄轨	始发旅客人数	旅客周转量

在实际的统计工作中,还需要以线路为独立的个体,对全路分线别分运输种别统计始发旅客人数、旅客周转量和旅客平均行程。分线别旅客运输量及平均行程统计表(客报-7)的格式

见表 3-8。

表 3-8　分线别旅客运输量及平均行程统计表（客报-7）

线别	线管内			线直通									合计		
				线输出			线输入			线通过					
	人数	周转量	平均行程	人数	周转量	平均行程	人数	周转量	平均行程	人数	周转量	平均行程	人数	周转量	平均行程
××线															
××线															
……															

表中,线管内人数是指本线发送到本线且不通过外线的旅客人数,线输出人数是指本线发往外线的旅客人数,线输入人数是指外线发至本线的旅客人数,线通过人数是指外线发往外线并通过本线的旅客人数。

2. 旅客运输密度

旅客运输密度是指在一定时期内铁路某一区间、区段、某条线路或全路平均每公里营业线所担负的旅客周转量,单位是"人·km/km"。以 $d_客$ 表示国家铁路（或铁路局）的旅客运输密度,则

$$d_客 = \frac{Z_客}{L_客} \qquad (3-6)$$

旅客运输密度计算中所用里程原则上依据《铁路客运运价里程表》确定。

为反映各条线路、各区段的客运负荷及均衡程度,平均客运密度亦按区段别分上、下行计算,其计算公式与平均货运密度类似。

旅客运输密度包括站间旅客运输密度、区段旅客运输密度、线别旅客运输密度、铁路运输企业旅客运输密度、全国铁路旅客运输密度等五个指标。

（1）站间旅客运输密度

站间旅客运输密度,是表示相邻车站之间平均每公里营业线所担负的旅客周转量,分别按上、下行计算。

站间旅客运输密度计算方法:按运行方向的第一个站间旅客运输密度数值,是该线起始第一个车站所发送的旅客人数和接入经由该站的旅客人数之和;第二个站间密度数值,是将第一个站间密度数值加上第二个车站所发送的旅客人数,再减去到达该站的旅客人数。以下各站间密度依此类推。

（2）区段旅客运输密度

区段旅客运输密度,是表示某区段内平均每公里营业线所担负的旅客周转量,分别按上、下行计算。

$$区段旅客运输密度 = \frac{\sum(站间旅客运输密度 \times 站间里程)}{区段里程}$$

（3）线别旅客运输密度

线别旅客运输密度是表示铁路某营业线平均每公里所担负的旅客周转量。

$$线别旅客运输密度 = \frac{某营业线旅客周转量}{该线里程}$$

（4）铁路运输企业旅客运输密度

铁路运输企业旅客运输密度是表示铁路运输企业平均每公里营业线路所担负的旅客周转量。

$$铁路运输企业旅客运输密度=\frac{铁路运输企业旅客周转量}{铁路运输企业里程}$$

（5）全国铁路旅客运输密度

全国铁路旅客运输密度是表示全国铁路平均每公里营业线路所担负的旅客周转量。

$$全国铁路旅客运输密度=\frac{全国铁路旅客周转量}{全国铁路营业里程}$$

3. 综合指标

综合指标包括人公里收入率、人均票价收入率、客座平均利用率等。以上指标直通列车由铁道部统计中心按担当企业别计算，管内列车由各铁路运输企业自行计算。

（1）人公里收入率

是指报告期内铁路旅客运输平均每人公里所取得的票价收入。

$$人公里收入率=\frac{报告期内旅客票价收入}{报告期内始发旅客周转量}$$

（2）客座人公里收入率

是指报告期内铁路运输企业担当的某次旅客列车平均每客座人公里所取得的票价收入，可分席别计算。客座人公里是指某次列车定员与全程运输距离的乘积。

$$\begin{matrix}某车次（分席别）\\客座人公里收入率\end{matrix}=\frac{报告期内（分席别）旅客票价收入}{该车次（分席别）定员×全程运距×报告期内开行趟数}$$

其中，旅客票价收入是指票价合计，即票面合计金额，旅游列车不含停留费和餐车使用费，以下同。客车定员按报告期内各天列车实际编组标记定员的加权平均数确定，以下同。

（3）人均票价收入率

$$某车次人均票价收入率=\frac{该车次旅客票价收入}{该车次全程始发旅客人数}$$

（4）客座平均利用率

$$\begin{matrix}某车次（分席别）\\客座平均利用率\end{matrix}=\frac{报告期内该车次（分席别）始发旅客周转量}{该车次（分席别）定员×全程运距×报告期内开行趟数}$$

✏ 复习思考题

1. 铁路客运统计的统计范围主要包括哪些内容？主要原始资料有哪些？

2. 铁路客运统计的分组方式有哪些？

3. 铁路客运统计中旅客运输量指标主要包括哪些指标？

4. 始发旅客人数、发送旅客人数、运送旅客人数三个指标有何联系与区别？

5. 铁路客运统计的质量指标主要包括哪些？

6. 铁路客运统计的综合指标有哪些？

第四章　铁路运输业总产品统计

铁路运输包括旅客运输和货物运输两大部分,运输生产的产品是旅客和货物的位移,产量包括客运产量和货运产量,反映客运产量和货运产量的指标是旅客周转量和货物周转量。我国铁路运输统计将行李、包裹运输(简称"行包运输")列为单独的一类,反映行包运输产量的指标是行包周转量。虽然客运、货运、行包运输生产的产品性质和计量单位有所不同,但铁路运输业是一个统一的有机整体,所有这些产品都是在统一的铁路运输生产过程中完成的,都要消耗大量的活劳动和物化劳动。为了综合反映铁路运输业的总产品产量并评价其经营效果,表明铁路运输业生产了多少产品及创造了多少财富,同时也为了便于计算运输成本和劳动生产率,就需要进行铁路运输业总产品统计。本章介绍总产品产量统计和运输密度统计。

第一节　总产品产量统计

铁路运输业的总产品产量指标是换算周转量,它是指在一定时期内铁路运输企业或全国铁路所完成的以换算吨公里为单位的全部运输量。总产量由货物周转量、旅客周转量和行包周转量三部分组成,其中货物周转量和行包周转量又统称为货运总周转量。

前面有关章节介绍了货物周转量、旅客周转量和行包周转量的计算方法。由于货物周转量、旅客周转量和行包周转量的计量单位不同,不能直接相加,要计算总产量,必须使货物吨公里、旅客人公里和行包吨公里成为可比的。为此,精确的方法是将 1 货物 t·km(简写为"t·km")、1 旅客人·km(简写为"人·km")和 1 行包 t·km 的劳动消耗量分别测算出来,进行换算之后再相加。

换算周转量的计算公式为

$$换算周转量 = 货物周转量 + 旅客周转量 \times 旅客周转量换算系数 +$$

$$行包周转量 \times 行包周转量换算系数 \tag{4-1}$$

式中,换算系数一般以运输成本为基础进行计算,计算公式为

$$\frac{旅客周转量换算系数}{[t \cdot km/(人 \cdot km)]} = \frac{单位旅客周转量成本[元/(人 \cdot km)]}{单位货物周转量成本[元/(t \cdot km)]} \tag{4-2}$$

$$\frac{行包周转量换算系数}{[t \cdot km/(行包 t \cdot km)]} = \frac{单位行包周转量成本[元/(行包 t \cdot km)]}{单位货物周转量成本[元/(t \cdot km)]} \tag{4-3}$$

式(4-1)~式(4-3)的计算原理容易理解,但是这样做十分繁琐,因为客、货运消耗往往交织在一起,很难准确区分,用上式计算出的结果也仅是一个近似值。在实际统计工作中采取一种简化的近似的做法,即假定 1 人·km、1 t·km 和 1 行包 t·km 的成本是相等的,这样货物周转量、旅客周转量和行包周转量三者就可以直接相加了。

以 $Z_{换}$ 表示全国铁路(或铁路运输企业)的换算周转量,其单位是"换算 t·km",以 $Z_货$、$Z_客$、$Z_行$ 分别表示货物周转量、旅客周转量和行包周转量,则

$$Z_换 = Z_货 + Z_客 + Z_行 \tag{4-4}$$

65

表 4-1 为 2007 年全国铁路总产品产量指标的完成情况。

表 4-1 2007 年全国铁路运量指标

指　　标	计算单位	本年累计完成	上年同期完成	比上年同期增减	比上年同期增减百分数
1. 货运总周转量	亿 t·km	23 793.19	21 954.41	1 838.78	8.4
其中:国家铁路	亿 t·km	22 112.46	20 557.16	1 555.3	7.6
合资铁路	亿 t·km	1 551.84	1 291.59	260.25	20.1
地方铁路	亿 t·km	128.89	105.66	23.23	22
①货物周转量	亿 t·km	23 532.32	21 714.68	1 817.64	8.4
其中:国家铁路	亿 t·km	21 856.13	20 321.62	1 534.51	7.6
合资铁路	亿 t·km	1 547.32	1 287.43	259.89	20.2
地方铁路	亿 t·km	128.87	105.63	23.24	22
②行包周转量	亿 t·km	260.87	239.73	21.14	8.8
其中:国家铁路	亿 t·km	256.33	235.54	20.79	8.8
合资铁路	亿 t·km	4.52	4.16	0.36	8.7
地方铁路	亿 t·km	0.02	0.03	—0.01	—33.3
2. 旅客周转量	亿人·km	7 217.15	6 622.12	595.03	9
其中:国家铁路	亿人·km	6 896.18	6 353.27	542.91	8.5
合资铁路	亿人·km	314.81	264.19	50.62	19.2
地方铁路	亿人·km	6.16	4.66	1.5	32.2
3. 换算周转量	亿 t·km	31 010.34	28 576.52	2 433.82	8.5
其中:国家铁路	亿 t·km	29 008.64	26 910.42	2 098.22	7.8
合资铁路	亿 t·km	1 866.65	1 555.78	310.87	20
地方铁路	亿 t·km	135.05	110.32	24.73	22.4

说明:本表数据由铁道部统计中心提供,表中地方铁路数据均为快报数,其他数据为精密数据。

第二节 运输密度统计

为了反映铁路运输的平均负荷程度,通常要进行运输密度统计。运输密度分为货物运输密度、旅客运输密度和行包运输密度,这些概念及计算方法已在前面有关章节论述过了,但都是针对某一种运输产品而分别介绍的。如同需要有一个统一的指标来综合反映铁路运输业的总产品产量一样,也需要有一个统一的指标来综合反映铁路运输密度,这个指标就是平均换算密度。

平均换算密度也称为平均运输密度,是指在一定时期内(通常是指一年)铁路某一区间、区段,某条线路,某铁路运输企业或全国铁路平均每公里营业线所担负的换算周转量,计量单位是"换算 t·km/km"。平均换算密度反映的是铁路线路的平均负荷程度,同时也是运输能力利用程度的一个综合性指标。运输密度越大,说明运输能力利用程度越高,运输工作强度越大。

以 $d_换$ 记全国铁路(或铁路运输企业)的平均换算密度,则其计算公式为

$$d_换 = \frac{Z_换}{L_营}$$

(4-5)

式中　$L_营$——全国铁路(或铁路运输企业)的营业里程。

【例4-1】　某局营业里程为5 700 km,某年统计资料见表4-2。

表4-2　某局客货运统计资料表

货物运输		旅客运输		行包运输	
发送量	1.12亿 t	始发人数	0.8亿人	发送量	250万 t
接运量	0.4亿 t	接运人数	0.2亿人	接运量	200万 t
平均运程	600 km	平均行程	480 km	平均运程	500 km

由上表资料,计算该局各项周转量指标及平均换算密度如下

$$Z_货 = (1.12+0.4) \times 600 = 912(亿货物 \text{ t} \cdot \text{km})$$

$$Z_客 = (0.8+0.2) \times 480 = 480(亿人 \cdot \text{km})$$

$$Z_行 = (0.025+0.02) \times 500 = 22.5(亿行包 \text{ t} \cdot \text{km})$$

$$Z_换 = Z_货 + Z_客 + Z_行 = 912+480+22.5 = 1\ 414.5(亿换算 \text{ t} \cdot \text{km})$$

$$d_换 = \frac{Z_换}{L_营} = \frac{1\ 414.5 \times 10^4}{5\ 700} = 2\ 481.6(万换算 \text{ t} \cdot \text{km/km})$$

复习思考题

1. 为什么要进行总产品统计?

2. 铁路运输业总产品产量一般用什么指标表示?主要包括哪些内容?

3. 什么是平均换算密度?它代表什么物理意义?怎样计算?

第五章 车 辆 统 计

车辆是铁路运输的载运工具。车辆统计的基本任务是:适应铁路运输生产管理和产品结构的发展变化,使用科学的统计方法和先进的统计手段,准确、及时、全面、系统地收集、加工、分析、提供铁路车辆运用情况的统计资料,为组织指挥日常运输生产、企业经营管理和宏观决策等提供依据。

铁路车辆按用途分为货车、客车和特殊用途车三类。车辆统计的主要内容是货车统计。

铁路货车包括部属铁路货车、企业自备车、内用货车和外国铁路货车四类。部属铁路货车是指属铁道部资产,涂有铁路路徽,按铁道部统一规定涂打车型标记、编号的货车。企业自备车是指企业(包括国家铁路运输企业、合资铁路、地方铁路及其下属企业)资产并取得"企业自备货车经国家铁路过轨运输许可证"(简称"过轨运输许可证")和一次性过轨的货车。内用货车属企业(包括合资、地方铁路及其下属企业)资产,但未取得"过轨运输许可证",仅在本企业内承担社会运输任务的货车。外国货车指属于国外资产的铁路货车。

铁路货车统计依据《铁路货车统计规则》的规定进行,分为分界站货车出入统计、现在车统计、货车停留时间统计、货车运用效率统计、货物列车正点统计、装卸车统计、货车运用工作量统计和货车检修统计等。

货车统计报告采用 18:00 结算制:当日为昨日 18:00(不含)至今日 18:00(含)。

第一节 分界站货车出入统计

分界站指由铁道部批准承认的货车运用管理区域间(以下简称"铁路局")的分界车站及国境分界车站,包括设在国家铁路、合资铁路、地方铁路线上的分界车站,不包括各种交接发站。

分界站货车出入统计反映铁路局间,铁路局与设有分界站的合资、地方铁路间,国内与国外铁路间的列车、货车出入情况,作为统计铁路局货车现有数、考核列车、货车交接计划完成情况及运输财务清算的依据。

为了准确掌握各局货车的数量,分界站货车出入统计对部属货车和企业自备车分别进行。统计报表为格式相同的两张分界站货车出入报表:部运报-1(BYB-1)、企运报-1(QYB-1),格式同运报-1。

一、铁路局、车站货车出入统计的规定

1. 随同列车(包括单机、轨道车)出入的货车

(1)铁路局:由邻局、国外及地方、合资铁路经分界站接入或交出的货车。

(2)编组站、区段站:在该站进行列车解编或有中转技术作业列车上的货车。

(3)中间站:实际摘挂的货车以及始发、终到和停运列车上的货车。中间站利用列车停站时间进行装卸作业的货车,虽未进行摘挂作业,亦统计货车出入。

停运列车又称为保留列车,是指由于自然灾害、事故等原因列车不能继续运行,而在途中

站停运并摘走机车的列车。当不具备摘机车条件时,根据调度命令可视同机车摘走。

2. 不随同列车出入的货车

不随同列车出入的货车包括新购入的货车、报废货车、拨交货车以及加入、退出的企业自备货车和内用货车。

二、分界站货车出入统计报表

1. 报表格式

分界站货车出入报表(运报-1)的格式如表5-1所示。

表 5-1　分界站货车出入报表　　　　　　　　　　　　　运报-1

入

局名或月日	列车列数	货车合计	运用车 合计	重车 计	棚车	敞车	普通平车	两用平车	轻油罐车	黏油罐车	其他罐车	冷藏车	集装箱车	矿石车	长大货物车	毒品车	家畜车	散装水泥车	散装粮食车	特种车	其他	空车 计	棚车	敞车	普通平车	两用平车	轻油罐车	黏油罐车	其他罐车	冷藏车	集装箱车	…	…	特种车	其他	非运用车 合计	检修车	代客货车	路用车	军方特殊用途空车
	1	2	3	4	5	6	7	8	9	10	11	12	13	14	15	16	17	18	19	20	21	22	23	24	25	26	27	28	29	30	31	…	38	39	40	41	42	43	44	45

出 / **入** / **出**

列车列数	货车合计	运用车 合计	重车 计	棚车	敞车	普通平车	两用平车	轻油罐车	黏油罐车	其他罐车	冷藏车	…	散装粮食车	特种车	其他	空车 计	棚车	…	其他罐车	冷藏车	集装箱车	矿石车	长大货物车	毒品车	家畜车	散装水泥车	散装粮食车	特种车	其他	非运用车 合计	检修车	代客货车	路用车	租出空车	军方特殊用途空车	行包专用列车数(入)	行包专用货车数(入)	行包专用列车数(出)	行包专用货车数(出)
46	47	48	49	50	51	52	53	54	55	56	57	…	64	65	66	67	67	68	…	74	75	76	77	78	79	80	81	82	83	84	85	86	87	88	89	90	91	92	93	94

编表单位:　　　　　　　编表人:　　　　　　　单位领导:　　　　　　上报日期:　　年　月　日
(盖章)　　　　　　　　　　　　　　　　　　　　(签章)

2. 编制依据

"分界站货车出入报表"(部运报-1)和(企运报-1)为日、旬、季、年报。

编制依据有:分界站出入列车的"列车编组顺序表"(运统1)、"行车日志"(运统2或3)、"货车出入登记簿"(运统4)和车号自动识别系统读取的列车编组顺序编制(黑体表示原始数据)。其中:

运统1格式如表5-2所示,提供列车的编组内容,运统2和运统3的格式分别如表5-3和表5-4所示,提供列车出入分界站的到、发时分;车号自动识别系统安装在车站的进站和出站咽喉,用以自动读取进站或出站列车的编组顺序,以便由系统自动检查列车的编成是否与列车编组顺序表一致。

表5-2 列车编组顺序表 （运统1）

＿＿＿＿站编组　＿＿＿＿站终到＿＿＿年＿＿月＿＿日＿＿时＿＿分＿＿＿＿次列车

自首尾(不用字抹消)　　　　　　制表者：　　　　　　检查者：

顺序	车种	罐车油种	车号	自重	换长	载重	到站	货物名称	发站	篷布	收货人或卸线	车辆使用属性	记事

自编组站出发及在途中站摘挂后列车编组

站名	客车		货车						其他	合计	自重	载重	总重	换长	铁路篷布合计
	合计	其中行李车	重车	其中租用车	空车	非运用车	其中								
							代客	其中 P65							

到达时间　月　日　时　分　　　　　　交接时间　时　分　　　　　　车长(司机)签章

表5-3 中间站行车日志 （运统2）

年　　　月　　　日　　　天气：

列车车次	接车股道	同意邻站发车	邻站发车	本站到达		运用车		非运用车	占用区间凭证号码	电话记录号码				列车车次	发车股道	同意邻站发车	邻站到达	本站出发		运用车		非运用车	换长	总重(t)	占用区间凭证号码	电话记录号码				本务机调车时分	列车规定停站时间超过原因	记事
				规定	实际	重车	空车			承认闭塞	列车补机到达返回	取消闭塞	出站(跟踪)调车完毕					规定	实际	重车	空车					承认闭塞	列车到达补机返回	取消闭塞	出站(跟踪)调车完毕			
1	2	3	4	5	6	7	8	9	10	11	12	13	14	15	16	17	18	19	20	21	22	23	24	25	26	27	28	29	30	31	32	33	34	35

车站值班员

值班时间	姓名

表 5-4 编组站(区段站)行车日志 (运统3)

年 月 日 天气：

		到 达																	
列车车次	到发线	时 分				机车入库	机车型号	乘务员姓名		列车编组			电话记录号码						记事
		同意邻站发车	邻站发车	本站到达				司机	车长	车数	换长	总重	承认闭塞	列补车机到返达回	取消闭塞	出站(跟踪)调车	出站(跟踪)调车完毕	占用区间凭证号码	
				规定	实际														
1	2	3	4	5	6	7	8	9	10	11	12	13	14	15	16	17	18	19	20

		出 发																	
列车车次	出发线	时分				邻站到达	机车型号	乘务员姓名		列车编组			列车出发晚点原因	电话记录号码						记事
		机车出库	邻站同意发车	本站出发				司机	车长	车数	换长	总重		承认闭塞	列补车机到返达回	取消闭塞	出站(跟踪)调车	出站(跟踪)调车完毕	占用区间凭证号码	
				规定	实际														
21	22	23	24	25	26	27	28	29	30	31	32	33	34	35	36	37	38	39	40	41

车站值班员	值班时间	姓名

货车出入登记簿(运统4),格式如表5-5,用于分界站、编组站、区段站以及大量装卸站登记货车出入,依据列车编组顺序表(运统1);新造车辆竣工移交记录(车统1并车统13);货车报废记录单(车统3);车辆资产移交记录(车统70);企业自备车"过轨运输许可证"、"车辆检修合格证明"、"检修车辆竣工验收移交记录(车统33并车统36)"等原始资料填制。

表 5-5 货车出入登记簿 (运统4)

方向	车次	到发时刻	标准换算小时	入(出)											运 用 重 车									
				合计		其 中																		
						作业车		无调中转		有调中转		非运用车		计	棚车	敞车	普通平车	两用平车	轻油罐车	黏油罐车	其他罐车	冷藏车	…	其他
				车数	换算车小时	车数	换算车小时	车数	换算车小时	车数	换算车小时	车数	换算车小时											
1	2	3	4	5	6	7	8	9	10	11	12	13	14	15	16	17	18	19	20	21	22	23	…	32

入(出)																专业运输公司租用车				
运 用 空 车							非 运 用 车													记事
计	棚车	…	冷藏车	集装箱车	矿石车	长大货物车	毒品车	…	其他	计	棚车	…	长大货物车	毒品车	家畜车	散装水泥车	散装粮食车	特种车	其他	集装箱公司	特种公司	特租集	快运公司	
33	34	…	41	42	43	44	45	…	50	51	52	…	62	63	64	65	66	67	68	69	70	71	72	73

3. 报表填记方法

(1)列车列数:为实际出、入分界站的货物列车(小运转列车除外)及行包专列列数。其中行包专列列数以分子单独表示,不包括在分母内。

(2)货车出入数:为出入分界站的所有列车(包括旅客列车、行包专列、单机、轨道车等)上所挂货车以及在货车上装载的回送部属检修车。行包专用货车出入数单独统计,不论重、空均在行包专用货车数栏内填报,不包括在货车出入数内。

(3)对出入的整车装运铁路货车用具(篷布、空集装箱及军用备品等)的货车,按重车统计。

(4)分界站出入铁路局对在国境外和设有分界站的地方铁路、合资铁路内的货车现有数按日逐级上报。

(5)对国际联运的外国货车出入,在分界站企业自备车出入报表(QYB-1)分界站出、入的国际联运的外国货车在企运报-1中按运用车列报。

第二节　货车现在车统计

现在车是指某一具体时刻(铁路货车统计中为18:00),处于车站或铁路局管辖范围内的货车。现在车统计用以反映车站、铁路局管内以及合资、地方铁路内每日18:00当时的货车现有数及运用情况,为铁路运输调度部门掌握现在车分布、进行运用车保有量日常调整和编制铁路运输工作日(班)计划提供依据。现在车统计报表包括"现在车报表"(部运报-2、企运报-2、内运报-2、综运报-2)、十八点现在重车去向报表(运报-3)、专业运输公司租用货车报表(运报2-ZY)和现在车车辆日统计表(运报-2LR)。

一、现在车分类

1. 按车种分

铁路货车的车种包括棚车、敞车、平车、罐车、冷藏车、集装箱车、矿石车、长大货物车、毒品车、家畜车、散装水泥车、散装粮食车、特种车等。其中棚车、敞车及平车适用货物较多,称为通用货车,其余车种分别用于装载不同的特定货物称为专用货车。部属铁路货车各车种的基本记号见表5-6。在基本记号下,再用车型表示同一车种下的不同型号。

表5-6　铁路货车基本车种分类及基本记号

主要类型	棚车	敞车	平车	罐车	冷藏车	集装箱车	矿石车	长大货物车	毒品车	家畜车	散装水泥车	散装粮食车	特种车	其　他
基本记号	P	C	N	G	B	X	K	D	W	J	U	L	T	

2. 按产权所属分

现在车按产权所属分为部属货车、企业自备车、内用货车和外国货车。

3. 按运用状况分

货车按运用状况分为运用车和非运用车两大类。

(1)运用车

运用车是指参加铁路营业运输的部属货车、企业自备车、外国货车,内用货车、企业租用、军方特殊用途车重车。其中参加铁路营业运输的部属货车、企业自备车和外国货车不论重、空均统计为运用车,而内用货车、企业租用和军方特殊用途车只有重车才统计为运用车。

运用车又分为重车和空车。

运用重车是指:

① 实际装有货物并具有货票的货车;

② 卸车作业未完的货车;

③ 倒装作业未卸完的货车;

④ 以"特殊货车及运送用具回送清单"手续装载整车回送铁路货车用具(部属篷布、空集装箱及军用备品等)的货车;

⑤ 填制货票的游车。

运用空车是指:

① 实际空闲的货车;

② 装车作业未完的货车;

③ 倒装作业未装完的货车;

④ 运用状态下的机械冷藏车的工作车。

(2)非运用车

非运用车指不参加铁路营业运输的部属货车(包括租出空车)、企业自备内用检修车和在专用线、专用铁路内的已获得"过轨运输许可证"的企业自备货车、在站进行装卸作业的企业自备空车、在本企业内的内用空车、军方特殊用途空车,以及因为路内特殊用途需要专门制造不能装运货物的特种用途车(包括试验车、发电车、轨道检查车、检衡车、除雪车等)。非运用车包括备用车、检修车、代客货车、路用车、洗罐车、整备罐车、租出空车、在企业内的企业自备货车、军方特殊用途空车和封存车十类。

二、现在车报表

"现在车报表"(运报-2)的格式如表5-7所示。

1. 编制依据

(1)车站编制"现在车报表"依据的原始资料

① 反映车站现在车数量变化即反映车站货车出入的原始资料,包括到达解体、中转和出发列车编组顺序表(运统1)、行车日志(运统2或3)和货车出入登记簿(运统4)。

② 反映车站现在车运用状态变化的资料,包括检修车登记簿(运统5)、运用车转变记录(运统6)、非运用车登记簿(运统7)和部备用货车登记簿(运统7-A)。

为了减少闲置货车维修费用,降低运营成本,铁道部2009年2月17日发出通知,决定封存部分车型的部属货车。封存货车以非提速老、旧敞车为主;封存车不再产生使用、维修等相关费用。指定封存的货车车种、车型为:P_{61}、P_{62}、P_{64A}、C_{16}、C_{61}、C_{62}、C_{50}、C_{62A}、$C3_{62B}$、C_{61Y}、C_{65}、N_{16}、N_{17}、N_{17A}、G_{12}、G_{17A}、G_{17B}、G_{18}、G_{60A}。统计部门依据部令和封存记录按非运用车反映在运报-2第93栏。

③ 反映车站现在车装载状态变化的资料,包括号码制货车停留时间登记簿,依据"列车编组顺序表"、"行车日志"、"装卸车清单(货统2)"、"货车调运单(货统46)"或"专用线取送车辆

记录"中的货车调到交接地点及装卸完了时分等原始资料编制。

表 5-7 现在车报表　　　　　　　　　　　　　　　运报-2

局名或月日	现在车									运用车																			
	入				出				现在车合计	运用车合计	重车																		
	昨日结存	到达	新购货车	新许可加入	其他	发出	报废车	退出企业自备车	其他			计	棚车	敞车	普通平车	两用平车	轻油罐车	黏油罐车	其他罐车	冷藏车	集装箱车	矿石车	长大货物车	毒品车	家畜车	散装水泥车	散装粮食车	特种车	其他
													P	C	N	NX	GQ	GN	GT	B	X	K	D	W	J	U	L	T	
	1	2	3	4	5	6	7	8	9	10	11	12	13	14	15	16	17	18	19	21	21	22	23	24	25	26	27	28	29

运用车									非运用车																			
空车									非运用车合计	备用车														检修车				
计	棚车	敞车	普通平车	家畜车	散装水泥车	散装粮食车	特种车	其他		计	棚车	敞车	普通平车	两用平车	轻油罐车	粘油罐车	其他罐车	冷藏车	集装箱车	散装水泥车	散装粮食车	特种车	其他	计	棚车	敞车	普通平车
	P	C	N		J	U	L	T			P	C	N	NX	GQ	QN	GT	B	X		U	L	T			P	C	N
30	31	32	33	…	43	44	45	46	47	48	49	50	51	52	53	54	55	56	57	58	…	63	64	65	66	67	68	69	70

非运用车																		
检修车											代客货车	行包专用货车	路用车	洗罐车	整备罐车	租出空车	在企业内货车	军方特殊用途车	封存货车
两用平车	轻油罐车	粘油罐车	其他罐车	冷藏车	集装箱车	矿石车	…	散装水泥车	散装粮食车	特种车	其他								
NX	GQ	GN	QT	B	X	K		U	L	T	…							
71	72	73	74	75	76	77	…	81	82	83	84	85	86	87	88	89	90	91	92	93

编表单位：　　　　编表人：　　　　单位领导：　　　　上报日期：　年　月　日
(盖章)　　　　　　　　　　　　　　(签章)

(2)铁路局编制现在车报表依据的原始资料

铁路局现在车包括当日 18:00 在站和在途两部分,因而铁路局现在车依据车站"现在车报表(运报-2)"和局管内 18:00 过表列车确报(运统 1)编制。铁路局汇集的管内各站"现在车报表(运报-2)"提供 18:00 管内各站现车数;18:00 过表列车确报提供 18:00 管内在途现车数。

(3)铁路局核对局管内及各站现在车数量的依据

铁路局可依据"分界站货车出入报表(运报-1)"掌握车辆随列车出入的数量,用以核对铁路局现在车总数;利用"货车动态表"掌握并核对管内各站现在车数。

2. 编制方法

(1)车站"现在车报表"的编制方法

① 平衡法

平衡法基于"车站今日 18:00 各类现车数都等于昨日 18:00 该类现车数与今日该类现车净增量之和"的原理,根据精确计算的今日该类现车增加量和减少量,以下式计算(式中,i 表示不同的现车类别):

$$N^i_{今日} = N^i_{昨日} + U^i_{今日增} - U^i_{今日减} \qquad (5-1)$$

例如,运报-2 中的"今日现在车合计"(第 10 栏)采用平衡法时,按下式计算:

$$N_{今日} = N_{昨日} + (U_{到达} + U_{新购} + U_{合同加入} + U_{其他加入}) - (U_{发出} + U_{报废} + U_{合同退出} + U_{其他退出})$$
$$(5-2)$$

式中 $N_{今日}$——今日 18:00 结存现在车数;

$N_{昨日}$——昨日 18:00 结存现在车数;

$U_{到达}$——今日随列车到达的货车数;

$U_{新购}$——今日新购入的货车数;

$U_{合同加入}$——今日依据新合同加入的过轨企业自备车数;

$U_{其他加入}$——今日由其他部门拨交铁路和区间装卸加入的货车数,没有运输过轨协议的企业自备车出厂、送检和回送车数;

$U_{发出}$——今日随列车发出离开管内的货车数;

$U_{报废}$——今日报废的货车数;

$U_{合同退出}$——今日转出的过轨企业自备车;

$U_{其他退出}$——今日由铁路拨交其他部门和区间装卸后离去的货车数,没有运输过轨协议的企业自备车出厂、送检后回送交给企业的车数。

又如,计算某站今日"18:00 重棚车数",用下式计算

$$N^{重棚}_{今日} = N^{重棚}_{昨日} + U^{重棚}_{增加} - U^{重棚}_{减少} \qquad (5-3)$$

式中 $N^{重棚}_{今日}$——今日该站 18:00 结存重棚车数(第 13 栏);

$N^{重棚}_{昨日}$——昨日 18:00 结存重棚车数(昨日报表第 13 栏);

$U^{重棚}_{增加}$——今日该站增加重棚车数,包括今日到达列车带入的到达卸车和中转的重运用棚车数、今日本站自装棚车数、企业自备重棚车由专用线送交车站交接地点车数;

$U^{重棚}_{减少}$——今日该站减少重棚车数,包括今日发出运用重棚车数、本站今日卸空棚车数、送交配属企业的到卸自备重棚车。

② 查定法

查定法不统计现车数从昨日 18:00 至今日 18:00 变化的过程,而是通过直接查定 18:00 当时各类现车的实际数获得现在车报表的各项数据。

查定法适用于建立了现车信息管理系统实行货车追踪的车站,货车数据库可以实时反映站内每一辆货车的状况:总车数,运用车重车、空车和各类非运用车的车种别数量。在这种情况下,车站现在车报表可通过对货车数据库的查询生成。

2. 铁道部、铁路局"现在车报表"的编制方法

铁道部、铁路局现在车报表采用累加法编制,利用货车动态表检验车站上报数据的正确性。

铁路局统计室根据各站上报的"现在车报表(运报-2)"和 18:00 管内在途"列车确报(运统 1 甲)"的数据,逐项加总,生成铁路局"现在车报表(运报-2)"。计算公式为

$$N_{局,i} = \sum N_{站,i} + \sum N_{途,i} \qquad (5-4)$$

式中　$\sum N_{站,i}$——局管内各站第 i 项现在车之和，$i=10\sim93$ 栏；

　　　$\sum N_{途,i}$——局管内 18：00 在途列车中的第 i 项现在车之和，$i=10\sim93$ 栏。

铁道部现在车报表各栏为各铁路局现在车报表各栏之和。

在接收各站运报-2 时，局调度所统计人员的主要任务是利用"货车动态表（运统 11）"核对各站统计数字是否有误。运统 11 是推算区段内各站现在车数量变化情况的工具，用以动态掌握各站货车现有数，其格式如表 5-8 所示。

表 5-8　货车动态表

2008 年 6 月 28 日　　　　　　　　　　　　　　　　　　　　　　　　　运统-11

"货车动态表（运统 11）"的填记方法如下：每日开始时先过表"在途列车"，即从昨日统计表中摘录在途列车的"车次"、"车数"，填记各站"昨日结存"车数等数据；然后按列车向区段内发出的时间顺序记录各次列车在区段内的车辆甩挂情况：圈内填写列车出发时编挂的车辆数，方格内填写列车带到区段另一端技术站的车辆数，在中间站摘挂时，用"＋"表示挂车数"－"表示摘车数。

到本日结束（18：00）时按下式推算出该区段总计及各站的现在车数

$$N_{结存}^{今日} = N_{结存}^{昨日} + U_{入}^{今日} - U_{出}^{今日} \qquad (5-5)$$

式中　$N_{结存}^{今日}$——各站日末结存车数；

　　　$N_{结存}^{昨日}$——各站昨日结存车数；

　　　$U_{入}^{今日}$——今日各站摘下和加入的货车数；

　　　$U_{出}^{今日}$——今日各站挂出和剔出的货车数。

每日 18：00 时，将区段内各中间站"今日结存"车数与 18：00 在途车数相加，即得该区段内（不包括两端技术站）18：00 现在车数。

三、18：00 重车去向统计

18：00 现在重车去向报表（运报-3）反映 18：00 管内工作车及移交重车去向，作为组织卸车及向各铁路局预报重车流向的依据。

18:00 现在重车去向报表不划分部报和企报,只有综合报表,为日报,其内容包括管内工作车数和移交外局重车数。其中,自局管内卸车部分按主要车种别列出,各局还可根据自局的需要按主要站、段细分。以兰州铁路局为例,车站运报-3 的格式如表 5-9(站名和数字均为虚构)所示。

表 5-9　18:00 现在重车去向报表

东山站　　20 09 年 3 月份　　　　　　　　　　　　　　　　　　　运报-3(YB-3)

日期	自局管内卸车																			
	兰州地区					武威地区					银川地区					兰州局				
	车数	其中				车数	其中				车数	其中				车数	其中			
		棚车	敞车	平车	罐车		棚车	敞车	平车	罐车		棚车	敞车	平车	罐车		棚车	敞车	平车	罐车
	1	2	3	4	5	6	7	8	9	10	11	12	13	14	15	16	17	18	19	20
1	159	46	57	15	10	52	10	9	10	2	296	64	51	19	40	507	120	117	44	52

移交外局车数																			合计重车数
哈尔滨	沈阳	北京	太原	呼和浩特	郑州	武汉	西安	济南	上海	南昌	广州	南宁	成都	昆明	乌鲁木齐	青藏	移交重车合计	
21	22	23	24	25	26	27	28	29	30	31	32	33	34	35	36	37	39	40
83	99	40	19	9	2	4	10	30	5	7	8	6	2	12	15	95	446	953

四、专业运输公司货车统计

为了掌握集装箱、特货和行包三个专业运输公司所属货车的分布及使用货车的情况,需要单独统计其租用货车的数量及现在车数量。

专业运输公司租用货车指专业运输公司租用的非该专业运输公司所属的部属货车。其租用的时间:专业运输公司有专用货场或线路的自车辆调入装车地点时起,无专用货场或线路的自装车完了时起,统计为专业运输公司租用车;卸车完了时分为解除租用时间。

"专业运输公司租用货车报表"(运报 2-ZY)反映专业运输公司租用部属货车的数量,格式如表 5-10 所示。

表 5-10　专业运输公司租用货车报表

　　　　　　　　　　　　　　　　　　　　　　　　　　　　　　运报 2-ZY

站名、局名或年月日	集装箱公司租用					特货公司租用					特货公司租用集装箱车	行包公司租用				
	合计	其　中				合计	其　中					合计	其　中			
		棚车	敞车	平车	其他		棚车	敞车	平车	其他			棚车	敞车	平车	其他
	1	2	3	4	5	6	7	8	9	10	11	12	13	14	15	16

运报 2-ZY 的统计对象为每日 18:00 当时车站、铁路局管内以及合资铁路、地方铁路内专业运输公司租用的部属货车。

运报 2-ZY 的统计依据为:

1. 车站编制运报 2-ZY 依据的资料

车站编制运报 2-ZY 依据的资料包括:列车编组顺序表(运统 1);行车日志(运统 2 或运统 3);装卸车作业大表(运货七甲)、装卸车清单(货统 2);货车出入登记簿(运统 4)、号码制货车停留时间登记簿(运统 8)或车号自动识别系统。

2. 铁路局编制运报 2-ZY 依据的资料

铁路局管内各专业运输公司的租用货车包括 18:00 当时在站和在途两部分,因而铁路局编制运报 2-ZY 依据如下资料编制:管内各站的"专业运输公司租用货车报表"(运报 2-ZY)和 18:00 在途列车运统 1(确报)。

运报 2-ZY 为月、年报,由车站、铁路局按日统计并留存备查,按月逐级审核汇总,次月 5 日上报铁道部统计中心。

五、现在车车辆日统计

各铁路局使用铁路货车进行运输生产,需要向铁道部清算货车使用费。长期以来,货车使用费的计算一直以每日 18:00 各局现在车数量为依据,这种计算方法不能准确反映铁路局占用货车的实际数量,又造成分界口"抢 18:00"交车的现象,影响铁路的均衡生产、降低运输效率。为此,铁道部决定自 2005 年 10 月 1 日起,货车使用费的计算不再以 18:00 现在车数量为依据,改以铁路局实际占用货车时间,即车辆日为依据。并从 2005 年 8 月 1 日起,建立铁路现在车车辆日统计制度。

1. 现在车车辆日指标的含义

(1)铁路局管内现在车车辆日

铁路局管内现在车数量处于不断变化之中,由分界站接入列车后现在车数增加,向分界站交出列车后现在车数减少。因此,18:00 当时现在车数显然不能准确反映当日铁路局实际使用铁路车辆的数量。一辆货车全天的时间是 24 h,所以铁路局每消耗 24 车辆小时,可以认为使用了一辆货车。因此现在车辆日是反映铁路局管内平均现在车数量的指标,可以真实反映铁路局实际使用铁路货车的数量。

(2)专业运输公司所属车辆

2003 年 12 月 29 日铁道部成立了中铁集装箱运输责任有限公司、中铁特货运输责任有限公司和中铁行包快递责任有限公司,分别配属相应的部属货车,专营集装箱货物、特种货物和行包运输。

为适应铁路运输管理体制改革,满足财务清算和铁路专业运输公司经营管理的需要,对于专业运输公司的货车运用实行单独统计,其统计工作由铁道部统计中心归口管理。

2. 统计范围和统计依据

(1)统计范围

按铁路局、合资铁路公司、地方铁路公司,以及国家铁路股份制改造的公司(大秦铁路公司、广深铁路公司)为单位进行统计。

(2)统计依据

① 随列车出入的车辆。"分界站出入列车编组顺序表(运统 1)"提供分界站出入列车的编成,"行车日志(运统 2、3)"提供出入的时间,在安装了车号自动识别系统的车站列车到发时分可由 AEI 扫描获得。

② 不随列车出入车辆的加入和剔除。"新造货车车辆移交记录(车统 13)"、"货车车辆报废通知(车统 3)"等反映不随列车出入铁路局的管内货车数量变化原始资料。

3. 统计方法

铁路局现在车车辆日按下式计算

$$N=\frac{\sum Mt}{24} \tag{5-6}$$

式中　N——铁路局现在车辆日,即铁路局当日使用铁路货车数;

$\sum Mt$——铁路局管内全天消耗的车辆小时,按下式计算

$$\sum Mt=24N_{昨日}+\left[\sum_i m^i_{接入}t^i_{接入}+\sum_j m^j_{加入}t^j_{加入}\right]-\left[\sum_k m^k_{交出}t^k_{交出}+\sum_l m^l_{剔出}t^l_{剔出}\right] \tag{5-7}$$

其中　$N_{昨日}$——昨日 18:00 局管内结存现在车数,

$m^i_{接入}$——当日接入的第 i 列列车挂来的车辆数,

$t^i_{接入}$——当日接入的第 i 列列车自到达分界站时起,至当日 18:00 止的时间间隔,h,

$m^j_{加入}$——当日不随列车加入的第 j 批车辆数,

$t^j_{加入}$——当日不随列车加入的第 j 批车辆自加入时起,至当日 18:00 止的时间间隔,h,

$m^k_{交出}$——当日交出的第 k 列列车带走的车辆数,

$t^k_{交出}$——当日交出的第 k 列列车自交外局时起,至当日 18:00 止的时间间隔,h,

$m^l_{剔出}$——当日不随列车剔出本局的第 l 批车辆数,

$t^l_{剔出}$——当日不随列车剔出本局的第 l 批车辆自剔出时起,至当日 18:00 止的时间间隔,h。

"车数"(6栏)为铁路局现在车数,与运报-2"现在车计"(10栏)一致。

【例5-1】　某铁路局 2009 年 3 月 25 日 18:00 结存现在车 3 万辆。该局 a 站是车辆工厂接轨站,当日 19:00 车站在"新造车辆竣工验收移交记录(车统 1 并车统 13)"上签字接收新棚车 10 辆;23:30 由局间分界口接入 10234 次列车挂入现车 50 辆;19 日 2:00 由局间分界站交出列车 10233 次带出现车 57 辆,15:00 加入企业自备车 20 辆(企业办理了过轨运输许可证,车辆检修合格证明,车站填制了货票),17:30 由局间分界站向邻局交出 41002 次列车带出货车 50 辆。

由题意可知,$t^1_{接入}=23$ h、$t^2_{接入}=18.5$ h,$t^1_{加}=3$ h,$t^1_{交出}=16$ h、$t^2_{交出}=0.5$ h,则 3 月 26 日(25 日 18:00 至 26 日 18:00)该局占用车辆日为

$$N=\frac{1}{24}[720\,000+10\times23+50\times18.5+20\times3-57\times16-50\times0.5]=30\,012(车辆日)$$

4. 现在车车辆日统计表

现在车车辆日统计表(YB-2LR)格式如表5-24所示。这项统计由铁道部统计中心每日生成,月、季、年汇总,于次月 5 日前反馈各铁路局。

表 5-11　现在车车辆日统计表　　　　　　　　　　运报-2LR

年　　　月　　　日

铁路局	合资地铁	车　种	车　型	车辆日	车　数	备　注
1	2	3	4	5	6	7

铁道部按照下式计算各局现在车辆日收取货车使用费

$$F=\alpha\times(w-r-d-p_{65}) \tag{5-8}$$

式中　F——按月计算的铁路局货车使用费;

α——货车使用费单价；

w——本局该月部属货车车辆日；

r——本局该月部属货车检修车辆日；

d——本局该月港口被用货车辆日数；

p_{65}——P_{65}型行包专用货车辆日数。

对于太原铁路局还要减去大秦铁路公司所属货车辆日数。

第三节 装卸车统计

装卸车统计反映铁路完成的货运量和货车装卸作业量,据以考核货物运输计划完成情况,为编制运输计划、改进货物运输工作及运输成本计算提供统计数据。

一、装卸车统计的有关指标

装卸车指标包括装车数、增加使用车数、卸车数、增加卸空车数、装卸作业次数和货物发送吨数等。

1. 装车数

凡在铁路营业线、临时营业线上的货运营业站承运并填制货票,以运用车运送货物的装车均统计为装车数。

(1)整车货物

① 由营业站承运的装车。

② 港口站的装车及不同轨距联轨站换装货物的装车。

③ 填制货票的游车。

④ 填制货票免费回送货主的货车用具和加固材料的整车装车。

⑤ 按80%核收运费的企业自备车、企业租用车和路用车的装车(按轴公里计费的除外)。

⑥ 填制货票核收运费的站内搬运的装车。

(2)整装零担车

在装车站装载的一站直达整零的装车或在装车站装载自站发送货物占全部货物重量一半及以上的装车。

(3)集装箱货物

整车集装箱在装车站装载自站发送集装箱其换算箱数占全部换算箱数一半及以上的装车。集装箱换算箱数按折合为国际标准 20 ft 集装箱为一个换算箱进行换算,计算单位 TEU (Twentyfoot Equivalent Unit),按表 5 - 12 的规定计算。

表 5 - 12 各箱型集装箱换算系数

集装箱类型	换算系数
1 t 箱	0.05
20 ft 箱	1.00
25 ft 箱	1.25
40 ft 箱	2.00
48 ft 箱	2.40
50 ft 箱	2.50

(4)国家铁路运输企业、合资铁路、地方铁路装车数的计算

① 国家铁路运输企业

在国家铁路运输企业车站自站的装车(包括在国家铁路运输企业分界站、接轨站制票运往合资、地方铁路的装车)统计为承运装车数。由非国家铁路控股合资铁路、地方铁路、国境接入

并填制有货票的重车(不包括通过合资、地方铁路运输的重车及到达分界站或接轨站卸车的重车)统计为交接装车数。

② 合资铁路

使用部属铁路货车、企业自备货车在本合资铁路管内自装自卸所产生的装车,以及使用内用货车并填制正式货票(国家铁路货票或地方税务部门监制的票据)在本合资铁路管内自装自卸所产生的装车(包括装往国家铁路分界站或接轨站卸车的装车),统计为管内装车数;与全路办理一票直通货物运输的合资铁路自管内装往国家铁路或其他合资、地方铁路所产生的装车,统计为输出装车数。

③ 地方铁路

使用部属铁路货车、企业自备货车在本地方铁路管内自装自卸所产生的装车,以及使用内用货车并填制正式货票(国家铁路货票或地方税务部门监制的票据)在本地方铁路管内自装自卸所产生的装车(均包括装往国家铁路分界站或接轨站卸车的装车),统计为管内装车数;与全路办理一票直通货物运输的地方铁路自管内装往国家铁路或其他合资、地方铁路所产生的装车,统计为输出装车数;由国家铁路运输企业、合资铁路或其他地方铁路接入或通过并填制货票的重车统计为交接装车数。

2. 卸车数

凡填制货票以运用车运送,到达铁路营业线、临时营业线上营业站的卸车,均统计为卸车数。

(1)整车货物

① 到达营业站货物的卸车。

② 港口站的卸车及不同轨距联轨站换装货物的卸车。

③ 填制货票的游车。

④ 填制货票免费回送货主的货车用具和加固材料的整车卸车。

⑤ 按80%核收运费的企业自备车、企业租用车和路用车的卸车(按轴公里计费的除外)。

⑥ 填制货票核收运费的站内搬运的卸车。

(2)整装零担车

在终到站到达的一站直达整零的卸车或在终到站到达自站货物占全部货物重量一半及以上的卸车。

(3)集装箱货物

整车集装箱在终到站到达自站集装箱换算箱数占全部换算箱数一半及以上的卸车。

(4)国家铁路运输企业、合资铁路、地方铁路卸车数的计算

① 国家铁路运输企业。在国家铁路运输企业营业站的卸车,包括合资、地方铁路接入到达分界站(接轨站)的卸车。

② 合资铁路。使用部属铁路货车、企业自备货车在本合资铁路管内自装自卸所产生的卸车,以及使用内用货车并填制正式货票(国家铁路货票或地方税务部门监制的票据)在本合资铁路管内自装自卸所产生的卸车(均不包括管内装车到达国家铁路分界站或接轨站的卸车),统计为管内卸车数;由国家铁路运输企业或其他合资铁路、地方铁路与本合资铁路办理一票直通货物运输的重车到达本合资铁路管内的卸车,统计为输入卸车数。

③ 地方铁路。使用部属铁路货车、企业自备货车在本地方铁路管内自装自卸所产生的卸车,以及使用内用货车并填制正式货票(国家铁路货票或地方税务部门监制的票据)在本地方

铁路管内自装自卸所产生的卸车(均不包括管内装车到达国家铁路分界站或接轨站的卸车),统计为管内卸车数;由国家铁路运输企业或其他合资铁路、地方铁路与本地方铁路办理一票直通货物运输的重车到达本地方铁路管内的卸车统计为输入卸车数。

3. 待卸车数

凡到达铁路营业站的重车在本统计报告日内实际未卸完的,均统计为待卸车数。

4. 增加使用车和增加卸空车

增加使用车和增加卸空车为车站因装卸中转零担货物、铁路货车用具或货物倒装等而使用或卸空的车辆。

(1)整装零担车

① 在装车站装载中转货物超过全部货物重量一半的装车按增加使用车计算。

② 在终到站到达中转货物超过全部货物重量一半的卸车按增加卸空车计算。

(2)集装箱车

① 在装车站装载中转集装箱,其换算箱数超过全部换算箱数一半的装车按增加使用车计算。

② 在终到站到达中转集装箱,其换算箱数超过全部换算箱数一半的卸车按增加卸空车计算。

(3)铁路货车用具

整车装运铁路货车用具(篷布、空集装箱及军用备品等)的装卸按增加使用车或增加卸空车计算。

(4)倒装作业

运用重车在运送途中发生倒装作业(不包括装载整理)的计算:

① 一车倒装两车时计算增加使用车一辆,两车倒装一车时计算增加卸空车一辆。

② 当日卸车后不能当日装车时,当日计算增加卸空车一辆,再装车时计算增加使用车一辆。

③ 当日一车倒装一车时不计算增加使用车数和增加卸空车数。

5. 装卸作业次数

装卸作业次数为车站在一定时期内所完成的装车、卸车作业及其他货车作业的总次数。

(1)装卸作业次数的统计

① 凡计算装卸车数的均计算作业次数。

② 货物倒装车、整车装卸铁路货车用具和按增加使用及增加卸空车计算的整装零担车、整装集装箱车,均按实际作业车数计算作业次数。整车货物倒装全部卸空后,又原车装运时,按两次作业计算。

③ 整车分卸的货车在运送途中站进行装卸时,按一次作业计算。

(2)不计算装卸车数和作业次数的货车

① 各种非运用车的装卸(按一般货运手续办理的装车应转为运用车)。

② 变更到站的重车。

③ 不论是否摘下而进行货物装载整理的货车。

④ 在本企业专用线内或不经过铁路营业线的两个企业间搬运货物的装卸。

6. 货物发送吨数

货物发送吨数为铁路区域或车站在一定时期内承运的全部货物吨数的总和,按以下规定

计算:

(1)凡车站承运的货物均根据货票统计发送吨数。整车货物以装车作业完了并填妥货票时分统计;零担和集装箱货物以"装卸车清单(货统2)"为依据,按装车完了时分统计。

(2)货物发送吨数根据货票记载的货物实际重量计算,无货物重量按计费重量计算。填制货票的游车不再计算重量。

二、装卸车统计报表

装卸车统计报表包括"装卸车报表(货报-1)"、"货物分类装车报表(货报-2)"和"货物分类卸车报表(货报-3)",由国家铁路运输企业货运营业站货运调度员或货运室统计。

1. 装卸车报表(货报-1)

"装卸车报表(货报-1)"统计车站每日车种别装卸车数及装车去向。装卸车报表(货报-1)分别"部货报-1"、"企货报-1"编制并逐级汇总上报。"装卸车报表"为日、旬、月、季、年报。

"装卸车报表(货报-1)"的格式如表5-13所示,其内容为当日车种别的使用车数、卸空车数、装车作业次数及到达局别的使用车数。其中使用车数和卸空车数按棚车、敞车、普通平车、两用平车、轻油罐车、粘油罐车、其他罐车、冷藏车、集装箱车、矿石车、长大货物车、毒品车、家畜车、散装水泥车、散装粮食车、特种车和其他,共17个车种统计。

表 5-13　装卸车报表　　　　　货报-1

月日、站或局名	装车数合计	其中		使用车合计	其中增加使用车	车 种						卸车数合计	待卸车数	卸空车合计	其中增加卸空车数	车 种					装卸作业次数	到达局别使用车数			
		承运装车数	交接装车数			棚车	敞车	…	特种车	其他						棚车	敞车	普通平车	…	其他		合计	哈尔滨局	…	青藏
1	2	3		4	5	6	7		21	22	23	24	25	26		27	28	29		43	44	45	46		63

装卸车报表的编制依据有货票,装(卸)车清单(货统2)、承运簿(铁运10)、卸货簿(铁运11甲)或其他装卸作业表,"国境站货物交接单"、"分界(交接)站货物交接记录单(货统3)"等。

2. 货物分类装车报表

"货物分类装车报表(货报-2)"的格式如表5-14,反映车站和铁路局完成货物品类别装车任务的情况。

表 5-14　货物分类装车报表　　　　　货报-2

局或月日	装车合计			其中:货物分类											特货公司装车		其中集装箱		扣除专业运输公司货物运输后的装车		
	静载重	车数	吨数	煤		石油		…		零担货物		集装箱							静载重	车数	吨数
				车	吨	车	吨	…	…	车	吨	车	吨	车	吨	车	吨				
1	2	3		4	5	6	7	…	…	56	57	58	59	60	61	62		63	64	65	66

根据铁道部制定的《铁路货物运输品名分类及代码表》,铁路运输的货物分为煤、石油、焦炭、金属矿石、钢铁、非金属矿石、磷矿、矿建材料、水泥、木材、粮食、棉花、化肥、盐、化肥、金属

制品、工业机械、电子产品、农业机具、鲜活货物、农副产品、饮食烟草、纺织皮革、纸及文教、医药、其他、零担货物和集装箱共 28 个大类。货报-2 按照货物分类统计装车数和发送吨数。

(1)编制依据

① 货票,提供货物的品类和吨数。

② 装(卸)车清单(货统 2),提供品类别装车数和装车完了时分。

③ 国境站货物交接单,提供从国外接入货物的品类、车数和吨数。

(2)编制方法

货报-2 由国家运输企业货运营业站分别部属货车(BXB-2)、企业自自备货车(QXB-2)、综合(XB-2)编制并逐级汇总上报,格式同 XB-2。

合资、地方铁路营业站按部属货车(BXB-2)的装车合计、管内装车、输出装车分行填记,企业自自备货车(QXB-2)的装车合计、管内装车、输出装车分行填记,内用货车(NXB-2)的管内装车,综合(XB-2)的装车合计、管内装车、输出装车分行填记,分别编制并逐级汇总上报。

整车货物品名分类根据货票所填记的货物名称,按照铁道部制定的《铁路货物运输品名分类及代码表》的分类统计。一车货物有数种品名时,按其中重量最多的货物品类统计;如只有一个重量时,按第一个品名确定。货票中未列品名的货物,列入"其他"栏内。

"静载重"为"货物发送吨数"与"装车数"的商,以 t 为单位,保留小数一位,第二位四舍五入。

"装车数"(2 栏)是指车站的发送车数,不包括增加使用车数,为各品类装车数之和,应与货报-1"装车数合计"(1 栏)一致。扣除专业运输公司货物运输后的装车数(65 栏)为装车数(2 栏)-集装箱装车数(58 栏)-特货公司装车数(60 栏)+特货公司其中集装箱装车数(62 栏)。

各品类装车"吨数"指该站承运的发送货物吨数,按货票记载的千克数加总后再以吨为单位四舍五入,各品类吨数相加,即为"装车合计吨数"(3 栏)。扣除专业运输公司货物运输后的吨数(66 栏)为装车吨数(3 栏)-集装箱装车吨数(59 栏)-特货公司装车吨数(61 栏)+特货公司其中集装箱装车吨数(63 栏)。

第四节　货车停留时间统计

车站组织运用车作业的效率,集中表现在货车在站的停留时间上。如果货车在站的各项作业均能在规定的时间标准内或提前完成,且作业之间的衔接良好、不存在过长的作业等待时间,则货车在站的停留时间就会保持在一个合理的水平。因而,车站或铁路局所实现的平均货车在站作业停留时间成为考核其作业组织水平的重要指标。

货车停留时间统计反映运用车的货物作业和中转作业停留时间完成情况,作为衡量和改善车站运输组织工作、提高货车使用效率的依据。

凡计算车站出、入的运用车,由到达或加入时起至发出或退出时止的全部停留时间(不包括其中转入非运用车的停留时间)均应统计停留时间。但中间站利用停站时间进行装卸,装卸完了仍随原列车继续运行时,只计算作业次数,不计算停留时间。

"货车停留时间报表(运报-4)"为日、旬、月、季、年报,分别部属货车(BYB-4)、企业自备车(QYB-4)和综合(YB-4)编制并逐级上报,报表格式如表 5-15 所示。

表 5-15　货车停留时间报表

东山站　2009 年报 3 月　　　　　　　　　　　　　　　　　　　　　　　　运报-4(YB-4)

日期	一次货物作业停留时间			中转车停留时间									作业车数	车辆小时	一车平均	入线前停留时间			站线停留时间			专用线停留时间			出线后停留时间		
				无调中转			有调中转			合计																	
	作业次数	车辆小时	一次平均	车数	车辆小时	一车平均	车数	车辆小时	一车平均	车数	车辆小时	一车平均				车数	车辆小时	一车平均	车数	车辆小时	一车平均	车数	车辆小时	一车平均	车数	车辆小时	一车平均
	1	2	3	4	5	6	7	8	9	10	11	12	13	14	15	16	17	18	19	20	21	22	23	24	25	26	27
1	324	2 375	7.3	89	64	0.7	1 993	10 239	5.1	2 082	10 303	4.9	218	2 375	10.9	218	109	0.5	110	507	4.6	180	1 367	7.6	218	392	1.8

一、货车停留时间分类及计算方法

1. 货车停留时间分类

运用车按在站作业的性质分为本站货物作业车和中转货车,为完成货物装卸作业或中转作业每辆货车在站的平均停留时间分别称为货物作业停留时间和中转作业停留时间。

（1）货物作业停留时间

货物作业停留时间是运用车为在站线(包括区间)及专用线(包括铁路的厂、段管线)内进行装卸、倒装作业在站所停留的时间。

货物作业停留时间又分为一车平均停留时间和一次货物作业停留时间。每辆货物作业车自到达车站时起至从车站出发时止平均在站停留的时间称为一车平均停留时间。货物作业车进行一次货物作业(装或卸)平均在站停留的时间则称为一次货物作业停留时间,简称停时。由于部分作业在站进行双重货物作业,因而一次货物作业停留时间小于一车平均停留时间。

为了对车站货物作业组织进行考核和分析,以便改进工作,货物作业车在站停留时间按下列作业过程统计:

① 入线前停留时间,指由货车到达车站时起至送到装卸地点时止,以及双重作业货车由卸车完了时起至送到装车地点时止的时间。

② 站线作业停留时间,指由货车送到车站货场的装卸地点时起至装卸作业完了时止的时间。

③ 专用线作业停留时间,指由货车送到企业专用线的装卸地点时起至装卸作业完了时止的时间。如规定以企业自备机车取送车辆时,以车站将货车送到车辆交接地点的时间作为送到作业地点时间、企业将装卸完了的车辆送到交接地点的时间作为装卸完了时间。

④ 出线后停留时间,指由货车装卸作业完了时起至从车站发出时止的时间。

（2）中转作业停留时间

货车中转作业停留时间为在车站进行无调中转或有调中转(包括变更到站、装载整理、专为加冰及洗罐消毒的货车,按规定进行洗罐的罐车除外)的货车所停留的时间。

中转停留时间按中转作业性质分为无调中转车停留时间和有调中转车停留时间。无调中转车停留时间和有调中转车停留时间的加权平均值,即货车在站中转一次平均停留的时间称为中时。

技术站的无调中转车为在该站作业的中转列车上随原列到开的货车及停运列车上的货车。凡不符合上述无调中转作业条件的中转货车均按有调中转货车统计。

在中间站产生下列中转作业时必须统计中转停留时间:

① 停运列车上的货车。

② 列车在中间站折返原方向所挂的不属于本站办理装卸作业的货车。

③ 不在本站进行装卸作业而摘下的货车。

停时和中时是衡量车站在一段时间间隔内作业效率的指标。在日常运输组织中考核班工作业绩采用的统计时间间隔是该班的 12 h,在 18:00 统计中为昨日 18:00~今日 18:00 的 24 h。

2. 货车停留时间的计算方法

(1)一次货物作业平均停留时间($t_货$)

$$t_货 = \frac{\sum Nt_货}{\sum N_次} \quad (h) \tag{5-9}$$

式中　$\sum N_货$——当日本站货物作业车总停留车小时;

　　　$\sum N_次$——当日本站货物作业次数,计算公式如下:

$$\sum N_次 = U_装 + U_卸 + \Delta U_使 + \Delta U_{卸空} + N_{其他} \tag{5-10}$$

其中　$U_装$、$U_卸$、$\Delta U_使$、$\Delta U_{卸空}$、$N_{其他}$——当日本站完成的装车数、卸车数、增加使用车数、

　　　　　　　　　　　　　　　　　　　增加卸空车数和其他货物作业次数。

(2)中转车平均停留时间($t_中$)

① 有调中转车平均停留时间($t_有$)

$$t_有 = \frac{\sum Nt_有}{\sum N_有} \quad (h) \tag{5-11}$$

式中　$\sum Nt_有$——当日本站有调中转车总停留车小时;

　　　$\sum N_有$——当日本站办理有调中转作业的车数。

② 无调中转车平均停留时间($t_无$)

$$t_无 = \frac{\sum Nt_无}{\sum N_无} \quad (h) \tag{5-12}$$

式中　$\sum Nt_无$——当日本站无调中转车总停留车小时;

　　　$\sum N_无$——当日本站办理无调中转作业的车数。

③ 中转车平均停留时间($t_中$)

$$t_中 = \frac{\sum Nt_有 + \sum Nt_无}{\sum N_有 + \sum N_无} \quad (h) \tag{5-13}$$

二、货车停留时间的统计方法

计算货车停留时间需要分别统计当日中转货车和本站作业车在站总停留时间、装卸作业次数和中转车数。目前统计各种货车停留时间有号码制和非号码制两种方法。

1. 号码制统计方法

号码制统计是利用"号码制货车停留时间登记簿(运统 8)"逐车统计货车停留时间。其统计结果用以在实行号码制统计的车站作为编制"货车停留时间报表(运报-4)"的依据,或在使用非号码制统计的车站作为编制运报-4 时填记货物作业车作业过程的依据。

【例 5-2】　号码制货车停留时间登记簿(运统 8)的格式见表 5-16。表中给出了 A站 12 月 1 日(11 月 30 日 18:00~12 月 1 日 18:00)车流到发及作业情况,填制了该站当日号码制货车停留时间登记簿,并据此计算了该站当日"货车停留时间报表(运报-4)"(见表 5-17)的数据。

表 5-16　号码制货车停留时间登记簿

A站2008年12月　　　　　　　　　　　　　　　　　　　　　　　　　　　(运统8)

货车		到达			调入站线		站线作业完了		调入专用线		专用线作业完了	
车种	车号	车次	月日	时分	月日	时分	月日	时分	月日	时分	月日	时分
1	2	3	4	5	6	7	8	9	10	11	12	13
P	3428956	40122	30/11	10:25	30/11	11:50	30/11	14:30	30/11	16:30	30/11	19:00
P	3039247	40122	30/11	10:25	30/11	11:50	30/11	14:40				
C	4132146	40122	30/11	10:25	30/11	15:00 / 11:50	30/11	17:30 / 13:50				
C	4562419	40121	30/11	22:47	30/11	23:10	1/12	2:00				
C	4653281	40121	30/11	22:47					30/11	23:10	1/12	1:30
P	4432103	40122	1/12	10:30	1/12	11:50	30/11	14:40				
P	4326750	40122	1/12	10:30	1/12	11:50	30/11	14:40				

发出			作业种类	中转车停留时间	作业车停留时间	货物作业过程别				非运用车			记事
车次	月日	时分				入线前时间	作业时间(站线)	作业时间(专用线)	出线后时间	转入月日时分	转出月日时分	停留时间	
14	15	16	17	18	19	20	21	22	23	24	25	26	27
40121	30/11	23:20	双		12 h55 min	3 h25 min	2 h40 min	2 h30 min	4 h20 min				
40121	30/11	23:20	装		12 h55 min	1 h25 min	2 h50 min		8 h40 min				
40121	30/11	23:20	双		12 h55 min	2 h35 min	4 h30 min		5 h50 min				
40122	1/12	10:55	卸		12 h08 min	23 min		2 h20 min	9 h25 min				

表 5-17　货车停留时间报表

A站2008年12月份　　　　　　　　　　　　　　　　　　　　　　　　　运报-4(BYB-4)

日期	一次货物作业停留时间			中转车停留时间									装卸量较大的车站货物作业车作业过程														
				无调中转			有调中转			合计						入线前停留时间			站线停留时间			专用线停留时间			出线后停留时间		
	作业次数	车辆小时	一次平均	车数	车辆小时	一车平均	车数	车辆小时	一车平均	车数	车辆小时	一车平均	作业车数	车辆小时	一车平均	车数	车辆小时	一车平均	车数	车辆小时	一车平均	车数	车辆小时	一车平均	车数	车辆小时	一车平均
	1	2	3	4	5	6	7	8	9	10	11	12	13	14	15	16	17	18	19	20	21	22	23	24	25	26	27
1	6	50.9	8.5										4	50.9	12.7	4	7.8	2.0	3	10.0	3.3	2	4.8	2.4	4	28.3	7.1
2																											
...	...	...	...																								

填记运统 8 需要掌握每辆货车出、入车站的时间及货物作业车的作业过程,依据的资料有:到达和发出列车编组顺序表(运统 1),行车日志(运统 2、3),运用车转变记录(运统 6),非运用车登记簿(运统 7),装(卸)车清单(货统 2)、货车调运单(货统 46)或专用线取送车辆记录。

按号码制计算中时和停时,只统计当日发出的货车。货车发出后,根据货车的作业种类,按下列办法结算其停留时间:

(1)货车在站作业停留时间

中转车停留时间、作业车停留时间均为其发出时分与到达时分的差数,减转入非运用车的时间。中转和作业货车的在站总停留时间分别为当日发出该类货车在站停留时间的和。

(2)货物作业车的作业过程

① 入线前停留时间为调入装卸地点时刻与到达时刻的差数,双重作业车自卸车完了至调入装车地点止的时间也为入线前停留时间。

② 站线作业时间、专用线作业时间为作业完了时分与调入装卸地点时分的差数。

③ 出线后停留时间为发出时分与作业完了时分的差数。

为便于总结,每日开始时应将昨日未发出的货车用红笔移入当日最前部,然后再继续填记当日到发货车。

采用号码制统计方法时,中时和停时的计算方法为:

作业车停留时间为当日发出的作业车自到达本站至由本站发出时止的全部停留时间(发出作业车 19 栏)之和,作业次数为当日发出的本站作业车在站期间的全部装卸次数;

中转货车停留时间为当日发出中转货车自到达本站至由本站发出时止的全部停留时间,中转车数为当日发出的中转车数。

2. 非号码制统计方法

(1)非号码制统计原理

非号码制统计方法与号码制统计方法的区别在于它不是按每一辆货车统计停留时间,而是按时间间隔(一小时、阶段、班或日)以批处理方式统计该时间段内不同性质车辆的总停留车小时。以 24 h 间隔为例,先假定当日开始时结存的车辆和本日内到达或转入的车辆全部停留至本日结束,并按此统计停留车小时,然后减去本日内发出或转出车辆从发出或转出之时起至本日结束时止多算的停留车小时,即得各种性质车辆在本日的停留时间。

非号码制计算货车在站停留时间的公式如下:

$$\sum Nt = N_{结存}t + \sum(N_{到}\ t_{到}) - \sum(N_{发}\ t_{发}) \qquad (5-14)$$

式中 $\sum Nt$——某种性质货车(本站作业车或中转车)在本小时(阶段、班或日)内的总停留车小时;

$N_{结存}$——本时间段(小时、阶段、班或日)初结存的该性质的货车数;

t——采用的计算时间间隔(1 h、3 h、12 h 或 24 h);

$N_{到}$——本时间段(小时、阶段、班或日)内一批到达或转入的该性质货车数;

$t_{到}$——该批货车自到达或转入时起至本时间段(小时、阶段、班或日)结束时止的换算小时;

$N_{发}$——本时间段(小时、阶段、班或日)内随某次列车发出或一次转出的该性质货车数;

$t_{发}$——该批货车自随列车出发或转出时起,至本时间段(小时、阶段、班或日)结束时止的换算小时。

换算小时是指计算时间间隔内某一时刻至该间隔结束的十进制小时数,按逆算十进制小时换算表(见表5－18)计算。

表5－18　逆算十进制小时换算表

实际分数	58~60	52~57	46~51	40~45	34~39	28~33	22~27	16~21	10~15	4~9	1~3
十进制小时	0	0.1	0.2	0.3	0.4	0.5	0.6	0.7	0.8	0.9	1.0

【例5－3】　10002次列车19:34终到车站,带来货车42辆,其中作业车18辆、中转车24辆,计算该批货物作业车和中转车在19:00至20:00时间段内、班或日时间段内在站停留时间。

按小时间隔结算时,这批货车每车在19:01~20:00期间停留的换算小时数为0.4 h,计0.4×42＝16.8(车·h),其中作业车停留0.4×18＝7.2(车·h),有调中转车停留0.4×24＝9.6(车·h);

按班为时间间隔结算时,每车在本班内停留的换算小时数10.4小时,总停留车小时10.4×42＝436.8(车·h),其中作业车停留10.4×18＝187.2(车·h),有调中转车停留10.4×24＝249.6(车·h);

按日为时间间隔结算时每车在本日停留的换算小时数为22.4小时,总停留车小时22.4×42＝940.8(车·h),其中作业车停留22.4×18＝403.2(车·h),有调中转车停留22.4×24＝537.6(车·h)。

按非号码制计算停时和中时时:

① 当日实际装卸次数作为当日装卸次数。

② 到达和出发中转车数之和的一半作为当日的中转车数,按式(5－15)计算,小数后一位四舍五入。

$$N_{\text{中}}=\frac{N_{\text{到}}^{\text{中}}+N_{\text{发}}^{\text{中}}}{2} \tag{5－15}$$

式中　$N_{\text{到}}^{\text{中}}$——当日到达的中转车数;

　　　$N_{\text{发}}^{\text{中}}$——当日发出的中转车数。

【例5－4】　以日为时间间隔和以小时为时间间隔的"非号码制货车停留时间登记簿(运统9)"的格式分别如表5－19和表5－20,两表均采用了A站12月2日的统计数据。假定该站当日装车58辆,卸车67辆,则依据表5－19计算该站当日的停时和中时结果如下:

$$t_{\text{货}}=\frac{1\ 200+1\ 315.7-1\ 251.3}{58+67}=\frac{1\ 264.4}{125}=10.1(\text{h})$$

$$t_{\text{无}}=\frac{988-932}{80}=\frac{56}{80}=0.7(\text{h})$$

$$t_{\text{有}}=\frac{1\ 560+2\ 273.7-1\ 933.9}{\frac{153+149}{2}}=\frac{1\ 899.8}{151}=12.6(\text{h})$$

$$t_{\text{中}}=\frac{56+1\ 899.8}{80+151}=8.5(\text{h})$$

表5－20在"17:00~18:00"行,已经给出了货物作业车和各类中转车当日停留时间,直接代入公式计算,可得出相同的结果。

表5-19 非号码制货车停留时间登记簿

2008年12月2日　　　　　　　　　　　　　　　　　　　　　　　　　　　　运统9

到达

车次	时刻	换算车小时	合计		货物作业			有调中转			无调中转			非运用车		
			车数	车小时	车数	转入	车小时	车数	转入	车小时	车数	转入	车小时	车数	转入	车小时
1	2	3	4	5	6	7	8	9	10	11	12	13	14	15	16	17
昨日结存			140	3 360	50		1 200	65		1 560				25		600
10001	18:05	23.9	40	956							40		956			
12002	18:37	23.4	45	1 053	25		585	20		468						
31001	21:30	20.5	36	738	10		205	26		533						
32002	22:41	19.3	41	791.3				41		791.3						
21001	3:45	14.3	38	543.4	20		286	18		257.4						
	9:15	8.8	(10)											10		88
22002	9:29	8.5	40	340	20		170	20		170						
41001	15:12	2.8	24	67.2	14		39.2	10		28						
	16:20	1.7	(25)		15		25.5		10	17						
82701	17:15	0.8	40	32							40		32			
42002	17:30	0.5	28	14	10		5	18		9						
今日合计			332	4 534.9	99	15	1 315.7	153	10	2 273.7	80		988	10		88
今日结存			138		59			69			0			10		

出发

车次	时刻	换算车小时	合计		货物作业			有调中转			无调中转			非运用车		
			车数	车小时	车数	转出	车小时	车数	转出	车小时	车数	转出	车小时	车数	转出	车小时
18	19	20	21	22	23	24	25	26	27	28	29	30	31	32	33	34
10001	18:55	23.1	40	924							40		924			
11002	20:31	21.5	41	881.5	21		451.5	20		430						
32001	23:40	18.3	38	695.4	5		91.5	33		603.9						
22001	4:12	13.8	42	579.6	20		276	22		303.6						
31002	4:32	13.5	40	540	20		270	20		270						
	9:15	8.8	(10)						10	88						
21002	10:40	7.3	39	284.7	15		109.5	24		175.2						
42001	14:27	3.6	26	93.6	12		43.2	14		50.4						
	16:20	1.7	(25)											25		42.5
41002	17:10	0.8	28	22.4	12		9.6	16		12.8						
82701	17:50	0.2	40	8							40		8			
			334	4 029.2	105		1 251.3	149	10	1 933.9	80		932	25		42.5

以小时划分时间间隔的统计方法适合于人工编制报表:每小时末结算一次,至 18:00 前登记簿已基本处理完毕,便于赶在 18:00 前后完成报表编制,但计算重复,制作报表总耗时多。采用 12 h 或 24 h 为阶段,计算过程比较简捷,适合于计算机编制。

(2)填记依据

① 货车出入登记簿(运统 4)中的列车到发时分、车数及换算车小时,其原始资料为列车编组顺序表(运统 1)、行车日志(运统 2、3)。

② 检修车登记簿(运统 5)、非运用车登记簿(运统 7)、备用车登记簿(运统 7-A)中的货车转变时刻。

(3)填记方法

① 每日 18:00 开始登记前,先将昨日各项结存车数,包括货物作业车、无调中转、有调中转和非运用车的结存车数,移入本日"昨日结存"行各栏内。

② 各到达和发出的"车数"、"换算小时"栏根据货车出入登记簿(运统 4)结算随同列车和不随同列车出入的车数和换算车小时的总数。

③ 各转入和转出的"车数"、"换算车小时"栏根据检修车登记簿(运统 5)、非运用车登记簿(运统 7)、备用车登记簿(运统 7-A)及装卸车情况,结算由运用车转入非运用车、非运用车转回运用车以及中转车转入作业车、作业车转入中转车的车数和换算车小时总数。

(4)转入、转出各栏按下列规定填记

由非运用转回运用的货车,按转入非运用前的作业种别填记,但进行装车时,必须转入作业车(包括解除备用时间不满的货车);到达的非运用车和由运用车转非运用、非运用转回运用车前后作业种别不同时,则按转回运用车的实际作业种别填记。

(5)以小时为计算时间间隔时,各小时末结存车数和货车停留车小时数按下列方法结算

① 本小时末各结存车数为上一小时末的各结存车数加本小时内入的车数,减本小时内出的车数。

② 本小时货车停留车小时为本小时开始时的结存车数加本小时入的换算小时数,减本小时出的换算小时数。

③ 各类货车全日(班)停留车小时等于本日(班)各小时停留时间的和。

(6)每日 18:00 终了后,计算车站现在车及货物作业车、有调中转车和无调中转车结存车数。结存车数(6 栏)及(42 栏)与现在车报表(运报-2)的现在车数(10 栏)及非运用车数(36 栏)应核对一致;2、4 栏合计车数,与货车出入登记簿(运统 4)的出入车总数应一致。

3. 两种统计方法的比较

号码制统计方法精确地记载了每一辆货车的到、发时刻及货物作业车在各个作业环节的停留时间,便于进行运输工作分析以指导和改善车站作业组织。但方法繁琐,而且由于每辆货车从车站出发时才统计停留时间,所以计算出的指标往往不能反映车站当日(当班)的实际作业情况。因而,这种统计方法只在出入车数较少的中间站采用,或在出入车数较多、采用非号码制统计的车站用于统计本站货物作业车的入线前、货物作业和出线后停留时间。

非号码制统计方法简捷、计算工作量小,得出的指标能反映当日车站工作的实际成绩。但由于不记载货物作业车的作业过程,无法据以分析作业车工作组织存在的问题。这种方法适

表 5-20 非号码制货车

2008年12月2日

项目 每小时合计	货车出入总数 到达 车数	换算小时	发出 车数	换算小时	结存	停留时间	其 货物作业车 入 到达 车数	换算小时	转入 车数	换算小时	出 发出 车数	换算小时	转出 车数	换算小时	结存	停留时间
1	2	3	4	5	6	7	8	9	10	11	12	13	14	15	16	17
昨日结存					140										50	
18:00~19:00	85	54	40	4	185	190	25	10							75	60
19:00~20:00					185	185									75	75
20:00~21:00			41	205	144	164.5					21	106			54	64.5
21:00~22:00	36	18			180	162	10	5							64	59
22:00~23:00	41	12.3			221	192.3									64	64
23:00~0:00			38	11.4	183	209.6					5	1.5			59	62.5
0:00~1:00					183	183									59	59
1:00~2:00					183	183									59	59
2:00~3:00					183	183									59	59
3:00~4:00	38	11.4			221	194.4	20	6							79	65
4:00~5:00			82	53.6	139	167.4					40	26			39	53
5:00~6:00					139	139									39	39
6:00~7:00					139	139									39	39
7:00~8:00					139	139									39	39
8:00~9:00					139	139									39	39
9:00~10:00	40	20			179	159	20	10							59	49
10:00~11:00			39	11.7	140	167.3					15	4.5			44	54.5
11:00~12:00					140	140									44	44
12:00~13:00					140	140									44	44
13:00~14:00					140	140									44	44
14:00~15:00			26	15.6	114	124.4					12	7.2			32	36.8
15:00~16:00	24	19.2			138	133.2	14	11.2							46	43.2
16:00~17:00					138	138			15	10.5					61	56.5
17:00~18:00	68	46	68	30.4	138	153.6	10	5			12	9.6			59	56.4
合计	332		334			3 865.7	99		15		105					1 264.4

停留时间登记簿

中

无调中转车 到达 车数 (18)	无调中转车 到达 换算小时 (19)	无调中转车 发出 车数 (20)	无调中转车 发出 换算小时 (21)	无调中转车 结存 (22)	无调中转车 停留时间 (23)	有调中转车 入 到达 车数 (24)	有调中转车 入 到达 换算小时 (25)	有调中转车 入 转入 车数 (26)	有调中转车 入 转入 换算小时 (27)	有调中转车 出 发出 车数 (28)	有调中转车 出 发出 换算小时 (29)	有调中转车 出 转出 车数 (30)	有调中转车 出 转出 换算小时 (31)	有调中转车 结存 (32)	有调中转车 停留时间 (33)	非运用车 入 到达 车数 (34)	非运用车 入 到达 换算小时 (35)	非运用车 入 转入 车数 (36)	非运用车 入 转入 换算小时 (37)	非运用车 出 发出 车数 (38)	非运用车 出 发出 换算小时 (39)	非运用车 出 转出 车数 (40)	非运用车 出 转出 换算小时 (41)	非运用车 结存 (42)	非运用车 停留时间 (43)	记事 (44)
				0										65										25		
40	36	40	4	0	32	20	8							85	73									25	25	
				0	0									85	85									25	25	
				0	0					20	10			65	75									25	25	
				0	0	26	13							91	78									25	25	
				0	0	41	12.3							132	103.3									25	25	
				0	0					33	9.9			99	122.1									25	25	
				0	0									99	99									25	25	
				0	0									99	99									25	25	
				0	0									99	99									25	25	
				0	0	18	5.4							117	104.4									25	25	
				0	0					42	27.6			75	89.4									25	25	
				0	0									75	75									25	25	
				0	0									75	75									25	25	
				0	0									75	75									25	25	
				0	0									75	75									25	25	
				0	0	20	10					10	8	85	77					10	8			35	33	
				0	0					24	7.2			61	77.8									35	35	
				0	0									61	61									35	35	
				0	0									61	61									35	35	
				0	0									61	61									35	35	
				0	0					14	8.4			47	52.6									35	35	
				0	0	10	8							57	55									35	35	
				0	0			10	7					67	64					25	17.5	10	17.5			
40	32	40	8	0	24	18	9			16	12.8			69	63.2							10	10			
80		80		56		153		10		149		10			1 899.8			10				25			645.5	

用于出、入车数较多的车站统计货车停留时间。

三、货车停留时间报表编制

1. 编制依据

编制"货车停留时间报表(YB-4)"依据的资料包括：

(1)"号码制货车停留时间登记簿(运统8)"或"非号码制货车停留时间登记簿(运统9)"提供中转车和货物作业车在站停留时间及中转车数。"号码制货车停留时间登记簿(运统8)"还可提供货物作业车的作业过程和作业次数。

(2)采用非号码制的车站依据"装卸车报表(货报-1)"，提供装卸作业次数。

2. 编制方法

"货车停留时间报表(运报-4)"由车站采用号码制编制。未上现车信息管理系统的出入货车较多的车站亦可按非号码制编制。

(1)货车停留时间的统计方法

采用号码制计算停留时间的车站，按车号逐车统计当日发出车辆的在站全部停留时间，即货车由实际到达时起至发出时止的全部停留时间，作业车数和作业次数为当日实际发出的本站作业车的车数和作业次数，中转车数为当日实际发出的中转车数。

采用非号码制计算停留时间的车站，按换算小时统计当日货车所停留的时间，作业次数为当日实际装卸次数，中转车数采用当日到达和出发中转车数之和的二分之一。

(2)发生中转车转为货物作业车或货物作业车转为中转车时：采用号码制时由实际到达时起转入；采用非号码制计算停留时间的车站当日到达的由到达时起转入，当日以前到达的，则由昨日18:01起转入。

(3)采用非号码制的车站，作业次数(第1栏)根据装卸车报表(货报-1)第43栏的数字填写。

(4)本表"车数"、"车辆小时"栏以整数填记。车辆小时满30 min进为1 h,不满30 min舍去;平均停留时间算至小数一位，小数后第二位四舍五入。

对于货车停留时间的统计，现行统计制度存在以下问题：

(1)非号码制统计可以反映当日或当班的实际工作业绩;而号码制统计反映当日发出作业车和中转车的作业情况，不能反映当日或当班的工作业绩。因而采用不同统计方法得出的统计结果在含义上存在差异，缺乏可比性。

(2)采用非号码制统计的车站还需要用号码制记录货物作业车的作业过程，不仅繁琐也没有必要。

建议：采用号码制的车站按日或按班结算货车停留时间和货物作业次数，以正确反映当日或当班的工作业绩;采用非号码制的车站对货物作业过程的统计采用"批处理"方法，以保持统计方法的一致性;对"装卸量较大的车站货物作业过程"的统计，按一次货物作业平均计算停留时间，而不按一车平均计算。

第五节　货车运用效率统计

货车运用效率统计反映货车运用指标的完成情况，为考核货车运用计划兑现率、分析货车运用效率及计算运营成本、进行财务清算提供依据。

一、货车运用效率统计指标

货车运用效率由货车运用成绩来反映。货车运用成绩以下列指标进行考核：

(1)列车公里：货物列车在各区段内的走行公里之和。

(2)旅行时间：为货物列车在区段内的运行时间之和，即纯运转时间(包括列车纯运行时分和起、停附加时分)及中间站停站时间。

(3)旅行速度：为货物列车在区段内平均每小时所走行的公里数。

(4)运用车辆公里：为运用货车走行公里的总和，包括货物列车、客货混合列车、路用列车和单机挂运的运用货车。

(5)空车走行率：为空车走行公里与重车走行公里的比值。

(6)货车周转时间：货车从第一次装车完了到第二次装车完了称为完成了一次周转；货车完成一次周转所消耗的时间称为货车周转时间；货车每完成一次周转就称为完成了一个工作量。在铁路局范围内，只有自装管内工作车能够完成完整的周转过程，其余货车的周转过程往往是不完整的，如图 5-1 所示。由于货车每完成一次周转都产生一次重车状态，因而铁路局当天完成的工作量可以用当天产生的重车数来表示；铁路局的货车周转时间可以定义为在局管内货车每产生一次重车状态所消耗的时间。

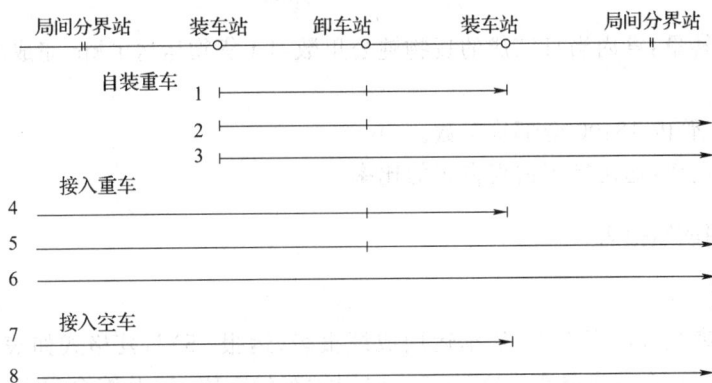

图 5-1 货车在局管内的周转过程

货车周转时间 θ 有车辆相关法和时间相关法两种计算方法。车辆相关法按下式计算：

$$\theta = \frac{N}{u} \quad (\text{d}) \tag{5-16}$$

式中 N——铁路局当日占用的车辆日，车日；

u——铁路局当日完成的工作量，车。

时间相关法按照货车在一次周转过程中，在途中运行、在技术站中转和在货运站作业停留时间计算货车周转时间：

$$\theta = \frac{1}{24}(T_{旅} + T_{中} + T_{货}) = \frac{1}{24}\left(\frac{l}{v_{旅}} + \frac{l}{L_{技}} \times t_{中} + k_{管} \, t_{货}\right) \tag{5-17}$$

式中 $T_{旅}$——货车在一次周转中，途中旅行的平均时间，h；

$T_{中}$——货车在一次周转中，在途经的技术站的平均中转停留时间，h；

$T_{货}$——货车在一次周转中，在货运站货物作业平均停留时间，h；

l——货车全周转距离，即货车在一次周转中平均走行的距离，km，按下式计算

$$l = \frac{\sum NS}{u} = \frac{\sum NS_重 + \sum NS_空}{u} = l_重 + l_空 \qquad (5-18)$$

其中 $\sum NS$——局管内全部货车每日在管内的走行公里,车·km/d,

$\sum NS_重$——管内每日重车走行公里,车·km/d,

$\sum NS_空$——管内每日空车走行公里,车·km/d,

$l_重$——重车周转距离,即货车在一次周转中在重车状态下平均走行的距离,km,

$l_空$——货车空周距,即货车在一次周转中在空车状态下平均走行的距离,km;

$v_旅$——货车平均旅行速度,km/h;

$L_技$——货车中转距离,即货车每在技术站中转一次平均走行的距离,车·km/次;

$t_中$——货车中时,即货车在技术站中转一次平均停留时间,h;

$k_管$——货车管内装卸率,即货车在管内每完成一次周转平均进行的装卸次数,次;

$t_货$——货车停时,即货车在站每进行一次装车或卸车作业平均在站的停留时间,h。

(7)中转车数:当日管内各技术站完成中转总车数。

(8)装卸作业次数:当日管内各站完成装卸作业总次数。

(9)运用车数:当日 18:00 管内的运用车数,摘自运报-2 第 11 栏。

(10)运用货车日产量:每辆运用货车平均每日生产的货物吨公里数,是评价货车运用效率的重要指标。

(11)货物周转量:管内当日完成的货物吨公里数,1 t 货物运送 1 km 完成的货物周转量为 1 t·km。

(12)现在车:管内 18:00 全部货车数。

(13)货车运用率:运用货车占现在车的比率。

二、货车运用成绩报表

1. 报表格式

货车运用效率统计的报表为"货车运用成绩报表(运报-5)",其格式如表 5-21 所示,按部属货车(BYB-5)、企业自备车(QYB-5)、内用货车(NYB-5)及综合(YB-5)分别统计上报。四张报表的统计范围不同,但格式相同。货车运用成绩报表为日、月、季、年报,每日 18:00 逐级汇总上报。货车运用成绩报表全面反映铁路货车的运用效率,为考核铁路的经营业绩,改进铁路运营组织提供依据。

表 5-21 货车运用成绩报表   运报-5

局名或月日	货物列车			运用车辆公里(千辆公里)			空车走行率	货车全周转距离(公里)	重车周转距离(公里)	货车中转距离(公里)	管内装卸率	中转车数	装卸作业次数	运用车	工作量	货车周转时间(天)	运用车日产量(万吨公里/辆)	货物周转量(万吨公里)	现在车	货车运用率
	列车公里	旅行时间	旅行速度	合计	重车	空车														
	1	2	3	4	5	6	7	8	9	10	11	12	13	14	15	16	17	18	19	20

2. 编制依据

编制货车运用成绩报表(运报-5)的数据来自以下原始资料：

(1)列车运行分析表(运统10)，格式见表5－22。

表5－22　列车运行分析表

年　　月　　日　　　　　　　　　　　　　　　　　　　　　　　　　　　　　　　(运统10)

区段	车次	列车公里	运用车辆数			出　　发									运　　行										记事
						中转列车到达时分			出发时分			成绩		晚点原因	到达时分			旅行时分				成绩		晚点原因	
			重车	空车	合计	定点	实际	早晚点时分	定点	实际	早晚点时分	正点	晚点		定点	实际	早晚点时分	规定	实际	十进制时分	车小时	正点	晚点	晚点	
1	2	3	4	5	6	7	8	9	10	11	12	13	14	15	16	17	18	19	20	21	22	23	24	25	26

"列车运行分析表(运统10)"按列车运行区段，分上下行方向统计各次列车在区段内的走行公里、编挂的运用重车和空车辆数及出发、运行正晚点情况，为编制"货车运用成绩报表(运报-5)"、"货物列车正晚点报表(运报-6)"和"货物列车公里统计表(运报-10)"提供数据。

填写"列车运行分析表(运统-10)"依据的原始资料包括：

① 铁路局运输调度工作日(班)计划及有关调度命令，提供铁路局列车工作计划规定开行的列车车次及始发、终到时刻。

② 计划和实际列车运行图，提供各区段开行车次、图定和实际到发点。

③ 列车编组顺序表，提供净载重、重空辆数、走行公里。

在填记运用车辆数(4、5、6栏)和旅行车小时(22栏)时，企业自备车填在斜线上方、部属货车填在斜线下方。

(2)运报-1、运报-2、运报-4，提供分界站接入重车数、车站中转车和作业车数及停留时间、运用车数和现在车数。

(3)货报-1，提供使用车数、卸空车数、装卸作业次数。

3. 编制要求、方法和数据来源

编制货车运用成绩报表要符合规定的精度要求：

旅行速度、空车走行率、运用车日产量、货物周转量、货车运用率保留一位小数，第二位四舍五入；管内装卸率、货车周转时间保留小数二位，第三位四舍五入。

报表各栏的计算方法和数据来源为：

列车公里(1栏)、旅行时间(2栏)、旅行速度(3栏)摘自货车运用工作量统计"货物列车公里报表(运报-10)"。

运用车辆公里"合计"(4栏)＝"重车公里"(5栏)＋"空车公里"(6栏)之和，以千公里为单位。运用车总走行公里、重车走行公里、空车走行公里数据摘自"列车运行分析表(运统10)"运用车辆数(4、5、6栏)分别与列车公里数(3栏)的乘积。

"空车走行率"(7栏)＝"空车公里"(6栏)/"重车公里"(5栏)，保留小数一位。

"货车全周转距离"(8栏)＝"运用车辆公里"(4栏)/"工作量"(15栏)。因为，"货车全周转距离"(8栏)为货车每完成一次周转平均走行的距离，而在统计期间内管内运用货车总走行公里为"运用车辆公里"(4栏)，完成的货车周转次数为"工作量"(15栏)。

"重车周转距离"(9栏)="重车公里"(5栏)/"工作量"(15栏)。

"货车中转距离"(10栏)="运用车辆公里"(4栏)/"中转车数"(12栏)。

"管内装卸率"(11栏)=装卸作业次数(13栏)/工作量(15栏)。

"中转车数"(12栏)摘自"货车停留时间报表(运报-4)"(10栏)。

"装卸作业次数"(13栏)摘自"货车停留时间报表(运报-4)"(44栏)。

"运用车"(14栏)摘自"(运报-2)"(11栏)。

"工作量"(15栏)摘自装卸车统计报表(货报-1)"使用车数"(4栏)+分界站货车出入报表(运报-1)"接入重车"(4栏)。

"货车周转时间"(16栏)=(运用车旅行车辆小时+中转车辆小时+货物作业车辆小时)/工作量(15栏)。其中:运用车旅行车辆小时为"列车运行分析表(运统10)"中"运用车合计"(6栏)与"列车旅行时间"(21栏)的乘积;中转车辆小时和货物作业车辆小时分别摘自"货车停留时间报表(运报-4)"的第11栏和第2栏。

"运用货车日产量"(17栏)="货物周转量"(18栏)/"运用车辆日"(11栏)。

"货物吨公里"(18栏)=Σ(列车净载重×列车公里)。列车净载重资料取自当日各区段列车编组顺序表,列车公里为列车运行区段的公里数。

"现在车"(19栏)摘自运报-2第10栏。

"货车运用率"(20栏)="运用车数"(运报-2第11栏)/"现在车"(运报-2第10栏)×100%。

第六节　客车运用统计

一、客车分类

客车分为动车组和普通客车两大类。

我国既有铁路2007年4月18日进行了第六次大提速,最高速度在200 km/h及以上的旅客列车均采用了动车组。在新建的高速客运专线上,全部采用动车组。目前在我国铁路上运行的动车组型号为CRH1、2、3、5。

普通客车是载运旅客和服务于旅客运输的不具备牵引动力的车辆,按照其用途分为软座(RZ)、硬座(YZ)、软卧(RW)、硬卧(YW)、餐车(CA)、行李车(XL);双层客车:软座(SRZ)、硬座(SYZ)、软卧(SRW)、硬卧(SYW)、餐车(CA)、行李车(XL);合造车:软硬座(RYZ)、软硬卧(RYW);其他合造车:邮政车(UZ)、空调发电车(KD)、公务车(GW)、试验车(SY)、特种车(TZ)和维修车(EX)。

二、客车运用方式

1. 动车组

动车组由铁道部统一管理、统一调配。动车段是动车组的配属单位,对配属动车组的安全、质量负责。为了保证动车组的运行安全,在动车组运行区段的终点还设有动车组运用所。

动车组施行计划性的预防维修。维修分为五个等级,一级和二级检修为运用检修,三级、四级和五级检修为定期检修。运用检修在动车组运用所内进行,定期检修在动车段内进行。

2.普通客车

铁路客车的运用方式与货车不同，不是全路通用，而是根据列车的性质预先将不同用途的一定数量客车按照一定的顺序编成固定的车底，固定配属于铁路局客车车辆段，由客运段固定乘务组担当乘务工作，往返于列车始发站与终到站之间，专为列车运行图中的一对旅客列车服务。当车底的周转时间有较大宽裕时，也可以实行车底套跑，服务于几对旅客列车。

旅客列车的编组根据列车的性质和旅客的实际需要配备形成固定的客车车底。例如，市郊列车运行距离很短，一般只配备硬座车，没有餐车和卧铺车；长途旅客列车则通常挂有乘务员宿营车、硬卧、软卧、餐车、硬座车、行包车等。

铁路客车车底的配属管理由车辆部门负责。车底的运用数量根据列车运行图、旅客列车编组表确定，在这一基础上增加5%检修率和5%备用率。

三、客车运用指标

1.数量指标

(1)旅客列车公里

旅客列车公里是指在一定的时期内配属客车车底开行的旅客列车实现的列车公里总数。配属单位可以是铁路局或客车车辆段，全路旅客列车公里是该期间内各铁路局旅客列车公里的总和。

旅客列车公里按下式计算：

$$L_{客}^{列} = \sum_{i=1}^{n} 2l_{客}^{i} \tag{5-19}$$

式中　$l_{客}^{i}$——利用本单位配属的旅客列车车底开行的第 i 对旅客列车的单程运行距离，km；

　　　n——该单位的配属车底担当的旅客列车对数。

(2)运用客车车辆公里

运用客车车辆公里是指配属客车车底在一定的时期内开行的旅客列车中编挂的运用客车实现的车辆公里，按下式计算：

$$L_{客}^{车} = \sum_{i=1}^{n} 2l_{客}^{i} \, m_{客}^{i} \tag{5-20}$$

式中　$m_{客}^{i}$——利用本单位配属的旅客列车车底开行的第 i 对旅客列车中编挂的运用客车数。

2.质量指标

(1)旅客列车车底周转时间

旅客列车车底从配属段出段，至担当一对旅客列车的输送任务、入配属段后，再次从配属段出段，称为完成了一次车底周转。旅客列车车底完成一次周转所花费的时间称为车底周转时间。由计划运行图规定的旅客列车车底周转时间称为车底的计划周转时间，而实际完成的周转时间称为车底的实际周转时间。

由于列车的运行距离和直达速度不同，车底周转时间也不同。另一方面，直通旅客列车跨两个及以上铁路局运行，其车底的周转是在几个铁路局内完成的。所以旅客列车车底周转时间按每一对列车分别查定。

旅客列车车底周转时间包括车底旅行总时间、车底在始发站和终到站停留时间，按下式计算：

$$\theta_{车底} = t''_{旅} + t'_{旅} + t_{始}^{停} + t_{折}^{停} \quad (h) \tag{5-21}$$

式中　$t''_{旅}$、$t'_{旅}$——分别为该对旅客列车上行和下行的旅行时间,即列车从车底配属段所在站出发至到达折返站的时间和列车从折返站返回至回到配属段所在站的时间,包括列车运行时间和停站时间;

　　$t^{停}_{始}$、$t^{停}_{折}$——分别为车底在配属客车段所在站停留时间,和在折返客车段所在站停留时间,包括列车终到后在站内旅客下车和行包卸车的作业时间、向车辆段调送车底时间、车底在段内进行整备和检修的停留时间、由车辆段向车站送车底的时间和在车站迎接旅客上车、装载行包的时间。

客车车底在配属车辆段和折返车辆段所在站的停留时间应当满足车底作业的时间标准,保证车底在段内有充足的时间完成整备和检修作业。

(2)旅客列车车底需要数

旅客列车车底需要数是指开行某一对旅客列车需要的运用车底数,按下式计算:

$$N^i_{车底}=\frac{\theta^i_{车底}}{24}(列) \tag{5-22}$$

式中　$\theta^i_{车底}$——在列车运行图上铺画的第 i 对旅客列车的车底周转时间,h。

以 2007 年 4 月 18 日第六次大提速时实行的列车运行图中兰州—北京西的 T176/T175 次特快列车为例(如图 5-2 所示),上行 T176 旅行时间 20 h30 min、下行 T175 旅行时间 19 h23 min、车底在配属段(兰州车辆段)所在站(兰州站)及段内停留 5 h1 min、在折返段所在站(北京西站)及段内停留 2 h30 min,可得计划车底周转时间为 48 h。为开行这对旅客列车需要 2 套车底。

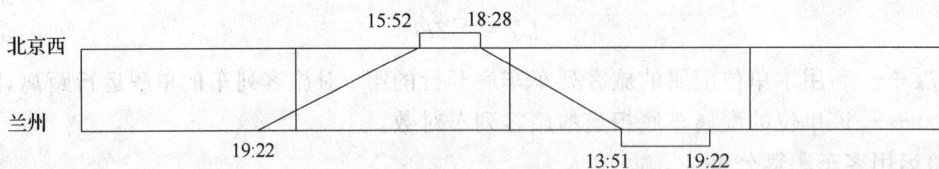

图 5-2　T176/T175 车底周转时间

在旅客列车专线上,车底的往返运行径路和列车性质均相同的一组旅客列车称为一个客运到达站;一个客运到达站可能包含 1 对或多对旅客列车。例如京沪高速线开通后,北京—上海到达站每天将开行多对高速列车。此时,动车组的需要套数为

$$N^i_{到达站}=\frac{\theta^i_{到达站}}{24}\times n^i_{到达站} \quad (套) \tag{5-23}$$

式中　$\theta^i_{到达站}$——i 客运到达站的车底周转时间,h;

　　$n^i_{到达站}$——i 客运到达站每天开行的列车对数。

(3)载客人数及客座利用率

载客人数是反映客车载运能力利用程度的指标,可以按旅客列车或客车统计。

旅客列车载客人数指在一定时期内,铁路局、客运段配属车底开行的旅客列车的平均载客人数,按下式计算:

$$n^{列}_{客}=\frac{\sum n_{客}\,l_{客}}{L^{列}_{客}} \tag{5-24}$$

式中　$\sum n_{客}\,l_{客}$——铁路局(或客运段)担当乘务的旅客列车在一定时期内完成的旅客周转量,人公里;

　　$L^{列}_{客}$——铁路局(或客运段)担当乘务的旅客列车在该时期内完成的旅客列车公里。

客车平均载客人数则指一定时期内,铁路局、客运段担当乘务的旅客列车每一辆客车的平均载客人数,按下式计算:

$$n_{客}^{车} = \frac{\sum n_{客} \, l_{客}}{L_{客}^{车}} \qquad (5-25)$$

式中 $L_{客}^{车}$——铁路局(或客运段)担当乘务的旅客列车在该时期内完成的客车公里。

客座利用率是客座占用数与客座总数的比值,反映客车旅客载运能力的利用程度,按下式计算

$$\alpha_{客} = \frac{\sum n_{客} \, l_{客}}{\sum n_{座} \, l_{座}} \qquad (5-26)$$

式中 $\sum n_{座} \, l_{座}$——铁路局(或客运段)担当乘务的旅客列车在该时期内实现的客座公里。

在列车中可能编挂不同种类的客车,例如硬座车、软座车、硬卧车和软卧车等,不同车辆的载客量是不同的;不同的列车车次编挂的车辆也存在差别,例如高速列车通常编挂辆数较少、通常不挂卧铺车,而直快、特快旅客列车可能编挂较多的卧铺车,旅客慢车主要服务于短途旅客因而以硬座车为主。所以在考核载客量和客座利用率指标时,可以分别车次或车辆类别统计。

(4)运用客车车底日产量

运用客车车底日产量指每列配属运用客车车底平均每日生产的旅客人公里数,统计单位可以是全路、铁路局或具体旅客列车对,按下式计算:

$$W_{车底} = \frac{\sum n_{客} \, l_{客}}{n_{车底} \, d} \qquad (5-27)$$

式中 $n_{车底}$——铁路局(或客运段)配属的运用客车车底数;

d——统计天数,即完成相应旅客周转量花费的时间,d。

(5)客车运用率

客车按其运用状态分为运用客车和非运用客车两类。运用客车是指参加铁路营业运输的客车,非运用客车是不参加铁路营业运输的客车,包括备用客车、检修客车和特殊用途客车。

客车运用率指铁路局或客车车辆段的运用客车占其全部配属客车的比重,按下式计算

$$\alpha_{运用}^{客} = \frac{N_{运用}^{客}}{N_{全部}^{客}} \qquad (5-28)$$

式中 $N_{运用}^{客}$——全路、铁路局或客运段配属的运用客车数;

$N_{全部}^{客}$——全路、铁路局或客运段配属的全部客车数。

四、客车运用统计

目前我国铁路尚未建立客车运用的日常统计。客车运用统计可以反映铁路旅客运输组织的效率,据以改进客流组织和车底运用。客车运用统计表格式见表5-23。

表5-23 客车运用统计表

铁路局　　　　　客车段　　　　　　　　　年　　月

车次	车底周转时间	运用车底数	旅客列车公里	平均载客人数	客座利用率(%)	车底日产量(人·km)

第七节　货车运用工作量统计

货车运用工作量统计报表包括货车车辆公里报表(运报-9)、货物列车公里报表(运报-10)和编组站(区段站)办理货车辆数报表(运报-11)。

一、货车车辆公里统计

货车车辆公里是指各种类型的部属货车和企业自备货车在线路统计区段内产生的车辆公里数。货车车辆公里统计反映货车运用工作量,并为运营成本计算提供依据。

货车车辆公里报表(运报-9)为一次性调查统计报表,由铁路局调度所根据铁道部通知的时间进行编制并上报。报表格式如表5-24所示。

表5-24　货车车辆公里报表

　　　　　铁路局　　　　　　　　　　　　　　　　　　　　年　月

局代码	线路统计区段代码	线路统计区段公里	车辆产权	车辆状态	车种	货车车辆数	货车车辆公里
	1	2	3	4	5	6	7

1. 统计依据

(1)列车编组顺序表(运统1)

提供列车中编挂车辆的归属(部属、企业自备)、车种别车数及其空重状态等数据。

(2)线路统计区段表

提供各统计区段名称和线路里程。

(3)列车运行图

提供各统计区段开行的列车车次。

2. 编制方法

按各个线路统计区段,分上、下行,对部属货车和企业自备车分别重车和空车按车种别统计走行公里,非运用车列入空车栏计算。

(1)填记方法

①"线路统计区段代码"(1栏)和"线路统计区段公里"(2栏):根据公布的线路统计区段代码、公里填记。

②"车辆产权"(3栏):B(部属货车)、Q(企业自备车)、HJ(合计),HJ= B+Q。

③"车辆状态"(4栏):Z(重车)、K(空车)、HJ(合计),HJ= Z+K。

④"车种"(5栏):分别按"P"(棚车)、"C"(敞车)、"N"(平车,含 NX)、"W"(毒品车)、"G"(罐车)、"B"(机械保温车)、"K"(矿石车)、"X"(集装箱车)、"D"(长大平板车)、"J"(家畜车,含 JSQ)、"U"(散装水泥车)、"L"(粮食车)、"T"(特种车)和"QT"(其他),共计 14 类车种及 HJ(合计),HJ=∑车种 。

(2)计算单位

① 线路统计区段公里(2栏)以 km 为单位。

② 各合计栏以千辆·km 为单位;各车种别栏中的辆公里以辆,km 为单位;表中各项均应为整数。

(3)计算方法

$$车辆公里(7栏)=辆数(6栏)\times公里(2栏)$$

注意:(1)在线路统计区段内中止运行的车辆按实际走行公里计算。

(2)表中所列之外的车种按其他货车统计。

二、货物列车公里统计

货物列车公里是指各种货物列车在线路统计区段内的走行公里数之和。货物列车公里统计反映货物列车在线路统计区段内的实际工作成绩与运用效率;同时反映该线路统计区段通过列车数量,据以分析区间货物列车密度、区间能力利用情况,为线路技术改造、成本核算提供依据。

货物列车公里报表(运报-10)为日、月、季、年报,其格式如表5-25。该报表由铁路局调度所编制,每日18:00报铁路局、铁道部,月报于次月5日前通过网络报铁路局、铁道部成本数据库。

表5-25　货物列车公里报表

_____铁路局　　　　　　　　　　　　　　　　　　　年　　月

线路统计区段代码	线路统计区段公里	货　物　列　车				
		列车实际走行公里	列车列数	列车公里	旅行时间	平均旅速
1	2	3	4	5	6	7

1. 编制依据

编制货物列车公里统计表需要区段里程、开行货物列车数、列车在区段旅行时间等数据。其原始资料为:

(1)线路统计区段表,提供区段名称和里程。

(2)当日各区段实绩运行图,提供各区段当日实际开行货物列车的车次及其在区段内的运行时间。

(3)调度命令,调度员因特殊运行条件(如施工慢行、变更闭塞方法等)发布的调度命令,可以作为统计结果的参考。

2. 编制方法

(1)编制说明

① 凡以货物列车车次(含小运转列车、路用列车)、单机及行包专列开行的各种货物列车,均统计货物列车公里。

② 1栏填记线路统计区段代码;2栏填记线路统计区段公里数;3栏填记货物列车在该线路统计区段实际走行的公里数,例如直达、直通、区段和摘挂列车在区段内的实际走行公里等于该区段的里程,而小运转列车则小于区段里程;4栏填记在该栏线路统计区段走行的货物列车列数;5栏填记货物列车在该线路统计区段内产生的列车公里数;6栏填记各货物列车在该线路统计区段内的旅行时间;7栏填记列车在线路统计区段内的平均速度。

③ 本表按上、下行货物列车的统计数据分别填写。

(2)计算单位

① 列车公里(5栏)为各行程相同的货物列车在线路统计区段内走行公里的总和,以列车公里为单位,其值小于等于3栏×4栏。

② 旅行时间(6栏)以h为单位。

③ 平均旅行速度(7栏)为"列车公里"(5栏)除以"旅行时间"(6栏)的商,保留一位小数,第二位四舍五入。

④ 其余各项为整数。

注意:在线路统计区段内中止运行的列车按实际走行公里计算。

(3)计算方法

$$货物列车公里(5栏)=\sum 各货物列车在线路统计区段内走行公里$$
$$平均旅速=货物列车公里÷旅行时间$$

三、编组站(区段站)办理货车辆数统计

编组站(区段站)办理货车辆数为编组站全天[昨日18:00(不含)起至当日18:00止]办理的铁路货车出入车辆数和其中专业运输公司的出入车辆数。分为中转货车数(含有调和无调)、货物作业车数。非运用车数则根据实际作业情况,分别列入有调、无调车数或货物作业车数。

编组站办理货车辆数统计表(运报-11)为日、旬、月、季、年报,各编组站(区段站)月报于次月5日前逐级通过网络报铁路局。铁道部依据此表另生成各铁路局(不含专业运输公司)车辆统计口径的中转货车统计表。其格式见表5-26。

表5-26　　编组站(区段站)办理货车辆数报表

国家铁路运输企业(合资、地方铁路)　　＿＿＿＿＿年＿＿＿月

站　　名	办理货车辆数合计	其中			
		中转货车数			货物作业车数
		合　计	有　调	无　调	
1	2	3	4	5	6
合计					
集 01					
特 02					
行 03					

第八节　货车检修统计

货车检修统计反映检修货车现有数量及情况,为各级有关部门掌握车辆状态,指挥运输生产,编制和检查检修车计划完成情况,改进货车检修工作等提供依据。

一、铁路货车的运用制度

铁路部属货车属铁道部所有,除专用货车外,均无固定配属,而是在全国铁路上通用。

专用货车,如机械冷藏车、长期固定装卸地点循环使用的专列罐车、标记载重90t以上的长大货物车以及其他指定的专用货车,由铁道部指定的配属局、段负责管理和维修。运用空冰

保车在所在局指定的保管站集结备用。定检到期和过期的冰保车须及时向指定的厂、段回送施修。

我国铁路货车定期检修的修程分为厂修、段修、辅修和轴检四级。

铁道部车辆局负责全路车辆业务的领导和管理，铁路局设车辆处负责管内沿线车辆业务单位的组织和技术管理。车辆业务的基层生产单位有车辆工厂、车辆段及其派出的列车检修所、站修所。

车辆段是车辆业务中的一个独立经济核算企业，按照其修理的车辆种类分为客车、货车、客货车混合车辆段和机械冷藏车车辆段。列检所是车辆运用维修的基地，负责列车日常检查和修理、扣留定检到期和过期车送车辆工厂或车辆段修理。

二、货车检修的统计范围

货车检修的统计范围为：

定检到期或过期而扣下修理、摘车临修、事故破损、等待报废和回送检修等的部属货车、企业自备货车，根据车辆部门填发的“车辆检修通知单(车统 23)”或“检修车回送单(车统 26)”统计为检修车。

在铁路营业线内的外国车在运行过程中临时发生故障而摘车临修时，按检修车统计。

机械冷藏列车中的车辆或机械发生故障需要扣留时，应全组填发“车辆检修通知单(车统 23)”，按检修车统计。修竣后，对未修理的车辆，在“检修车辆竣工验收移交记录(车统 33 并车统 36)”上注明“撤销”字样。

整备罐车超过整备规定时间(6 h)继续整备时，从超过时起按检修车统计。

三、货车检修成绩报表(车报－1 货)

1. 报表格式

货车检修的统计报表为“货车检修成绩报表车报－1 货”，其格式如表 5－27。

表 5－27 货车检修成绩报表

年　　月　　　　　　　　　　　　　　　　　　　　车报－1

检修车辆				修竣车数												休车时间														
合计	其中			段修合计	其中							辅修	轴检	临修	段做厂修合计	段(厂)修(日)							临修小时	辅修小时	摘车轴检小时	段做厂修计(日)	回送时间			
	在厂	在段			棚车	敞车	平车	罐车	…	特种车	其他					合计	其中			待送	待修	修理					段修		厂修	
		合计	其中临修														一般车	特种货车 合计	其中冷藏车								车数	时间	车数	时间
1	2	3	4	5	6	7	8	9	…	18	19	20	21	22	23	24	25	26	27	28	29	30	31	32	33	34	35	36	37	38

编表单位：　　　　编表人：　　　　单位领导：　　　　上报日期：　　年　　月　　日

货车检修成绩报表为月报、季报和年报。月报的报告期为上月月末 18:01 起至当月月末 18:00 止，由车辆段编制。铁路局车辆调度，于次月 5 日前汇总管内各段数据，通过网络上报铁路局计统处。月报于次月 6 日前，季、年报于 8 日前，由局计统处汇总后通过网络报铁道部。

2. 统计依据

"货车检修成绩报表(车报-1)"根据"客货车检修运用日报(车调-1)"和"客货车检修登记簿(车统31)"编制。

检修车属于非运用车,货车从由运用车转变为检修车之时起至转回运用车的期间,统计为检修车。统计的依据为:检修车由检车人员在施行车辆技术检查时判定,判定后应立即填发"车辆检修通知单(车统23)"作为统计检修车的依据;回送检修车根据"检修车回送单(车统26)"作为回送的依据;修竣车由车辆段或车辆工厂填发"检修车辆竣工验收移交记录(车统33并车统36)"作为修竣的依据。所有原始单据均根据车辆所属分别部属车、企业自备车填发。

3. 编制方法

(1)18:00检修车现有数(1～4栏)的统计

凡18:00当时在管界内的检修货车(包括装在货车上回送的部属货车或落地的检修车),不论停放在车站、工厂、车辆段、区间、专用线内或连挂在列车中运行,均由车辆所在地的车辆段(工厂)、车站、铁路局统计上报。

在18:00铁路局管内检修货车合计下,再按在厂、在段检修车数分别列报。

回送检修车由车辆所在地的车辆段根据"检修车回送单(车统26)",自车辆接入时起统计检修车数。

(2)车辆段修竣车数(5～23栏)的统计

① 凡由车辆段进行检修的货车(不包括返工修及成组的整备车)均由施修段统计修竣车数。摘车检修的车辆,根据车站在"车辆修竣通知单(车统36)"上签字时刻统计;不摘车检修的车辆,根据实际修理完了时分统计。

② 摘车修数种修程同时进行的车辆,只统计一个修程。具体规定为:辅修与临修同时进行时,只统计辅修修竣车数。

(3)检修车休车时间的确定

检修车自车站在"车辆检修通知单(车统23)"上签字时起至"检修车辆竣工验收移交记录(车统33并车统36)"送交车站签字时止的全部时间称为休车时间(站段双方协议规定有间隔时间时,可按协议规定时间统计)。返工检修车修竣时,应将其休车时间按原修程分别加入全月休车时间内,不包括检修车误扣时间和回送检修车到达施修段(厂)所在站以前的运行时间。

休车时间分为:

① 回送时间,指自车辆段填发"检修车回送单(车统26)"时起至检修车辆回送到站换发"车辆检修通知单(车统23)"时止的时间。

② 待送时间,指自车站在"车辆检修通知单(车统23)"上签字时起至送入检修线时止的时间。

③ 待修时间,指自送入检修线时起至开始修理时止的时间。

④ 修理时间,指自开始修理时起至"检修车辆竣工验收移交记录(车统33并车统36)"送交车站签字时止的时间。

货车休车时间(24～38栏),为全月修竣车的总休车时间。段(厂)修以日为单位。辅修、临修、摘车轴检以h为单位。回送时间(35～38栏)由检修车回送到站所属车辆段根据"检修车回送单(车统26)"计算统计。

复习思考题

1. 部运报-1和企运报-1中出入分界站的列车列数怎样划分?

2. 分界站出入的国际联运外国铁路货车数是在部运报-1还是企运报-1中得到反映? 怎样列入?

3. 现在车按产权所属分为几类? 按其运用状况分为几类?

4. 编制"货车动态表(运统11)"的作用是什么?

5. 什么是专业运输公司的所属货车、租用货车?

6. 什么是增加使用车和增加卸空车?

7. 在装卸车统计中,为什么要区分装车数和增加使用车数、卸车数和增加卸空车数? 在什么情况下由于装卸作业管内增加了重车或空车应统计为增加使用车和增加卸空车,而不能统计为装车或卸车?

8. "货物分类装车报表(货报-2)"中装车合计"车数"和各品类货物装"车"数各栏应填写相应的使用车数还是装车数? 装车合计的"吨数"和各品类货物装车"吨"数各栏的含义是什么?

9. "货物分类卸车报表(货报-3)"中卸车合计"车数"和各品类货物装"车"数各栏应填写相应的卸空车数还是卸车数? 卸车合计的"吨数"和各品类货物卸车"吨"数各栏的含义是什么?

10. 号码制和非号码制的统计方法有什么不同?

11. 什么是运用车辆日? 怎样计算? 采用运用车辆日代替铁路局运用车保有量作为铁道部与铁路局之间结算车辆使用费的依据有什么优点?

12. "编组站办理货车辆数"的统计数据反映车站作业量及其车流特征,怎样计算车站有调、无调和作业车的办理辆数?

第六章　机　车　统　计

　　机车是铁路运输的牵引动力,购置和日常运营、维护费用都很高,只有合理配置机车,精心组织机车的运用和检修,才能在满足国民经济各部门对铁路运输需求的条件下,提高机车的运用效率。

　　机车统计的基本任务是建立适应现代化铁路运营管理的机车指标体系,利用科学的统计方法和先进的统计手段,准确、及时、全面、系统地反映机车运用、检修和燃料消耗情况,为铁路日常运输调度指挥和管理决策提供依据。

　　凡由国家铁路管理的机车均应纳入铁路机车统计,包括铁道部管辖的营业线、临时营业线上,合资铁路线上的全部机车,以及在地方铁路线上担当直通运输任务的机车。

　　机车统计的内容主要包括机车运用检修状况统计、机车运用效率统计、机车工作成绩统计、机车燃料消耗统计、机车车辆运用成绩统计和机车检修统计六类。

　　机车统计处理信息量大,属于重复性繁琐劳动,应当充分发挥计算机存储能力强、运算速度快的特点,建立机车管理信息系统,利用网络技术,实现机车统计信息的收集、存储、处理和传输自动化。

第一节　机车台日统计

　　机车运用工作实行统一指挥、分级管理的原则。由铁道部统一规划全路的机车运用工作:确定全路机型、审定各局年度配属;审批跨局机车周转图、机车交路、牵引定数,掌握机车运转制和乘务制度;负责全路机车及救援列车的调度指挥。铁路局确定管内各机务段的机车配属、审定机务段提报的机车周转图;确定全局救援机车的配置,负责全局机车和救援列车的管理即调度指挥。机务段具体组织机车的日常运用和检修,保证完成铁路局调度日(班)计划规定的列车牵引任务。

　　目前,全路机车都固定配属于各铁路局。各铁路局再根据需要将机车分配给管内各机务段。铁路局(机务段)管理的机车可以按照归属权限、指挥使用权限或运用状态分类。

　　为了保证列车牵引和调车作业的顺利进行,部、局和机务段必须准确掌握配属和支配机车的现有数及运用和检修状况。反映机务段和铁路局机车台日的统计报表为"机车运用检修状况报表(机报-1)"。

一、机车的运用分类

（一）按归属权限分

铁路局(机务段)管理的机车按照归属权限划分为配属机车和非配属机车。

(1)配属机车:根据铁道部、铁路局配属命令,拨交铁路局(包括自购)及机务段保管、使用,涂有局、段标志并在资产台账内登记的机车。

(2)非配属机车是指原配属关系不变,根据铁道部、铁路局命令由他局、段派至本局、段入助及临时加入支配(含长交路轮乘)的机车。

合资铁路、地方铁路的自有机车为其配属机车。

(二)按指挥使用权限分

机车按指挥使用权限分为支配机车和非支配机车。

1. 支配机车

根据铁道部、铁路局命令,拨交各局、段支配使用的机车,包括入助和临时加入支配(含长交路轮乘)的机车。铁路局和机务段对于配属支配机车具有统一组织运用(整备)、检修和备用的权力,对于入助和临时加入支配的外局、外段机车仅能组织运用(整备)和临修。

支配机车又分为运用机车和非运用机车。

(1)运用机车

运用机车是参加各种运用工作的机车,包括担当工作以前进行必要的准备工作、等待工作的机车,以及中间技术检查的机车和经铁道部、铁路局命令批准的其他工作的机车。

运用机车根据其担当的运输任务分为客运工作、行包专运工作、货运工作、路用工作、补机工作、专用调车工作和其他工作共七个运输种别;根据其在牵引工作中的作用分为本务机车、重联机车、有动力附挂机车和单机四个工作种别。

机车的运输种别根据其牵引的列车车次,列车组成,工作地点或铁道部、铁路局有关文件及命令的规定确定。

① 客运工作,为担任各种旅客列车(包括特快、快速、普通旅客列车)、客货混合列车、回送客车列车及军用车次开行的整列客车、代客货车列车的机车,其中动车组工作为担任旅客运输的动车组动车。

② 行包专运工作,为担任行包快运专列的机车。

③ 货运工作,又分为货物工作和小运转工作,货物工作是指担任各种货物列车(包括"五定"班列、快运货物列车,直达、直通、区段、摘挂、超限、重载货物列车,冷藏列车,自备车列车等)及军用车次开行的列车的机车(牵引整列客车及代客货车列车的机车除外);小运转工作为担任小运转列车工作的机车。

④ 路用工作,为担任路用、试验、救援、除雪及回送入厂列车的机车。

⑤ 补机工作:为在补机区段内担任补助牵引或推进的机车(不论挂于任何位置)。超过补机区段运行时,其超过部分根据调度命令确定为重联或有动力附挂,无调度命令按有动力附挂统计。

⑥ 专用调车工作,为下列各项

固定在车站专为担任调车工作、在非补机区段担任送坡任务的机车。

月间计划指定利用列车的本务机车,在列车始发站及终到站兼作调车工作的实际作业时间。

专调机车在区间装卸走行不足一个站间区间时,以及在非营业线(包括未办理临管的新线、支线、专用线、联络线)的作业时间。

专调兼作小运转的机车,在所担任的专调站间牵引小运转列车前后的时间。

在国境联络线上取送车辆所开行的列车机车和单机。

⑦ 其他工作:为担任上述六种工作以外的运用机车。

运用机车的工作种别依据其在牵引列车工作中发挥的作用划分:

① 本务机车是担当牵引列车本务作业的机车。两台机车牵引列车及组合列车,第一台按本务,第二台按重联。但两列列车临时合并运营时,两台机车分别按本务机车统计。

② 重联机车是图定或根据调度命令附挂于本务机车次位,在列车中担任辅助牵引的机车。

③ 有动力附挂机车是根据调度命令附挂于列车回送的有动力机车。

④ 单机是为均衡牵引区段两端的机车数而放行的机车。按《铁路技术管理规程》第199

109

条规定,单机也可以挂车,在坡度不超过 12‰ 的区段,以 10 辆为限;超过 12‰ 的区段,由铁路局规定;超过规定辆数时,按货运列车统计。

(2)非运用机车

非运用机车是指未参加运用工作的机车,包括备用、检修及铁道部、铁路局命令批准的其他机车。

备用机车分为长期备用机车和短期备用机车:长期备用机车是指由铁路局批准备用 1 个月以上的机车;短期备用机车是指机务本段机车交路计划内无任务或任务已经取消,并以调度命令备用的良好机车。

2. 非支配机车

非支配机车为局(段)配属机车中不能由本局(段)组织运用(整备)、检修和备用的机车。已出租和出助的机车是局、段的非支配机车。

对于备用机车,铁路局机务调度有权掌握所辖机务段配属机车长期备用的列备和解除,但机车配属段无权确定。因而长期备用机车是铁路局的支配机车,配属机务段的非支配机车。

所以,铁路局(机务段)所管理的机车不仅包括配属机车,还包括由他局、段派至本局、段的入助机车和临时加入支配的机车,其管理机车的分类可综合如图 6 - 1 所示。

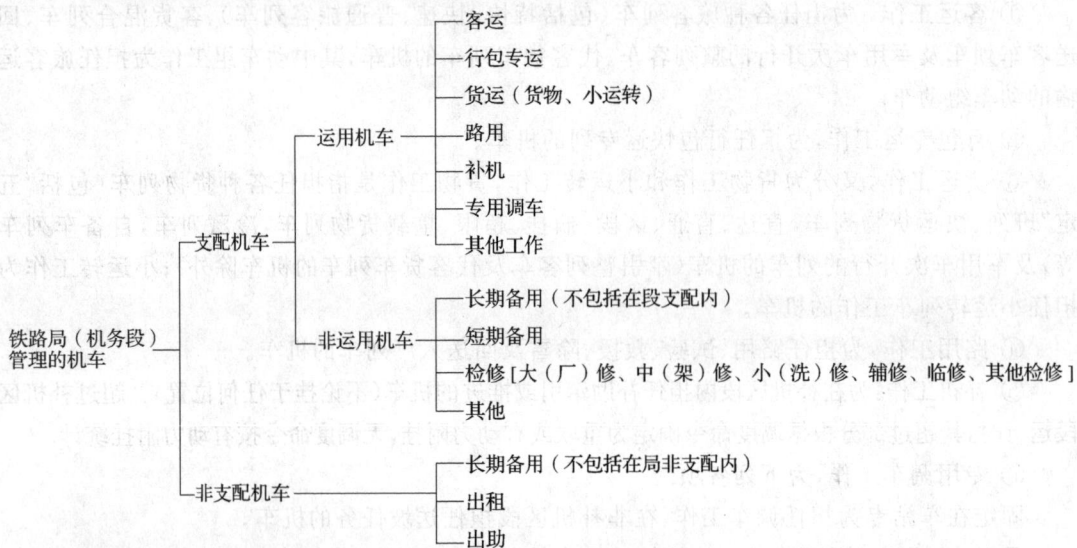

图 6 - 1 机车管理分类图

二、各类机车的转变时分

1. 配属、非配属机车的转变时分

(1)调拨机车

新购置机车或局、段间调拨的机车,依据铁道部、铁路局机车运用部门拍发的电报和机调命令,自实际交接完了共同签字时起新配属铁路局、机务段统计加入,原配属铁路局、机务段取消配属。交接双方应及时拍发电报通知新配属和原配属铁路局、机务段。

在机车工厂或机务段修竣后调拨的机车,自验收员签字时起统计加入或取消配属,由驻厂(段)机车验收室及时拍发电报通知新配属和原配属铁路局、机务段。

(2)报废机车

自铁道部核备铁路局"机车报废申请核准书"后并电复通知铁路局时起取消配属。

2. 支配、非支配机车的转变时分

(1)长期备用机车

长期备用机车加入时分为接到批准的调度命令后整备完了时刻("长期备用机车记录"中"转入长期备用日期时刻"栏记载的时间);解除时分自接到解除命令,内燃、电力机车在规定时间内达到出段状态时起(不得晚于乘务员出勤时刻)。

(2)出租机车

出租和退租时分自出租、承租双方交接完了时起;如不进行交接,按合同规定的时间计算。

(3)助勤机车

根据调度命令,出助段自机车出段经过站段分界点时起取消支配,入助段同时加入支配。助勤完了时,入助段自机车出段时起取消支配,出助段同时加入支配(经过站段分界点时分,由出、入助段机车调度室及时通知对方)。

(4)长交路轮乘制机车

① 站交接:自机车到达乘务员继乘站时起至到达下一个继乘站时止,为值乘乘务员所属段的支配机车。

② 段交接:机车到达继乘站后入段时,入段前为上班乘务员所属段的支配机车,入段后为接班乘务员所属段的支配机车。

③ 若因机车故障在继乘站或入段检修时,自机车修竣时起为接班乘务员所属段的支配机车。

未配属给局、段的新造及新购置机车委托机务段进行牵引试运时,由机车乘务员接车时起至交车时止的时间,加入支配按运用机车统计。

3. 运用、非运用机车的转变时分

(1)短期备用机车

① 加入短期备用时分。根据调度命令预定加入备用时,在运行中的机车自入段规定技术作业完了时起;检修机车自修竣时起。在段等待工作的机车,自接到调度命令时起。机车加入备用时分,不得早于发令时分,其发令前的时间按原状态统计。

② 解除短期备用时分。自接到调度命令时起,如发令晚于乘务员出勤时,自乘务员出勤时刻起。发令晚于机车出段时,按无令解除。无令解除擅自投入运用,自备用时起按运用机车统计。

(2)检修机车

检修机车的运用和非运用转变时分按本章第六节机车检修成绩统计的规定统计。

(3)其他机车

为备用及检修以外经铁道部、铁路局命令批准的非运用机车。其中包括:

① 技术改造的机车,根据铁道部规定的改造项目及铁路局批准的试改项目进行现代化改装的机车,自入段规定技术作业完了时起至改造完了时止。

② 移转交接无动力停留和回送的良好机车,为修竣出厂、转移配属、新造和新购置等原因无动力停留和回送的良好机车。由运用转入移转交接、无动力回送,自接到命令时刻起;工厂修竣的机车自验收员签字时刻起,至回送入段时止。

③ 灌浆、防寒、年度鉴定的机车,自入段规定技术作业完了时起至实际工作完了时止。

④ 专为评比鉴定、考试、教学、技术表演、对现对标、观摩使用的无动力良好蒸汽机车,自开始使用时起至使用完了时止。

⑤ 因等进口配件长期(1个月以上)不能参加运用的进口机车。

⑥ 大（厂）修、中（架）修机车入厂、段修理前拆卸行车安全设备时，自实际拆卸时起至完成交出时止。

⑦ 等待报废机车，具备部定报废条件的机车，自鉴定委员会同意并提出，经铁路局批准"机车报废申请核准书"时起，至铁道部核备后电复通知铁路局时止。

⑧ 根据调度命令扣下担任特运的无动力机车。

三、机车台日数统计报表

铁路局配属机车为管内各机务段配属机车之和。局（段）机车台日数包括配属机车数和外局（段）到本局（段）助勤或因长交路进入本局（段）管理范围担当牵引任务从而接受本局（段）支配的非配属机车数。机车台日数统计反映局、段配属机车和支配机车的数量及其运用别、非运用别的分布。

1. 报表格式

机车台日数统计报表为机车运用检修状况报表（机报-1），其格式如表6-1所示。

表6-1　机车运用检修状况报表

铁路局　　　段　　　年　月　日　　　　　　　　　　　　　　　　　　　　　机报-1

项目	配属机车	非支配机车			支配机车	运用机车								非运用机车								
		出租	助勤		长期备用		计	客运	行包专运	货运	小运转	路用	补机	专用调车	其他	长期备用	短期备用	其他	检修机车					
			出	入															合计	大（厂）修	中（架）修	小（洗）修	辅修	临修	其他检修
甲	1	2	3	4	5	6	7	8	9	10	11	12	13	14	15	16	17	18	19	20	21	22	23	24	25
机车台日																									
其中：非配属支配																									
机车千千瓦功率日																									
其中：非配属支配																									

2. 机车台日数统计的指标

"机车台日"是机车运用的数量指标，按每台机车每日为一个机车台日计算，机车台日为报告期内实际机车台小时除以24；"机车千千瓦功率日"从总体上反映机车的牵引能力，为实际功率小时（以千千瓦小时为单位）之和除以24。该两项指标均保留一位小数。

3. 编制依据

"机车运用检修状况报表（机报-1）"依据"机务本段运转日志（机统1）"（见表6-2）编制。

机统1由机务段机车调度员填写，每日18:00交段统计室。机统1用以记载机车现状及工作过程，作为统计机车运用和检修成绩的原始资料。

机统1依据机车调度命令或通知、实绩"机车周转图"、"机务段内停留及整备情况记录（机统5）"、"站段分界点日志（机统4）"、各种修程的"机车检修登记簿"、"中间技术检查记录"等原始资料填记。

4. 报表各栏之间的相互关系

表中"配属机车"（第1栏）是当日局（段）以机车台日数和千千瓦日数反映的配属机车数，按下式计算：

$$n_配 = n_{非支配} + n_{支配} - n_支配^外 \qquad (6-1)$$

表6－2　机务本段运转日志

铁路局　　　　　段　　　月　　　日18点至　　月　　　日18点　　　　　　　　　　　机统1

第一节　运　用　机　车

第一项　客　运　机　车

机车型号	到达			发出			到达			发出			当日工作时间
	担当工作区间地点或	列车车次	经过界点站时段分分	担当工作区间地点或	列车车次	经过界点站时段分分	担当工作区间地点或	列车车次	经过界点站时段分分	担当工作区间地点或	列车车次	经过界点站时段分分	

第一节　运　用　机　车

第二项　行包专运机车

机车型号	到达			发出			到达			发出			当日工作时间
	担当工作区间地点	列车车次	经过界点站时段分分	担当工作区间地点或	列车车次	经过界点站时段分分	担当工作区间地点	列车车次	经过界点站时段分分	担当工作区间地点或	列车车次	经过界点站时段分分	

第一节　运　用　机　车

第三项　货　物　机　车

机车型号	到达			发出			到达			发出			当日工作时间
	担当工作区间地点或	列车车次	经过界点站时段分分	担当工作区间地点或	列车车次	经过界点站时段分分	担当工作区间地点或	列车车次	经过界点站时段分分	担当工作区间地点或	列车车次	经过界点站时段分分	

第一节　运　用　机　车 ｜ **第二节　非运用机车** ｜ **第三节机车转变命令**

第四项　小运转、路用、补机、调车及其他工作机车

机车型号	担当工作区间地点或	列车车次或	工作种别	入界段点经过时分分	出界段点经过时分分	入界段点经过时分分	出界段点经过时分分	当日工作时间	机车型号	转入非运用原因	修理或停放地点	转入月日	转入时分	转出当日时分	修复修车时间	修车机车数	命令号码	发令时分	命令内容	发令着姓名	受令者姓名

式中　$n_配$——铁路局(机务段)配属机车数;

　　　$n_{非支配}$——铁路局(机务段)非支配机车数;

　　　$n_支配$——铁路局(机务段)支配机车数;

　　　$n_支配^外$——铁路局(机务段)支配机车中配属于外局(外段)的机车数。

　　在机务段机报－1中:"配属机车"(1栏)＝"出租"机车(2栏)＋"出"外局助勤机车(3栏)＋"长期备用"机车(5栏)＋"支配机车"(6栏)－"入"本局助勤机车(4栏)。

　　由于"长期备用"机车数(5栏)属于铁路局支配机车,因而在铁路局机报－1中,"长期备用"机车数包含在局"支配机车"(6栏)中,"配属机车"(1栏)＝"出租"机车(2栏)＋"出"外局助勤机车(3栏)＋"支配机车"(6栏)－"入"本局助勤机车(4栏)。

　　"支配机车"(第6栏)为当日局(段)的支配机车数,等于运用机车数(7栏)与非运用机车数(16～19栏)之和。因为"长期备用"机车属于机务段的非支配机车,所以在机务段机报－1

中"支配机车"数不包括16栏,等于7栏与17~19栏之和。

19~25栏填记非运用机车中处于"大(厂)修"、"中(架)修"、"小(洗)修"、"辅修"、"站修"和"其他"检修修程的机车数及占支配机车数的百分比,其中各栏分母填记各种修程的机车数,分子填记各种修程机车占支配机车数百分比。各种检修机车数"合计"(19栏)为各种修程检修机车数之和(20~25栏)。

机车运用检修状况报表(机报-1)为日报。月、季、年报为日报相应指标的累计数,检修机车百分比为累计平均值。

第二节 机车运用效率统计

"机车运用效率统计报表(机报-2)"反映在现有支配机车型号、数量的条件下,局、段所实现的机车运用指标,用以分析机车运用组织和检修工作效率,其格式如表6-3所示。

表6-3 机车运用效率报表

铁路局　　　段　　月　　日　　　　　　　　　　　　　　　　　　　　　　　机报-2

运输种别	支配机车台日数	支配机车千千瓦功率日数	运用机车台日数	运用机车功率日数	机车总走行公里	机车沿线公里(不包补)	本务机车公里(不包补)	本务机车公里	本务机车纯运转时间	本务机车旅行时间	各种运输总重吨公里	总重吨公里(不分劈包补不包单)	总重吨公里(分劈包补不包单)	支配机车日车公里	机车日车公里	机车技术速度	机车旅行速度	列车平均总重	机车平均牵引总重
甲	1	2	3	4	5	6	7	8	9	10	11	12	13	14	15	16	17	18	19	20
合　计																				
一、客　运																				
二、行包专运																				
三、货运(包小)																				
其中:货物(不包小)																				
"五定"班列																				

支配机车日产量	支配机车千千瓦功率日产量	运用机车日产量	运用机车千千瓦功率日产量	机车周转时间							周转次数	周转距离	超重列车			欠重列车			机外停车		单机		单机走行公里	单机率(%)	备注
				全周转时间平均总计	纯运转时间	中停时间	本段停留时间	本站停留时间	外段停留时间	外站停留时间			次数	吨数	吨公里(千)	次数	吨数	吨公里(千)	次数	时间(分)	次数	公里			
21	22	23	24	25	26	27	28	29	30	31	32	33	34	35	36	37	38	39	40	41	42	43	44	45	46

一、机车交路和乘务制度

1. 机车交路

机车交路指机车固定担当列车牵引任务的周转区段,由机车从配属段所在站至折返段所在站途经的各铁路区段组成,又称为机车牵引区段。

机车交路可以按机车运转制、机车牵引区段长度和用途分为不同类型。

(1)按机车运转制分

机车交路按机车运转制分为肩回运转交路、循环运转交路、半循环运转交路和环形运转交路。

肩回运转交路是指机车在与基本段相邻的牵引区段担当牵引任务,机车到达折返段和基本段所在站都要入段整备,如图6-2所示。

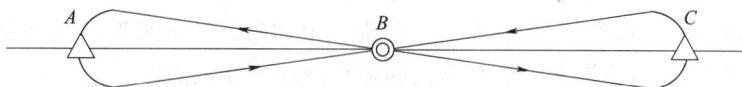

图6-2 肩回运转制机车交路图

循环运转交路是指机车担当与基本段相邻两个机车牵引区段的列车牵引任务,在折返段所在站摘头入段整备,但每次到达基本段所在站均不入段,在站线上整备以后就挂头牵引列车向前方运行,直至中间技术检查才入基本段,如图6-3所示。

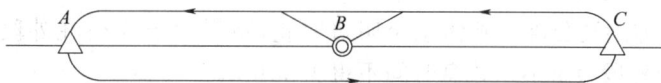

图6-3 循环运转制机车交路图

半循环运转交路与循环运转交路的不同在于,机车第一次返回基本段所在站时不入段整备,第二次返回基本段所在站时才入段整备,如图6-4所示。

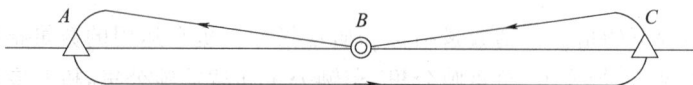

图6-4 半循环运转制机车交路图

环形运转交路是在牵引距离较短的条件下,如牵引市郊旅客列车或枢纽小运转列车,机车到达基本段所在站时,不必入段整备,继续担当几对列车的牵引任务后才入段,如图6-5所示。

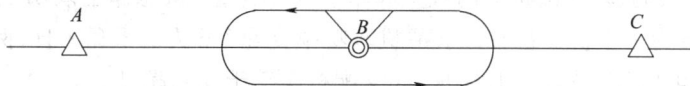

图6-5 环形运转制机车交路图

(2)按机车牵引区段长度分

机车交路按机车牵引区段长度分为短交路和长交路。机车牵引区段的长度又称为周转距离。短交路的列车牵引区段通常与铁路线的区段配置一致,机车只在与基本段邻接的区段担当列车牵引任务。长交路则包含与基本段衔接方向上连续几个区段,长度可以达到1 000 km

以上。

（3）按用途分

机车交路按用途分为客运机车交路和货运机车交路。由于客运机车和货运机车有不同的性能要求，通常采用不同型号的机车，分别配属于客运机务段和货运机务段。客运机车担当的牵引区段称为客运机车交路，而货运机车担当的牵引区段则称为货运机车交路。

2. 机车乘务制度

机车乘务制度规定机车乘务员执乘机车的方式，分为包乘制、轮乘制和随乘制三种。

包乘制是指每一台机车都由固定的机车乘务组担当执乘和机车日常技术检查、保养工作，并参与机车检修、回送。

轮乘制则不固定乘务组，乘务组在换班地点休够规定的时间后，可以就近接乘牵引列车。在这一制度下，乘务人员只负责驾驶，机车整备和检修工作有机务段专人管理。

在随乘制的乘务制度下，乘务员在换班地点可以接乘牵引任一机车，但由两人或三人轮流驾驶至列车终到站，一人驾驶时，其余人一般在机车上休息。这种机车运用制度，可以适应长交路，便于乘务组的管理，但乘务人员在车上的休息条件不够理想。

无论采用何种乘务制度，必须保证机车乘务人员劳动和休息时间的要求：

一次连续工作时间（包括出勤、退勤工作时间），客运列车不得超过 8 h，货运列车不得超过 10 h。机车乘务组随货运列车或无卧铺客运列车便乘时间应计入乘务员连续工作时间，但随有卧铺客运列车便乘时间不计入。

在本段休息时间不应少于 16 h。

外段调休时间，即到达公寓签到休息至叫班时止，不得少于 5 h；在外段驻班休息时间不得少于 10 h；轮乘制外段换班继乘休息时间不得少于 6 h。

每月总工作时间不得超过 162 h；实行轮乘制的机车乘务组每月应有 1～2 次 48～72 h 的大休班时间。

116

二、机车运用指标

反映机车运用状况的指标包括数量指标和质量指标。机车运用的数量指标有机车现有台数及其完成的工作量：走行公里、总重吨公里、车辆公里和载重吨公里，机车专调时间等。质量指标反映机车的运用效率，有机车全周转时间、机车台日产量、机车千千瓦功率日产量、列车速度等。

1. 机车运用的数量指标

（1）支配机车台日数和支配机车千千瓦功率日数

这两项指标反映局、段支配机车的数量和牵引功率总量，从总体上表明机车的牵引能力。一台机车支配 24 h 为一个机车台日；1 kW 机车功率支配 1 d 为 1 千瓦·日，例如 10 台功率为 6 400 kW 的 SS_4 电力机车支配一日实现 64 支配机车千千瓦功率日。

（2）机车走行公里

机车总走行公里为运用机车实际走行和换算走行的公里。各种机车走行公里的分类及其关系如图 6-6 所示。

按机车担当的工作类型，机车走行公里分为本务机车走行公里和机车辅助走行公里。

本务机车走行公里，即牵引列车的本务机车沿线走行公里。

辅助走行公里是指重联机车、补机、单机走行公里及各种换算走行公里之和。

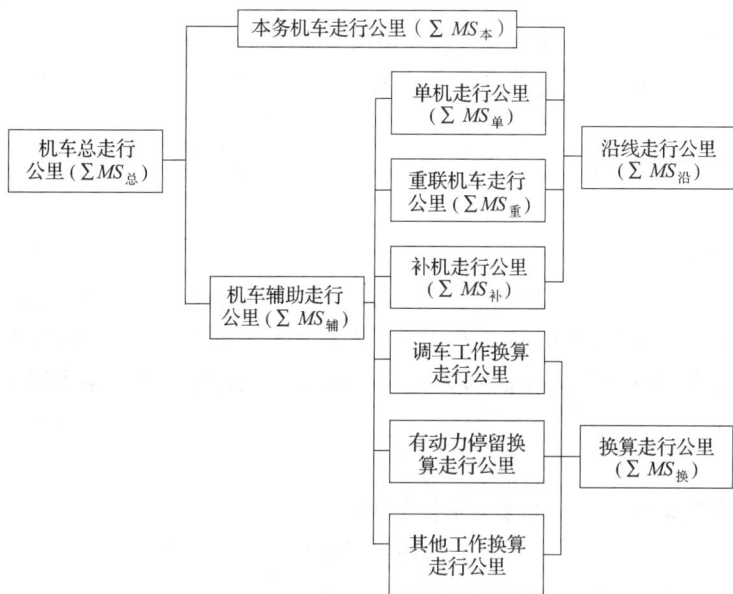

图 6-6 机车走行公里分类图

换算走行公里是与牵引列车无关的机车工作按机车台小时换算的走行公里。这类机车工作所产生的走行公里无法计算或不产生走行公里,如调车工作、机车有动力停留。《铁路机车统计规则》规定:"调车工作每小时作业时间换算 20 km;其他工作每小时换算 5 km;有动力停留每小时换算 4 km(内燃、电力运用机车的段内停留均按有动力停留统计)。"

按机车在运用过程中是否在区间运行,机车走行公里分为沿线走行公里和换算走行公里。

沿线走行公里是机车在区间运行的走行公里,为本务、单机、重联和补机走行公里之和。

因而,机车总走行公里按下式计算

$$\sum MS_总 = \sum MS_本 + \sum MS_辅 = \sum MS_沿 + \sum MS_换$$
$$= \sum MS_本 + \sum MS_单 + \sum MS_重 + \sum MS_补 + \sum MS_换 \qquad (6-2)$$

式中　$\sum MS_总$——机车总走行公里;

　　　$\sum MS_本$——本务机车走行公里;

　　　$\sum MS_辅$——辅助走行公里;

　　　$\sum MS_重$——重联机车走行公里;

　　　$\sum MS_单$——单机走行公里;

　　　$\sum MS_补$——补机走行公里;

　　　$\sum MS_{换算}$——换算走行公里;

　　　$\sum MS_沿$——沿线走行公里。

(3)牵引总重吨公里、机车自重吨公里和通过总重吨公里

牵引总重吨公里为机车牵引列车(包括单机牵引车辆)完成的工作量,记作$\sum QS_总$,其值为机车牵引总重与实际走行公里之积,用下式计算:

$$\sum QS_总 = Q_1 S_1 + Q_2 S_2 + \cdots + Q_n S_n \qquad (6-3)$$

式中　Q_1、Q_2、$\cdots$、Q_n——各牵引区段不同车次列车的总重,t;

　　　S_1、S_2、$\cdots$、S_n——各牵引区段的长度,km。

双机合并牵引及挂有补机、重联机车时,依据本务机车、重联或补机的机型,按《铁路机车

统计规则》"重联、补机机车牵引能力比例表"规定的份额分劈。3台机车牵引列车时,不考虑机型,完成的总重吨公里本务机车按40%,其余两台各按30%分劈。

机车自重吨公里指机车沿线走行所产生的自重吨公里,为机车重量与沿线走行公里之积。

通过总重吨公里为线路上通过的总重吨公里,包括机车自重吨公里和牵引总重吨公里。

(4)机车专调时间

机车专调时间指机车担当专用调车工作的调车时间,根据"司机报单"记载的每次由实际工作开始至实际工作完了的时间,包括专调机车在编组站、区段站以及运输方案规定的专调站调车时间和月间计划指定利用列车的本务机车在列车始发站及终到站兼作调车工作的实际作业时间。

(5)车辆公里

车辆公里是车辆运行的总公里数,按下式计算

$$\sum MS = \sum_i m_i l_i \tag{6-4}$$

式中　m_i——在统计范围内,第i次列车的编成辆数;

　　　l_i——该次列车的走行公里。

(6)载重吨公里

载重吨公里为机车牵引列车(包括单机)完成的货物周转量,按下式计算

$$\sum TS = \sum_i w_i l_i \tag{6-5}$$

式中　w_i——在统计范围内,第i次列车的总载重量,t;

　　　l_i——该次列车的走行公里。

2. 机车运用质量指标

机车运用的质量指标包括机车全周转时间、机车日车公里、列车平均总重和机车日产量等。

(1)机车全周转时间

机车在规定的牵引区段担当一次上、下行列车的牵引任务称为完成了一次周转。机车每周转一次所消耗的时间称为机车全周转时间,记作$\theta_机$,包括:牵引上下行列车的纯运转时间、中间站停留时间、在本段和折返段停留时间,在本段和折返段所在站停留时间。实行肩回运转制时,机车全周转时间为上次机车入本段时起至本次入本段时止的时间;实行循环运转和轮乘制的机车,为上次机车到达本段所在站时起至本次机车到本段时止的时间。其中概念含义如下。

① 纯运转时间是机车在区间内运行的时间,包括在区间内各种原因的停留时间(区间装卸除外)。发生以下情况时,列车在区间或站内的停留时间均应包括在纯运转时间内:列车分部运行时,自列车从车站出发至该列车全部到达前方站止的时间;机车在进站信号机外停车和在自动闭塞区间内等待自动闭塞信号的停留时间;机车在区间内坡停后往返走行及停留时间,包括退到后方站不另办理闭塞手续的站停时间。

② 中间站停留时间是机车在牵引区段内的中间站停站和调车时间,包括:列车以调车方式进入区间装卸,在区间内的停留时间;列车在中间站,由于变更运行方向、变更车次的停留时间;列车分部运行时,自全部车辆到达前方站时起至列车发出时止的停留时间;机车在区间内

坡停退到后方站以后,另行办理闭塞时,自列车第一次到达该站时起至最后一次由该站发出时止的停留时间。

机车旅行时间是指机车自始发站出发时起至终到站到达时止的全部时间。

③ 机车在本段、折返段所在站停留时间为机车自出段时起至在本段、折返段所在站牵引列车出发时止,和牵引列车到达本段、折返段所在站时起至入段时止的全部时间,其中包括调车时间。

机车运转时间为机车纯运转时间、中间站停留、本段和折返段所在站停留时间之和。

④ 本段、折返段停留时间为机车入段时起至出段时止的时间,不包括非运用时间。

机车全周转时间是从时间上反映机车运用效率的指标。在机车交路确定的条件下,机车全周转时间越短,表明机车运用效率越高。

(2)列车平均总重、机车平均牵引总重

列车平均总重为列车的平均总重量,记作 $Q_列$,按下式计算

$$Q_列 = \frac{\sum QS_总 - \sum QS_{单机}}{\sum MS_本} \qquad (6-6)$$

式中　$\sum QS_总$——不分劈重联、补机的总重吨公里,t·km;

$\sum QS_{单机}$——单机完成的总重吨公里,t·km;

$\sum MS_本$——本务机车走行公里,km。

机车平均牵引总重指每台机车平均牵引的列车重量,记作 $Q_机$,按下式计算

$$Q_机 = \frac{\sum QS_总 - \sum QS_{单机}}{\sum MS_本 + \sum MS_{重联} + \sum MS_{补机}} \qquad (6-7)$$

式中　$\sum MS_{重联}$——重联机车走行公里,km;

$\sum MS_{补机}$——补机走行公里,km。

由于可能有重联机车和补机等辅助机车协助牵引,因而每台"机车平均牵引总重"小于或等于"列车平均总重"。

(3)机车日车公里 $S_机$

机车日车公里是指平均每台运用机车每昼夜走行的公里数,记作 $S_机$,按下式计算

$$S_机 = \frac{\sum MS_沿}{M_运} \quad (km/d) \qquad (6-8)$$

式中　$\sum MS_沿$——机车沿线走行公里(不包括补机),km;

$M_运$——运用机车台日数(不包括补机)。

在计算机车日车公里时不计补机的走行是由于补机的工作性质决定了补机每昼夜的走行公里较少,如果计入将会使该项指标缺乏可比性。

(4)机车台日产量 $W_机$

机车台日产量即平均每台机车每日生产的总重吨公里数,反映了机车牵引力的利用效率,是考核机车运用质量的综合指标,记作 $W_机$,按下式计算

$$W_机 = \frac{\sum QS_总}{M} \quad (t·km/台) \qquad (6-9)$$

式中　$\sum QS_总$——该运输种别总重吨公里(不包括补机);

M——该运输种别机车台日数(不包括补机)。

(5)旅行速度、技术速度

旅行速度为列车机车从区段一端的技术站出发至到达区段另一端的技术站,在区段内平

均每小时走行的公里数,记作 $v_旅$,按下式计算

$$v_旅 = \frac{\sum MS_本}{\sum t_旅}$$ (6-10)

式中 $t_旅$——本务机车旅行时间之和,旅行时间包括列车区间纯运行时间、在中间站停站及起、停附加时分,h。

技术速度为列车机车在区间内运行平均每小时走行的距离,记作 $v_技$,按下式计算

$$v_技 = \frac{\sum MS_本}{\sum t_运}$$ (6-11)

式中 $t_运$——本务机车纯运转时间之和,包括列车区间纯运行时间及起、停附加时分,但不包括列车在中间站停站时间,h。

三、超重和欠重列车的确定

1. 超重列车

列车重量按运行图规定的牵引定数超过 81 t 及以上,连续运行距离超过规定机车乘务区段二分之一的货物列车为超重列车。超重列车超过规定牵引定数的吨数为超重吨数。因而,确定某次列车是否为超重列车及超重吨数,需要比较列车实际重量和该区段的列车牵引定数,及列车在超重条件下在该区段的走行公里与区段的全长公里。

(1)列车重量及列车超重吨数的确定

在确定超重列车及其超重吨数时:列车重量按列车编组顺序表(运统 1)的记载计算;当超重列车因在运行途中有甩挂作业,列车重量发生变化时,计算超重吨数的列车重量按列车连续运行超过机车乘务区段二分之一的超重最多吨数计算。

(2)列车牵引定数的确定

在确定超重列车时,列车牵引定数的计算方法如下:

① 在规定双机牵引的区段,按规定的定数计算;

② 挂有重联机车的列车,按该区段双倍定数计算;

③ 临时修订的牵引定数低于原定数或牵引定数不变而临时增加补机区段时,按原定数计算;

④ 临时使用运行图规定以外的机型牵引列车时,按实际担当牵引任务的机型的牵引重量计算。

分部运行的列车不统计为超重列车。

(3)超重吨公里的计算

"超重吨公里"是超重列车由于牵引超过规定牵引定数的列车而多完成的机车工作量(吨公里),按下式计算

$$\sum tl_{超重} = t_{1超重} l_{1超重} + t_{2超重} l_{2超重} + \cdots + t_{n超重} l_{n超重}$$ (6-12)

式中 $t_{i超重}$——第 i 次超重列车的超重吨数,t;

  $l_{i超重}$——第 i 次超重列车在超重吨数 t_i 的条件下,在本区段运行的里程,km;

  n——本区段在统计期间开行的超重列车列数。

2. 欠重列车

列车重量按运行图规定的牵引定数欠 81 t 及以上,同时换长欠 1.3 及以上,连续运行距离超过规定机车乘务区段的二分之一的货物列车为欠重列车。

列车重量不足规定牵引定数的吨数为欠重吨数。同样,确定某一车次货物列车是否为欠重列车及其欠重吨数,需要比较列车实际重量与区段或方向上的列车牵引定数。

(1)列车重量及列车欠重吨数的确定

在确定欠重列车及其欠重吨数时:列车重量也是按列车编组顺序表(运统1)的记载计算;而欠重列车在运行途中有甩挂作业时,欠重吨数按列车连续运行超过机车乘务区段二分之一的欠重最多吨数计算。

(2)确定欠重列车时列车牵引定数的计算方法

① 在规定双机牵引区段,按规定定数计算。

② 挂有重联机车的列车按该区段规定的定数计算,不加倍。

③ 临时修订的牵引定数低于原定数时,按修订后定数计算,牵引定数不变而临时增加补机区段时按原定数计算。

④ 临时使用运行图规定以外的机型牵引列车时,按实际使用机型机车的牵引重量计算;机车逆向牵引时,按牵引定数减吨15%计算。

⑤ 临时加开的摘挂列车在区段内的最高重量未达到该区段定数的70%时,按规定定数的70%计算。

(3)可以不受列车牵引定数约束的货物列车

《铁路机车统计规则》规定以下情况不统计为欠重列车:

① 空货物列车、空货车占全列(不包括守车)二分之一及以上的混编列车、军用列车、机械冷藏列车、限速列车、固定车底循环使用的列车、快运货物列车、"五定"班列及图定快运零担、摘挂列车均不统计欠重。

② 在列车编组计划中规定或经铁道部、铁路局有关文件指定经过编组站、区段站不补轴的直通、直达列车车次不统计欠重。

(4)欠重吨数和欠重吨公里的计算

欠重列车在途中有甩挂时,其欠重吨数按列车连续运行超过机车乘务规定区段二分之一的欠重最多吨数计算。

欠重吨公里为欠重吨数乘以其所运行的公里数,按下式计算

$$\sum tl_{欠重}=t_{1欠重}l_{1欠重}+t_{2欠重}l_{2欠重}+\cdots+t_{n欠重}l_{n欠重}\quad(i=1,2,\cdots n) \qquad (6-13)$$

式中　$t_{i欠重}$——第i次欠重列车的欠重吨数,t;

　　　$l_{i欠重}$——第i次欠重列车在欠重吨数$t_{i欠重}$的条件下,在本区段运行的里程,km;

　　　n——本区段在统计期间开行的欠重列车列数。

四、机车运用效率报表

机车运用效率报表反映在当前机车配置的条件下,铁路局、机务段机车所完成的机车工作量指标和工作效率指标。

1.编制依据

机车运用效率报表依据司机报单(机统3)和机务段运转日志(机统1、2)编制。

(1)司机报单

司机报单(机统3)是统计机车、车辆运用成绩和机车燃料情况,考核机车乘务员工作的原始单据,见表6-4。在司机出乘时,由机务段运转车间值班员发给执乘司机填写,退乘时将填好的报单交机务段值班员。

表6-4 司机报单

编号　　接点　日　时　交车　日　时　　　　　　　　　　机统3

_____铁路局_____机务段_____型_____号_____年_____月_____日

一、机车乘务员

职名	姓名	出勤时分	接车时分	交车时分
司机				
副司机				
司炉				
司机				
副司机				
司炉				

二、机车出入段时分

出本段时分	入外段时分
出外段时分	入本段时分

三、机车领取燃料

领取地点名称及数量	往路	复路	交接	往路	复路
			日期 运转使用燃料量		
			段内埋火时间		
			埋火用煤量		
			接受量		
			交出量		
			下一班接班司机姓名		

四、机车领取油脂

领取	往路	复路
油库名称		
领取日期	油	
	油	
	油	
	油	
破布、棉丝		

五、补机、重联和有动力附挂机车

机车型号	区间公里	机车所属段

六、列车运行及编组情况

车次	站名	达到时分	出发时分	停车时分（包括调车）	调车时分	机外停车时分	早点	晚点	原因	区间公里	牵引重量 总重	牵引重量 载重	客车辆数 合计	客车辆数 其中加挂	客车辆数 担当企业	货车辆数 重车	货车辆数 空车	货车辆数 非运用车	货车辆数 其中代客	其他	合计	列车换长	车长所属段及姓名	记事
1	2	3	4	5	6	7	8	9	10	11	12	13	14	15	16	17	18	19	20	21	22	23	24	25

（2）机务段运转日志

机务本段和机务折返段运转日志记载担当列车牵引任务和在段内作业的过程,有不同的格式。"机务本段运转日志（机统1）"见表6-2。"机务折返段运转日志（机统2）"（见表6-5）是机车在非配属段停留及作业情况的原始记录,由机务段机车调度员负责填写和保管。

表6-5 机务折返段运转日志　　　　机统2

到达							发出							记事	
月日	机车型号	机车所属段	司机姓名	车次	经过分界点时分	转入修理时分	自修理转出时分	月日	司机姓名	去向	车次	经过分界点时分	折返段总停留时分	其中修理时间	记事
1	2	3	4	5	6	7	8	9	10	11	12	13	14	15	16

站段分界点日志的格式见表6-6。

表 6－6　站段分界点日志　　　　　　　　　机统 4

出　段					入　段				
日期	机车型号	车次	到达分界点时分	司机姓名	日期	机车型号	车次	到达分界点时分	司机姓名

2．编制方法

"机车运用效率报表(机报-2)"为日、月、季、年报。

(1)运用机车数

"支配机车台日数"(1栏)和"支配机车千千瓦功率日数"(2栏)由机报-1转来：机报-1中客运、行包专列、货物和小运转机车台日和千千瓦功率日的统计数据直接过至本表支配机车相应运输种别。

"运用机车台日数"(3栏)和"运用机车功率日数"(4栏)也由机报-1转来。

1～4栏以分数填写,分母表示统计期完成的总数,分子为日均数。

(2)机车走行公里

"机车总走行公里"(5栏)为局、段各种机车总走行公里,包括沿线走行公里和换算走行公里;

"机车沿线走行公里(不包补)"(6栏)为不包括补机走行公里的机车沿线走行公里。

"机车沿线走行公里(包补不包单)"(7栏)为包括补机走行公里,不包括单机走行公里的机车沿线走行公里。

"本务机车走行公里"(8栏)为本务机车总走行公里。

(3)机车运行时间

"本务机车纯运转时间"(9栏)为本务机车在区间运行的总时间,包括列车纯运行时间和起、停附加时分。

"本务机车旅行时间"(10栏)填记所有本务机车从始发站出发至到达终到站止的全部时间之和。

(4)总重吨公里

11～14栏均为"总重吨公里",但包含的内容不同,因而含义和用途不同：

11栏"各种运输总重吨公里"填记各运输种别机车完成的总重吨公里,是局、段支配的运用机车完成的总工作量。

12栏"总重吨公里(不包单)"填记除单机以外的各运输种别机车完成的总重吨公里。局、段完成的货运工作量是由牵引列车机车和单机挂车实现的,因而吨公里总量除去单机挂车完成的货运吨公里以后,剩下的是机车牵引列车完成的总重吨公里。所以,这项指标用于计算列车牵引总重。

13栏"总重吨公里(不包补包单)"填记除补机以外的各运输种别机车完成的总重吨公里,用以计算机车日产量。由于补机的特殊工作性质,通常日产量较低,不能反映机车运用的实际工作效率,因而在计算机车日产量时,不计补机台数,在"总重吨公里"中也要把补机完成的吨公里分劈出去。

14栏"总重吨公里(包补不包单)"填记各运输种别机车完成的总重吨公里,包括补机完成的总重吨公里,但不包括单机挂车完成的总重吨公里。

(5)机车日车公里

"支配机车日车公里"(15栏)填记当日支配机车平均走行公里,为"机车总走行公里"(5

栏)除以"支配机车台日数"(1栏)。支配机车分为运用机车和非运用机车,由于非运用机车不产生走行公里,因而机车总走行公里实际上是运用机车沿线走行公里与换算走行公里之和,支配机车日车公里在一定程度上反映局(段)的机车运用效率。

"机车日车公里"(16栏)填记当日运用机车日车公里,为"机车沿线走行公里(不包补)"(6栏)除以"运用机车台日数"(3栏)。

(6)列车速度

"技术速度"(17栏)填记列车技术速度,为"本务机车公里"(8栏)除以"本务机车纯运转时间"(9栏)。

"旅行速度"(18栏)填记列车旅行速度,为"本务机车公里"(8栏)除以"本务机车旅行时间"(10栏)。

(7)列车总重和牵引总重

"列车平均总重"(19栏)填记列车平均总重,为"总重吨公里(不包单)"(12栏)除以"本务机车公里"(8栏)。放行单机是为了平衡机车数量而采取的机车调整措施,通常不挂车,《铁路技术管理规程》对于单机顺路捎车规定最多不超过10辆,因而单机的牵引重量不能反映铁路列车重量的实际水平,在计算列车平均总重时使用的"总重吨公里"数据应不包括单机完成的总重吨公里。

"机车平均牵引总重"(20栏)为"总重吨公里(包补不包单)"(14栏)除以"机车沿线走行公里(包补不包单)"(7栏)。与"列车平均总重"(19栏)不同,本栏反映平均每台机车(包括补机和重联机车)牵引的列车重量。

(8)机车日产量

机车的运输产品是吨公里,"机车日产量"是指每台机车每日生产的吨公里数。

"支配机车日产量"(21栏)填记平均每台支配机车每日完成的吨公里,为"各种运输总重吨公里"(11栏)除以"支配机车台日数"(1栏)。

"支配机车千千瓦功率日产量"(22栏)填记支配机车每千千瓦功率每日完成的吨公里,为"各种运输总重吨公里"(11栏)除以"支配机车每千千瓦功率日"(2栏)。

"运用机车日产量"(23栏)填记每台运用机车完成的吨公里,为"总重吨公里(不包补包单)"(13栏)除以"运用机车台日数"(3栏)。

"运用机车千千瓦功率日产量"(24栏)填记运用机车每一千千瓦功率每日生产的吨公里,为"总重吨公里(不包补包单)"(13栏)除以"运用机车千千瓦功率日数"(4栏)。

(9)机车周转时间

"机车周转时间"(25~33栏)分别填记机车全周转时间的均值(分子)和机车周转总时间(分母),和其中纯运转时间、中间站停留时间、本段停留时间、本站停留时间、外段停留时间和外站停留时间,周转次数和平均周转距离。

(10)列车超重和欠重

"超重列车"和"欠重列车"(34~39栏)分别填写超重列车和欠重列车的次数、超重或欠重吨数及吨公里。

(11)机外停车

"机外停车次数"和"机外停车时间"(40、41栏)填写统计日发生机外停车的次数和机外停车总时间。机外停车是指由于站内无空闲接车线、未准备好接车进路等原因,暂时不具备接车条件,而不得不使列车在关闭的进站信号机外停车。由于机外停车而延误的列车时间称为机外停车时间,包括列车在站外实际停留的时间及停车和起动的额外时间。

(12)单机走行

"单机次数"和"单机公里"(42、43栏)填写机车单机和有动力附挂的次数和走行公里,不包括为牵引运行图规定在中间站始发和终到的列车所开行的单机次数和公里以及因机务段位置与列车始发或终到站不在同一地点所开行的单机次数和公里。这项指标考核由于牵引区段上、下行车流量不均衡而引起的机车额外走行。在牵引区段一端产生的多余机车可以采用放行单机或有动力附挂在返程列车上两种方式回送。

"单机走行公里"(44栏)填写开行的全部单机的走行公里,不包括机车有动力附挂的走行公里。

"单机走行率"(45栏)为单机走行公里(44栏)占全部机车沿线走行公里(6栏)的百分比,是反映机车运用效率的指标之一。

第三节　机车工作成绩统计

机车的主要工作是牵引列车和调车,其工作成绩可以用机车走行公里和总重吨公里来考核。机车工作成绩统计需编制机车工作成绩报表(机报-3)。

"机车工作成绩报表"(机报-3)反映机车工作成绩,用以作为分析和编制机车运用计划的依据。格式见表6-7。机报-3根据司机报单,按各种运输种别和工作种别整理填报。本报表为月、季、年报,由各机务段编制,局机务处汇总后于次月5日前通过网络报铁道部。

表6-7　机车工作成绩报表

铁路局　　机务段　　年　月　　　　　　　　　　　　　　　　　　　　　　机报-3

项目＼运输种别	总走行公里	其中		本务机车走行公里	辅助走行公里									总重吨公里(千)	其中	
		外局	外段		合计	重联	单机	有动力附挂	补机	专用调车	调车单机	列车调车	其他		外局	外段
甲	1	2	3	4	5	6	7	8	9	10	11	12	13	14	15	16
合计																
一、客运计																
其中 客运																
其中 动车组																
其中 补机																
路用																
专用调车																
其他																
二、行包专运																
三、货运计																
其中 货运																
其中 "五定"班列																
其中 小运转																
单机挂车																
重联																
补机																
路用																
专用调车																
其他																

第四节 机车燃料消耗统计

机车燃料消耗统计是对各种运输种别的运用机车消耗燃料数量的统计,包括在工作、整备和等待作业状态下所消耗的燃料量,反映铁路牵引动力的能源利用效率。

一、机车燃料消耗的计算方法

(1)本务、重联、补机工作机车按每万总重吨公里计算。

(2)单机按每走行百公里计算;单机牵引车辆时,可另加吨公里消耗量。

(3)调车机车按调车小时或调车作业量计算。

(4)有动力停留、列车调车和其他工作按小时计算。

(5)天然煤实际消耗为蒸汽机车实际消耗的各种天然煤数量。

(6)能源实际消耗量按以下规定统计:

内燃机车用油量以 kg 为单位,为机车实际消耗燃油量。

电力机车用电量以 kW·h 为单位,为机车实际消耗的电量,根据电表显示的结果计算。

(7)一趟列车运行两个及以上区段时,应将能源实际消耗量计算到各运行区段(如只计算在一个区段时应根据工作量分劈到各运行区段中,单机按走行公里分劈)。

二、燃料消耗指标

机车燃料消耗用每万吨公里消耗的能源数量来表示,分内燃、电力机车别的计算公式如下:

1. 内燃机车每万 t·km 实际消耗油量

$$\mu_{内燃} = \frac{\sum m_{燃油}}{\sum QS_{总}} \tag{6-14}$$

式中 $\sum m_{燃油}$——燃油消耗量,kg;

$\sum QS_{总}$——机车牵引总重吨公里。

2. 电力机车每万吨公里耗电量

$$\mu_{电力} = \frac{\sum m_{电耗}}{\sum QS_{总}} \tag{6-15}$$

式中 $\sum m_{电耗}$——电耗量,kW·h;

$\sum QS_{总}$——机车牵引总重吨公里。

三、机车燃料消耗报表

机车燃料消耗报表(机报-4)反映各运输种别机车的燃料消耗情况,其格式如表6-8所示。

机报-4依据司机报单记载的燃料领取数量和完成的工作量填记。本报表为月、季、年报,由机务段编制,上报铁路局,铁路局于次月5日前网络报铁道部。

除上述机车燃料消耗报表外,还需编制机车区段燃料消耗报表(机报-5),用来反映机车在各区段燃料消耗情况,作为分析机车在各区段燃料消耗成绩,检查各区段机车燃料消耗及指标执行情况的依据。

表6-8　机车燃料消耗报表　　　　　　机报-4

项目 运输种别	总重吨公里 (千)	天然煤消耗 (t)	油(t) 电(kW·h)	油(t) 电(kW·h)	万吨公里 燃料消耗	
					油(kg) 电(kW·h)	油(kg) 电(kW·h)
甲	1	2	3	4	5	6
合　计						
一、客运计						
其中　客　运						
其中　动车组						
补　机						
路　用						
专用调车						
其　他						
二、行包专运						
三、货运计						
其中　货　运						
其中　"五定"班列						
小运转						
单机挂车						
重　联						
补　机						
路　用						
专用调车						
其　他						

第五节　机车车辆运用成绩统计

机车车辆运用成绩按车次,对客运机车车辆和货运机车车辆分别统计,统计报表为"客运机车车辆运用成绩报表"(机报-6)和"货运机车车辆运用成绩报表"(机报-7)。该项统计反映铁路局支配机车在各个区段完成的机车车辆工作量及工作质量。机车完成的工作量表现为机车走行公里、总重吨公里和牵引车辆公里、调车时间等,机车的工作质量表现为列车速度。

一、客运机车车辆运用成绩报表

"客运机车车辆运用成绩报表(机报-6)"反映铁路局支配机车完成的客运机车车辆工作量,用以分析各车次、各区段的客运机车车辆运用成绩和能源消耗,作为检查、编制机车车辆工作计划、财务清算的依据,其格式如表6-9所示。本表为月、季、年报,次月5日前通过网络报铁道部。

表 6-9　客运机车车辆运用成绩报表

铁路局　　机务段　　年　月　　　　　　　　　　　　　　　　　　机报-6

车次	机型	区段	机车总走行公里	其中本务机车公里	通过总重吨公里(千)	牵引总重吨公里(千)	机车自重吨公里(千)	调车时间(h)	能源消耗	万吨公里消耗	客运车辆公里(包括单机)(百)									客运本务机车		列车速度	
											合计	客车		货车				其中		运用重车	运用空车	旅行速度	技术速度
												小计	其中外企业加挂客车(辆·km)	加挂企业	运用重车	运用空车	非运用车	其他	路用	旅行时间	纯运转时间		
1	2	3	4	5	6	7	8	9	10	11	12	13	14	15	16	17	18	19	20	21	22	23	24	25	26

1. 编制依据

机报-6 表根据"司机报单"(机统3)整理、汇总填报。司机报单详细记载了本次执乘牵引列车的车次,列车在各站的到、发点,区间公里,总重和载重,以及挂运的车辆数。

2. 编制方法

"客车车次"(1栏)根据实际产生的客运工作的车次和行包专运工作车次填报,方法为:

图定单机牵引的旅客列车按规定车次填记。

图定双机或多机牵引的旅客列车、非图定旅客列车,以路用列车、军用列车、货运列车车次、单机车次牵引的客运列车,以及回送客车车底列车在车次后加列车担当企业代码。机务段代码由《机车统计规则》附件五"单位代码表"规定。代码为3位,分别表示局、地区和区内的序号,例如兰州局兰州客运机务段为 J13(J 表示兰州局,1 表示兰局管内的兰州地区,3 表示客运机务段在该地区机务段中的序号为3,因为该地区还有兰州西机务段 1 和天水机务段 2)。

规定车次后需要加担当企业代码的旅客列车,因故折返时,其车次后也需要加担当企业代码。

"机型"(2栏)按内燃、电力和动车组等机型填记。

"区段"(3栏)根据《全国铁路线路统计区段》划分的铁路区段、枢纽区段,编组站调车、其他站调车,按机车牵引和调车的作业顺序填记。

"机车走行总公里"(4栏)填报沿线走行公里及换算走行公里之和。

"其中本务机车公里"(5栏)填记客运本务机车走行公里,即旅客列车公里。

"通过总重吨公里"(6栏)指本次列车"牵引总重吨公里"(7栏)与"机车自重吨公里"(8栏)的和,以 kt·km 为单位。

"牵引总重吨公里"(7栏)填报机车牵引列车产生的吨公里,以 kt·tm 为单位。

"机车自重吨公里"(8栏)填报该机型自重产生的吨公里,以 kt·km 为单位,保留一位小数。

"调车时间"(9栏)填报专调机车产生的调车时间(保留一位小数),按编组站调车与其他站调车分开填报(专调单机及单机控车填报在各相应的区段内,其他工作填报在其他枢纽区段内,无枢纽区段的填入出段后的第一个下行区段内)。

"能源消耗"(10栏)填报换算能源实际消耗量,内燃机车以 kg 为单位,电力机车以 kW·h 为单位。

"万吨公里消耗"(11栏)为平均每万 t·km 能源消耗量,为"能源消耗"(10栏)×"牵引总重吨公里"(7栏),内燃以 kg/(万 t・km)为单位,电力以 kW・h/(万 t・km)为单位,均保留一位小数。

"客运车辆公里合计"(12栏)是客车车辆公里合计数,为客车车辆公里"小计"(13栏)与16栏之和。

客车车辆公里"小计"(13栏)为客车车辆公里合计数,"其中外企业加挂客车"(14栏)为非本车次担当局加挂客车的车辆公里。"加挂企业"(15栏)为14栏加挂客车的担当局。

"货车"车辆公里(16~18栏)为依据调度命令在旅客列车上加挂货车的走行公里,加挂货车包括运用重、空车和非运用车。

"其他"(19栏)填报客、货车以外的车辆公里。

"路用"(20栏)指路用工作,单独列示,且不包括在"客车"、"货车"和"其他"栏内。

23~26栏分别填记客运本务机车的旅行时间、纯运转时间和客运列车的旅行速度和技术速度,各栏均保留一位小数。

本表报铁道部为机车支配局数据,包括机车在本局和外局区段工作量。在外局区段上的资料交换,仅作为各局掌握局内情况,报铁道部不再作加入减出处理。

二、货运机车车辆运用成绩报表

"货运机车车辆运用成绩报表(机报-7)"反映铁路局、段支配货运机车机车在各个区段完成的货运机车车辆工作量及货运成绩,用以分析各区段的货运密度和能源消耗,作为检查、编制机车车辆工作计划、财务清算的依据,报表格式如表6-10所示。

1. 编制依据

机报-7根据"司机报单(机统3)"整理汇总填报。机统3提供货物列车的运行区段、列车总重、载重、在途中站的调车时间、编挂车辆及其运用性质以及列车在各站的到发点。

2. 编制方法

"机型"(1栏)包括列车机车和专用调机,列车机车按内燃、电力分机型分别填记,编组站调车机车、其他站调车机车和服务于枢纽区段的列车机车不分机型。

表6-10 货运机车车辆运用成绩报表

铁路局　　　机务段　　　年　　月　　　　　　　　　　　　　　机报-7

机型	机车配属段	区段	单复线别	区段公里	机车总走行公里(km)	其中:货运本务机车公里	通过总重吨公里(千)	牵引总重吨公里(千)	其中:货运总重吨公里(千)	机车自重吨公里(千)	载重吨公里(千)	其中:货运(不包括单机)(千)	调车时间(h)	能源消耗	万吨公里消耗	货运车辆公里(包括单机、小运转)(百)								货运本务机		货运成绩						
																合计	客车		货车			其他	路用	其中		旅行时间	纯运转时间	货运密度(kt)	空车走行率	重车每辆平均动载重	列车平均牵引		列车速度	
																	单机	小计	运用重车	运用空车	非运用车			运用重车	运用空车						总重	辆数	旅行速度	技术速度
1	2	3	4	5	6	7	8	9	10	11	12	13	14	15	16	17	18	19	20	21	22	23	24	25	26	27	28	29	30	31	32	33	34	35

"机车配属段"(2 栏)填记机车的配属段。

"区段"(3 栏)按运行区段顺序、枢纽区段、编组站调车、其他站调车分别填报,客货混合专调作业的机车按该机车担当的主要运输别(客运、货运)统计,分别填入编组站调车和其他站调车行内。

"单复线别"(4 栏)填记单线或复线。

"区段公里"(5 栏)按《货物运价里程表》的公里填记,专调、枢纽区段不填记。

"机车总走行公里"(6 栏)填报沿线走行公里及换算走行公里之和。"其中:货运本务机"(7 栏)填记货运本务机车的走行公里数。

"通过总重吨公里"(8 栏)指本统计月机车车辆通过本区段实现的吨公里数,为"牵引总重吨公里"(9 栏)与"机车自重吨公里"(11 栏)之和,以 kt·km 为单位。

"牵引总重吨公里"(9 栏)填报该机型牵引列车产生的吨公里(包括单机挂车),以 kt·km 为单位。"其中:货运总重吨公里(不含单机)"(10 栏)为不包括单机挂车的货运总重吨公里。

"机车自重吨公里"(11 栏)填报该机型机车自重所产生的吨公里,以 kt·km 为单位,保留一位小数。

"载重吨公里"(12 栏)填记该区段实现的货物周转量。

"其中:货运(不包括单机)"(13 栏)为不包括单机挂车的载重吨公里。

"调车时间"(14 栏)填报调车时间(保留一位小数),按编组站调车与其他站调车分开填报(专调单机及单机挂车填报在各相应的区段内,其他工作填报在枢纽区段内,无枢纽区段的填入出段后的第一个下行区段内)。

"能源消耗"(15 栏)填报换算能源实际消耗量,内燃机车以 kg 为单位,电力机车以 kW·h 为单位。

"万吨公里消耗"(第 16 栏)为平均每万 t·km 能源消耗量,内燃以 kg/(万 t·km)为单位,电力以 kW·h/(万 t·km)为单位,均保留一位小数。

"其他"货运车辆公里(23 栏)填报客、货车以外的车辆公里。

"路用"货运车辆公里(24 栏)填记路用车辆的走行公里。

27~31 栏和 34、35 栏保留 1 位小数,32、33 栏均为整数。

机报-7 本表报铁道部为机车支配(担当)局数据,包括机车在本局和外局区段工作量。在外局区段上的资料交换,仅作为各局掌握局内情况,报铁道部不再作加入减出处理。

第六节　机车检修统计

机车在运用过程中,其部件会发生磨耗、变形、损坏、松动等现象,以至于造成系统失灵。为了保证行车安全、保持良好的机车技术状态,除日常检查和保养外,还必须根据采用的检修制度进行检修。机车检修制度分为定期修和状态修两种:定期修是按照规定的走行公里数,对机车施行不同的修程;状态修则不规定定检里程,而是根据机车的技术状态进行必要的修程。我国铁路目前实行定期检修的制度。机车定检修程:蒸汽机车分为厂修、架修和洗修三种修程,内燃、电力机车分为大修、中修、小修和辅修四种修程。

机车按照检修原因分为定检和临修。根据规定的检修周期对机车进行的检修称为定期检修;机车在下一次定检前由于临时发生故障而进行的修理,称为临修。

机车检修统计反映机车检修工作的数量和质量,为编制检修计划,核算检修费用,改进检修工作提供依据。

一、机车检修指标及计算方法

机车检修指标包括机车检修率、大修机车检修率、在段修机车检修率和临修机车检修率。

1. 机车检修率

机车检修率为检修机车占支配机车的比重,是综合反映机车质量和检修效果的指标。在状态修的条件下,如果机车整体质量高、设计合理,机车检修率就越低。各种机车检修率的计算公式如下:

(1)机车检修率

$$\eta_{检} = \frac{n_{检}}{N_{支配}} \times 100\% \tag{6-18}$$

式中　$n_{检}$——检修机车台日数;

　　　$N_{支配}$——支配机车台日数。

(2)大修机车检修率

$$\eta_{大} = \frac{n_{大}}{N_{支配}} \times 100\% \tag{6-19}$$

式中　$n_{大}$——大修机车台日数。

(3)在段修机车检修率

$$\eta_{段修} = \frac{n_{段修}}{N_{支配}} \times 100\% \tag{6-20}$$

式中　$n_{段修}$——在段修机车台日数。

(4)临修机车检修率

$$\eta_{临修} = \frac{n_{临修}}{N_{支配}} \times 100\% \tag{6-21}$$

式中　$n_{临修}$——临修机车台日数。

2. 平均修车时间

平均修车时间为各种修程的平均修车时间。

计算方法:各该修程的总修车时间除以各该修程的修竣台数。计量单位:大(厂)修、中(架)修为天,其他修程为 h,各保留一位小数。

二、机车检修成绩报表

机车检修成绩报表包括机车修竣、定检走行公里报表(机报-9)和机车整备作业报表(机报-10)。

机报-9 反映机车定检时间及定检间的平均走行公里,是分析机车质量,编制机车检修计划、机车检修记录,核算劳动生产率,核算机车检修费用的依据。

机报-10 反映本局机务段、折返段为外局支配的机车提供整备作业的工作量,不包括本局支配外局机车和本局机车在本局机务段内的整备作业工作量,为本局、机务段与外局、机务段间提供整备作业服务的结算依据。机报-10 的格式见表 6-11,为月、季、年报,由机务段编制、上报,于次月 5 日前报铁道部。

表6-11　机车整备作业报表

铁路局　　机务段　　　　　　　　　年　月　　　　　　　　机报-10

机车支配局	机车支配段	整备机型	台次数	备　注
1	2	3	4	5

🖊 复习思考题

1. 机车按归属权限怎样分类？按指挥使用权限怎样分类？

2. 机务段的支配机车是否全为本段的配属机车？本段的配属机车中哪些机车不能由本段支配？

3. 运用机车按其运输种别如何分类？

4. "机车运用检修状况报表(机报-1)"的作用是什么？在局机报-1中，"配属机车"(1栏)是否等于"非支配机车"(2、3、4、5栏)与"支配机车"(6栏)之和？段机报-1呢？

5. 在"机车运用效率报表(机报-2)"中，11～14栏均为"总重吨公里"，各栏含义有什么区别？用于计算什么指标？

6. 什么是机车交路、机车乘务制度？内燃、电力机车采用长交路、轮乘制有什么优越性？

7. 什么是"机车换算走行公里"？怎样计算？

8. 怎样确定货物列车的超重或欠重？怎样计算超重或欠重吨公里？

9. 机车定期检修分为哪几种修程？

10. 什么是机车检修率？

第七章　动车组统计

随着既有干线提速至 200 km/h 及其以上和客运专线的建设与运营,动车组将成为我国铁路旅客运输的重要移动设备。动车组在运用、维修等方面与传统机车、车辆有所不同,在统计上也有其特点。本章首先介绍动车组的相关知识,然后介绍动车组统计指标。

第一节　动车组的分类

动车组是自带动力的可以两端驾驶的旅客列车。动车组按牵引动力方式分为内燃动车组和电力动车组。动力集中式动车组中的动车按机车统计,拖车按客车统计;动力分散式动车组中的动车、拖车均按客车统计。统计时铁路局以配置令为准,合资铁路、地方铁路以资产台账为准。动车组配置、报废时间参照以下规定:配置动车组,以运营单位签字交接时分起统计;报废动车组,以部核准报废时间起取消配置。

时速 200 km 及以上动力分散式电力动车组按以下两种类别分别统计:

(1)按组统计,以"组"为单位,列出动车组组数。

(2)按辆统计,以"辆"为单位,每辆动力分散式动车和拖车均统计在客车总数内。动车组车种及定员见表 7-1。

表 7-1　动车组车种、车型、定员编码表

\	\	\	\	\	\	\	\	\
CRH1(5 动 3 拖)								
车种	Me1	Tp1	M1	M3	Tb	M2	Tp2	Mc2
	一等驾驶动车	二等中间拖车	二等中间动车	二等中间动车	酒吧中间拖车	二等中间动车	二等中间拖车	一等中间动车
定员	72	101	101	101	19	101	101	72
CRH2—200(4 动 4 拖)								
车种	T1c	M2	M1	M2	T1k	M2	M1s	T2c
	二等驾驶拖车	二等中间动车	二等中间动车	二等中间动车	酒吧中间动车	二等中间动车	一等中间动车	二等驾驶拖车
定员	55	100	85	100	55	100	51	64
CRH2—300(6 动 2 拖)								
车种	Tlc	M2	M1	M2	T1k	M2	M1s	T2c
	二等驾驶拖车	二等中间动车	二等中间动车	二等中间动车	酒吧中间动车	二等中间动车	一等中间动车	二等驾驶拖车
定员	55	100	85	100	55	100	51	64
CRH3(4 动 4 拖)								
车种	EC01	TC02	IC03	BC04	FC05	IC06	TC07	EC08
	二等带司机室动车	二等变压器拖车	二等动车	二等座餐合适拖车	一等动车	二等动车	二等变压器拖车	二等带司机室动车
定员	73	87	87	50	56	87	87	73
CRH5(5 动 3 拖)								
车种	Mc2	M2	Tp	M2	T2	Tpb	Mh	Mc1
	二等驾驶动车	二等中间动车	二等中间拖车	二等中间动车	二等驾驶拖车	酒吧中间拖车	二等中间动车	一等驾驶动车
定员	74	93	93	93	93	42	73	60

第二节　动车组配属数量统计

一般情况下,动车组有以下三种:运用状态、维修状态和备用状态。以上这三种状态的动车组数量之和称为动车组配属数量。下面分别介绍动车组运用数量、检修数量、备用数量以及最终配属数量的确定方法。

一、动车组运用数量

动车组运用数量与车底运用的作业时间标准及途中旅行时间、行车量的大小成正比,与列车铺画方案及运行线的位置、车底长短途套用程度等因素有关。

动车组运用数量可以用图解法和分析计算法两种方法确定,在运行方案不详的情况下,可用分析计算法进行计算。

常用的分析计算法一般有时间相关法和里程相关法两种方法。

1. 时间相关法

在动车组固定区段使用的条件下,某车次一套动车组的周转时间($\theta_{车底}$),按下式计算

$$\theta_{车底} = T_{基} + T_{折} + 2T_{旅} \tag{7-1}$$

式中　$\theta_{车底}$——车底周转时间,h;

　　$T_{基}$、$T_{折}$——车底在基本段、折返段的作业时间标准,h;

　　$T_{旅}$——动车组列车在途中单程旅行时间,h。

动车组运用数量由下式确定

$$N_{运用} = \theta_{车底} \cdot K_{h} \tag{7-2}$$

式中　K_{h}——该车次每小时平均发出列车数,列。

在动车组不固定区段使用的条件下,一般可以采取如下的方法来计算。每天动车组总周转时间($T_{总}$)按下式计算

$$T_{总} = T_2 + (T_1 + T_3)(1 + \alpha) \tag{7-3}$$

式中　T_1——全天所开行的动车组总运行时间(含中间停站时间),h,既可以通过动车组牵引计算得出,也可以根据具体的列车开行及停站方案,划定动车组平均旅行速度,由日总走行公里数计算得出;

　　T_2——动车组有效运行时间段(例如日本为 6:00～24:00 间的 18 h)内所发生的一级检修和二级检修作业时间之和,h;

　　T_3——动车组终到、始发在站停留时间,h;

　　α——列车运行图备用系数,一般可取值 0.1。

这样,动车组运用数量可由下式估算

$$N_{运用} = T_{总}/18 \tag{7-4}$$

2. 里程相关法

平均每列动车组每日的走行公里,是估算运用动车组数量的重要参数。估算公式为

$$N_{运用} = L_{列,日} / \bar{l}_{列,日} \tag{7-5}$$

式中　$N_{运用}$——运用动车组数量,列;

　　$L_{列,日}$——每日实现列车运行图而产生的动车组列车公里,列·km;

$\overline{l}_{列,日}$——平均每列动车组一天的走行公里,km,日本新干线一般为 1 600~2 000 km,考虑到我国客运专线中长途列车开行数量较大,这一指标可能达到 2 000~3 000 km。

例如,根据我国客运专线中某条线路列车开行方案,由式(7-5)估算的动车组运用数量,见表 7-2。

表 7-2　计算动车组运用数量的里程相关法

研究年度	列车对数(对)	运行里程(km)	列车公里(列·km)	运用动车组(列)
2025 年	46	216~3 194	143 830	48~72
2035 年	61	216~3 194	169 494	57~85

有时候采用平均每列动车组一年的走行公里来估算运用动车组数量。估算公式为

$$N_{运用} = L_{列,年} / \overline{l}_{列,年} \tag{7-6}$$

式中　$N_{运用}$——运用动车组数量,列;

$L_{列,年}$——每年实现列车运行图而产生的动车组列车公里,列·km;

$\overline{l}_{列,年}$——平均每列动车组一年的走行公里,km。

二、动车组检修数量

提高动车组使用效率与保持动车组良好的运行状态是矛盾的两方面,必须通过检修和维护才能安全高效的完成运输任务。动车组检修分为运用检修(含一、二级检修)和定期检修(含三、四、五级检修),运用检修数量按运用数量统计,动车组检修数量仅统计定期检修。计算公式为

$$N_{检修} = N_{三级检修} + N_{四级检修} + N_{五级检修} \tag{7-7}$$

式中　$N_{检修}$、$N_{三级检修}$、$N_{四级检修}$、$N_{五级检修}$——分别为动车组检修数量和处于三、四、五级检修的动车组数量。

三、动车组备用数量

为应对各种突发情况,需求一部分数量的动车组作为备用。例如,当运输波动需要加开列车时,必须安排动车组承担加开列车的运输任务,称之为动车组运用备用;处于检修状态的动车组若未能按预定时间完成检修,则亦应安排适当数量的动车组担当运输任务,称之为动车组检修备用。

动车组备用数量一般按下式确定

$$N_{备用} = N_{运用备用} + N_{检修备用} \tag{7-8}$$

式中　$N_{运用备用}$、$N_{检修备用}$——分别为动车组运用备用数量和检修备用数量,分别由下式估算

$$N_{运用备用} = \gamma_{运用} N_{运用} \tag{7-9}$$

$$N_{检修备用} = \gamma_{检修} N_{检修} \tag{7-10}$$

其中　$\gamma_{运用}$、$\gamma_{检修}$——分别为动车组运用、检修备用率,如国外有 $\gamma_{检修} = 0.06$,我国动车组备用率(含运用和检修备用率)、备用率指标待定。

四、动车组配属数量的确定

在运用、检修和备用数量确定的基础上,可确定动车组配属数量($N_{配属}$),一般按下式确定

$$N_{配属} = N_{运用} + N_{检修} + N_{备用} \tag{7-11}$$

式中各符号意义同前。

第三节　动车组运用效率统计

动车组运用效率指标主要包括动车组运行区段列车运行图指标和动车组运营指标两大类。

一、列车运行图指标

列车运行图指标主要包括下列内容：

(1)两站间直达的 200 km/h 列车的旅行时间及其旅行速度。

(2)200 km/h 列车平均旅行速度。

(3)跨线列车平均旅行速度(km/h)。

(4)动车底投入运用的数量(组/日)。

(5)200 km/h 和跨线列车的列车公里(列·km/日)。

(6)平均每个车底的列车公里(km/列、日)。

二、动车组运营指标

1. 客车平均载运人数

客车平均载运人数是指报告期内平均每一客车公里所完成的旅客人公里数,实质是平均每辆客车在运行中所载运的旅客人数。计算公式为

$$客车平均载运人数 = \frac{报告期旅客周转量}{报告期客车车辆公里} \tag{7-12}$$

2. 客座利用率

客座利用率是反映客车载客能力利用程度的指标,它等于客车平均载运人数与客车平均定员人数之比,即

$$客座利用率 = \frac{客车平均载运人数}{客车平均定员人数} \tag{7-13}$$

式中,客车平均定员人数是各种不同运距客车定员的加权平均数。

3. 客车平均日车公里

客车平均日车公里是指报告期每辆客车平均一日走行的公里数,计算公式为

$$客车平均日车公里 = \frac{报告期客车车辆公里}{报告期运用客车车日数} \tag{7-14}$$

这项指标从时间上反映了客车的运用效率。

另外,动车组还要考虑如下指标：

(1)动车组本身比较昂贵,完成同样的列车运行图,所使用的动车组数量越少越好。

(2)尽管一些回送列车的设置是不可避免的,但回送列车不能运送旅客,不能直接带来收入,而且需要人力、电力等资源,回送列车开行的次数越少越好;回送列车的回送里程尽可能缩短。

(3)各级检修需要人力、时间、费用等,在满足法律规定的要求情况下,一般进行的次数越少越好。

（4）对于多组别问题,各组间平均走行公里越平衡越好。各组之间平均走行公里的偏差越小越好。

复习思考题

1. 动车组可以分成哪些类型?
2. 动车组运用数量是如何确定的?
3. 动车组检修数量和备用数量是如何确定的?
4. 动车组配属数量是如何确定的?
5. 动车组运行区段的列车运行图指标有哪些?
6. 动车组运营指标有哪些?

第八章　列车运行统计

列车运行统计包括日常统计和定期统计,目前我国铁路每日 18 点进行列车正晚点统计,在新图实行时进行列车速度和密度统计。

第一节　列车正晚点统计

列车正点(包括出发和运行正点)是维持良好的列车运行秩序、协调车站工作和列车区间运行、保证服务旅客和货主质量的基本条件。铁路调度部门和车站应采取各种必要措施,保证列车特别是旅客列车的出发和运行正点。列车正晚点按旅客列车和货物列车分别统计。

一、旅客列车正晚点统计

铁路旅客列车正晚点统计反映旅客列车按列车运行图行车的准确程度及旅客运输服务质量,是考核运输组织工作水平、改进列车运行组织和调度指挥的重要依据。

（一）旅客列车正晚点统计的相关规定

1. 统计范围

当前,我国铁路旅客列车分为动车组、直达特快旅客列车、特快旅客列车、快速旅客列车、普通旅客快车、普通旅客慢车、通勤列车、临时旅客列车、临时旅游列车、回送出入厂客车底列车、回送图定客车底和因故折返旅客列车等种类。凡以旅客列车车次(不包括回送空客车底)开行的列车,均须纳入旅客列车正晚点统计。

在铁路局调度指挥范围内开行的旅客列车(包括在合资铁路开行以及地方铁路与国家铁路、合资铁路之间开行的旅客列车),均由所在铁路局调度所统计室负责统计。跨局间分界站运行的列车按直通列车统计,未跨局间分界站运行的列车,按管内列车统计。

2. 列车始发、终到及运行的划分

旅客列车的运行过程分为始发、运行和终到。

（1）列车始发

旅客列车在始发站出发为列车始发,管内旅客列车、直通旅客列车每列产生一个始发。

（2）列车终到

旅客列车在终到站到达为列车终到,管内旅客列车、直通旅客列车每列产生一个终到。

（3）列车运行

旅客列车自始发站至终到站运行的全过程为列车运行。每列管内旅客列车产生一个运行;对于直通旅客列车跨 2 个及以上铁路局的运行,为了划分列车晚点的责任,分为始发交出运行、接入交出运行和接入终到运行。列车由本局车站始发,经分界站交给邻局的运行过程称为始发交出;列车经分界站由邻局接入,通过本局,再经另一分界站交给邻局的运行过程称为接入交出运行或通过运行;列车经分界站由邻局接入,至本局车站终到的运行过程称为接入终到运行。

本局所辖分界站为列车始发、终到站时:列车向邻局始发交出由本局统计始发,邻局同时统计接入;列车由邻局接入时,由邻局统计终到。

旅客列车的正晚点按其运行过程分别始发、终到和运行统计。

3. 判断旅客列车正晚点的依据

判定旅客列车是否正点,是把列车的实际到发时分与正点到发时分相比较:与正点到发时分一致为正点,早于正点到发时分为早点,而晚于正点到发时分则为晚点。

(1)旅客列车的正点到发时分

旅客列车的开行种类和数量依据客流调查资料和铁路运输能力确定,其车次和运行时刻由列车运行图规定。

除基本列车运行图外,为适应春运、暑期和其他节假日运输,大批货物临时运输以及特种运输,货物运量波动,和线路、接触网施工的需要,还应编制分号列车运行图。分号列车运行图是指为适应短期运输需要,实行完毕又恢复到基本运行图的临时性运行图。在分号运行图中,基本图中已有的旅客列车车次和时刻一般保持不变,以方便旅客乘车。在客流量发生较大变化时编制的分号运行图中,会增加或减少旅客列车的开行数量,如春运期间:节前至节后 40 d 增开临时旅客列车,而在正月初一到初三停开部分旅客列车。由于临时需要,也可在现行运行图上铺画增开的临时定点旅客列车车次,在铁路运输调度日班计划中规定开行时刻。图定(包括基本图和分号图)旅客列车车次及时刻以旅客列车时刻表的形式向社会公布;临时定点旅客列车的车次和开行时刻,实行前在车站及通过媒体通报旅客。

确定旅客列车的正晚点:图定旅客列车的正点时刻按照列车运行图的车次和时刻,因线路、接触网施工等原因不能按基本运行图运行的旅客列车依据向社会公布的施工分号运行图的时刻作为正点时刻;临时定点旅客列车按公布的车次和时刻。

(2)列车实际始发、终到、接入和交出时分的确定

列车始发时刻以列车在始发站向前进方向起动,在站界内不再停车的时分为准。列车终到以列车在终到站指定到达线内停妥时分为准。

列车接入和交出:列车在分界站无图定停点时,以列车机车通过车站值班员室的时分为准。在分界站有图定停点时,列车由邻局到达本局所属分界站时分为本局接入、邻局交出时分;列车在本局所属分界站向邻局出发时分为本局交出、邻局接入时分。

4. 列车正晚点统计

(1)列车始发

图定列车在始发站按列车运行图规定的时刻出发、临时定点旅客列车按铁路局调度工作日班计划规定的时刻出发,统计为正点,晚于规定时刻出发统计为晚点。

(2)列车终到

图定列车按列车运行图规定的时刻、临时定点旅客列车按铁路局调度工作日班计划规定的时刻到达终到站,统计为正点,晚于规定时刻统计为晚点。

(3)列车接入

图定列车经分界站不晚于列车运行图规定时刻接入、临时定点旅客列车按铁路局调度工作日班计划规定的时刻接入,统计为正点,晚于规定时刻统计为晚点。

(4)列车交出

图定列车经分界站不晚于列车运行图规定时刻交出、临时定点旅客列车不晚于铁路局调度工作日班计划规定的时刻交出,统计为正点,晚于规定时刻统计为晚点。

(5)列车在中途站临时停止运行,根据列车运行图或铁路局调度工作日班计划规定到达该站的时刻统计正晚点。

5. 晚点责任的确定

旅客列车晚点按晚点原因划分为责任晚点和非责任晚点。

(1)责任晚点

在局管内,列车的正点运行需要车务、客运、机务、工务、电务、车辆及其他铁路部门的协同配合,其中任何部门的工作出现偏差都可能造成列车晚点;此外,直通旅客列车跨两个或以上铁路局运行,保证列车的运行正点需要沿途各局的共同努力。由于铁路部门的原因造成的列车晚点称为责任晚点,应为列车晚点承担责任的部门称为责任部门。例如,由于车站未及时准备好接车进路,造成机外停车引起的列车晚点属于车务责任晚点;行车调度员指挥不当引起的列车晚点也属于车务责任晚点;因为机车检修质量问题,在列车运行途中机车发生故障而造成的晚点则属于机务责任晚点。

(2)非责任晚点

非责任晚点指因自然灾害等不可抗拒力、非铁路责任或非本部门自身原因引起的列车晚点。例如,由于地震引起山体崩塌阻断线路而造成的列车晚点,人为破坏造成的设备故障引起的列车晚点均为非责任晚点;列车自分界站接入晚点造成终到或交出晚点,但在本局管内旅行时间不超过规定时间到达终到站或交出分界站时,本局统计为未增晚,列非责任晚点。

(二)旅客列车正晚点统计报表

旅客列车正晚点统计报表包括"旅客列车正晚点报表(YB-8)"、"旅客列车正晚点统计表(YB-8-1)"和"分界站旅客列车交接报表(YB8-A)"。

1. 旅客列车正晚点报表

"旅客列车正晚点报表(运报-8)"反映管内旅客列车始发和终到,直通旅客列车始发、接口运行、交口运行(包括始发交出和通过交出)和终到的正晚点情况及晚点责任部门,由铁路局调度所统计室负责编制,为日报、月报,其格式如表8-1所示。运报-8和有关原始记录,保存期限为1年。

(1)统计依据

铁路局所管辖的线路划分为若干调度区段,每一调度区段的行车工作由一名当班的行车调度员统一指挥。一天结束时,当日两班行车调度员的调度指挥业绩就被记载在该区段的实绩运行图上,其中包括列车的早点、晚点时分及晚点原因等。

铁路局调度所统计室依据每日完成的各调度区段实绩列车运行图编制旅客列车正晚点报表。

(2)报表中各栏之间的关系

本表的第1~27栏填记管内旅客列车的始发和终到正晚点情况,无论"始发"还是"终到"都存在以下关系:

"列数"为"正点列数"与"晚点列数"之和。

"正点率"为"正点列数"与"列数"的比值。

"晚点列数"为"责任晚点列数"与"非责任晚点列数"之和,其中"责任晚点列数"为"车务"、"机务"、"车辆"、"客运"、"工务"、"电务"和"其他"部门责任晚点列数之和。

"其中未增晚列数"为"非责任晚点列数"中在局管内未增晚的列数。

表 8-1 旅客列车正晚点报表

管内旅客列车

局名或月日	始发				其中										终到				其中									
	列数	正点列数	正点率%	晚点列数	责任晚点列数	分责任部门晚点列数							非责任晚点列数	列数	正点列数	正点率%	晚点列数	责任晚点列数	分责任部门晚点列数							非责任晚点列数	其中未增晚列数
						工务	电务	车辆	客运	工务	电务	其他							工务	电务	车辆	客运	工务	电务	其他		
A	1	2	3	4	5	6	7	8	9	10	11	12	13	14	15	16	17	18	19	20	21	22	23	24	25	26	27

直通旅客列车

始发				其中										接口运行									始发交出				其中									
														接入终到				接入通过																		
列数	正点列数	正点率%	晚点列数	责任晚点列数	分责任部门晚点列数							非责任晚点列数		列数	正点列数	正点率%	晚点列数	列数	正点列数	正点率%	晚点列数	列数	正点列数	正点率%	晚点列数	责任晚点列数	分责任部门晚点列数							非责任晚点列数	其中未增晚列数
					工务	电务	车辆	客运	工务	电务	其他																工务	电务	车辆	客运	工务	电务	其他		
28	29	30	31	32	33	34	35	36	37	38	39	40		41	42	43	44	45	46	47	48	49	50	51	52	53	54	55	56	57	58	59	60	61	62

直通旅客列车

通过交出				其中								终到				其中									
					分责任部门晚点列数												分责任部门晚点列数								
列数	正点列数	正点率%	晚点列数	责任晚点列数	工务	电务	车辆	电务	其他	非责任晚点列数	其中未增晚列数	列数	正点列数	正点率%	晚点列数	责任晚点列数	工务	电务	车辆	客运	工务	电务	其他	非责任晚点列数	其中未增晚列数
63	64	65	66	67	68	69	70	71	72	73	74	75	76	77	78	79	80	81	82	83	84	85	86	87	88

第 28～90 栏填记直通旅客列车的正晚点情况:

直通列车在本铁路局管内开始运行有"始发"和从分界口接入即"接口运行"两种情况,其中"接口运行"的旅客列车可能在本局终到或接入后再由另一分界站交外局。对"始发"直通列车统计始发正点率、责任晚点和非责任晚点列数及部门别的责任晚点列数;对"接口运行"旅客列车分"接入终到"和"接入通过"统计自分界站接入时的正点率。

对"交口运行"直通旅客列车则分"始发交出"和"通过交出"统计由局间分界站交给外局的正点率、责任晚点列数及其中分责任部门的晚点列数、非责任晚点列数及其中未增晚列数。

对"终到"直通旅客列车统计列车到达终点站的正点率、责任晚点列数及其中分责任部门的晚点列数、非责任晚点列数及其中未增晚列数。

在"始发交出"、"通过交出"和"终到"各栏中,"其中未增晚列数"指"非责任晚点列数"中没有增加晚点的列车数。

列车正点率计算保留小数 1 位,第二位四舍五入。

2. 旅客列车正晚点统计表

"旅客列车正晚点统计表(YB-8-1)"(见表 8-2)是"旅客列车正晚点报表"(YB-1)的综合汇总统计报表,分为始发正点统计、接入正点统计、交出正点统计、终到正点统计和总运行正点统计 5 部分。"旅客列车正晚点统计表(YB-8-1)"的数据均来自运报-8。

表 8-2　旅客列车正晚点统计表

局名或月日	始发													接口运行				交口运行												
	列数	正点列数	正点率%	晚点列数	其中								非责任晚点列数	列数	正点列数	正点率%	晚点列数	列数	正点列数	正点率%	晚点列数	其中							非责任晚点列数	其中未增晚列数
					责任晚点列数	分责任部门晚点列数																责任晚点列数	分责任部门晚点列数							
						工务	电务	车辆	客运	工务	电务	其他											工务	电务	车辆	客运	工务	电务	其他		
A	1	2	3	4	5	6	7	8	9	10	11	12	13	14	15	16	17	18	19	20	21	22	23	24	25	26	27	28	29	30	31

终到														总运行													
列数	正点列数	正点率%	晚点列数	其中								非责任晚点列数	其中未增晚列数	列数	正点列数	正点率%	晚点列数	其中								非责任晚点列数
				责任晚点列数	分责任部门晚点列数													责任晚点列数	分责任部门晚点列数							
					工务	电务	车辆	客运	工务	电务	其他								工务	电务	车辆	客运	工务	电务	其他	
32	33	34	35	36	37	38	39	40	41	42	43	44	45	46	47	48	49	50	51	52	53	54	55	56	57	58

始发正点统计(1～13 栏)反映全部管内旅客列车和直通旅客列车总体始发正晚点情况及晚点责任单位。始发"正点率"(3 栏)为始发"正点列数"(2 栏)与始发总"列数"(1 栏)的比值,其余各栏数字均为运报-8 管内、直通旅客列车始发正晚点对应栏数字之和。

接入正点统计(14～17 栏)反映全部接入直通列车(包括接入终到和接入交出直通列车)的接入正点情况。接入"正点率"(16 栏)为接入"正点列数"(15 栏)与接入总"列数"(14 栏)的比值。接入总"列数"(14 栏)"正点列数"(15 栏)和"晚点列数"(17 栏)各栏数字均为运报-8"接入终到"和"接入通过"列车运行正晚点对应栏数字之和。

交出正点统计(18～31 栏)则反映本局从分界站交出的全部直通列车(包括始发交出和接入交出直通列车)的交出正点情况及晚点责任单位。交出"正点率"(20 栏)为交出"正点列数"(19 栏)与交出总"列数"(18 栏)的比值,其余各栏数字均为运报-8"始发交出"和"通过交出"列车运行正晚点对应栏汇总。

终到正点统计(32～45 栏)反映全部管内旅客列车和直通旅客列车总的终到正点情况及晚点责任单位。旅客列车终到"正点率"(34 栏)为终到"正点列数"(33 栏)与终到总"列数"(32 栏)的比值,其各栏数字为运报-8 管内、直通列车终到正晚点对应栏之和。

最后,总运行正点统计(46～58 栏)反映全部旅客列车(包括全部分界站交出旅客列车和终到旅客列车)在管内运行的正点情况及晚点责任单位。总运行"列数"(46 栏)为交出"列数"(18 栏)与终到"列数"(32 栏)之和。

虽晚点交出或终到但在本局管内未增晚的旅客列车统计为运行正点。所以："正点列数"(47栏)为交口运行"正点列数"(19栏)"未增晚交出列数"(31栏)与终到"正点列数"(33栏)"未增晚终到列数"(45栏)之和;总运行"晚点列数"(49栏)为交口运行与终到"晚点列数"(21栏、35栏)之和,减去中交口运行和终到"非责任晚点列数"中的"未增晚列数"(31、45栏);总运行"非责任晚点列数"(58栏)中也不包括交口运行和终到"非责任晚点列数"中的"未增晚列数"。

3. 分界站旅客列车交接报表(YB-8-A)

"分界站旅客列车交接报表(YB-8-A)"(见表8-3)反映局间分界站交接旅客列车的数量和正晚点情况,为日、月报,每日随18点报告网络报部。

表 8-3 分界站旅客列车交接报表   YB-8-A

局名或月日	分界站名	分界站代号	接入列数	其中	交出列数	其中
				晚点列数		晚点列数
A	B	C	1	2	3	4
	分界站1					
	分界站2					
	⋮					
	分界站n					
	计					

凡在铁路局间分界站出入的旅客列车(不包括回送客车底列车)均应纳入YB-8-A统计。分界站所属铁路局和邻局应核对一致,并须同时上报。

铁路局各分界站接入总列数应等于YB-8接入终到列数与接入通过列数之和,各分界站接入晚点总列数等于YB-8接入终到晚点列数与接入通过晚点列数之和。同样,交出总列数应等于YB-8始发交出列数与通过交出列数之和,各分界站交出晚点总列数等于YB-8始发交出晚点列数与通过交出晚点列数之和。

二、货物列车正点统计

货物列车正点统计是反映货物列车按列车运行图行车情况,考核调度日(班)列车工作计划的编制质量及执行情况,分析改善列车运行秩序和运输指挥工作的主要依据。货物列车正点率是考核运输组织工作质量的主要指标之一。

(一)货物列车正点统计的有关规定

货物列车正点统计划分为列车出发正点统计和列车运行正点统计,判定货物列车的出发和运行"正点"不是仅根据图定时分或调度工作日(班)计划规定的时分,同时还兼考察运输调度计划的编制质量。因此,在进行货物列车正点统计时,除了应明确列车车次、分清列车出发与列车运行的区别、了解列车正点时分和列车实际到达、出发和通过点的确定方法外,还应掌握统计为列车出发和运行正点的规定。

1. 列车开行车次的确定

各铁路区段运行的货物列车是根据铁路局调度工作日(班)计划的规定开行的。铁路局调度所计划调度员在编制次日列车工作计划时,要依据拟定的次日车流,按照列车运行图逐条运行线确定次日是否能开行。没有车流保证的列车运行线不能开行,但基本图规定的各区段列车运行线开满以后,可以开行临时定点列车,由计划调度员确定其车次,并在运行图空当中铺画其运行线。

各区段开行列车的车次以列车运行图为准;加开的列车以日(班)计划确定的车次为准。

2. 列车出发及运行的划分

各站编组始发的列车,中间站恢复运行的停运列车,图定或日(班)计划规定原车次接续在编组站、区段站进行技术作业中转出发的列车均按出发统计。

列车由出发至运行区段的终到站(包括中间站),按运行统计。

铁路局分界站为中间站时,除本站编组始发列车和停运列车恢复运行外,均不统计出发。对经过分界站的列车按两个运行统计(即由列车出发至分界站为一个运行,由分界站至列车运行区段终到站为另一个运行),分界站所属局由分界站接入时分为运行开始,分界站交出时分为运行终止。

在国境、新线、地方铁路分界站,向国外、新线、地方铁路发出的列车不统计出发;国外、新线、地方铁路分界站向营业线发出的列车,统计编组始发。

在编组站、区段站图定不进行技术作业的列车、中间站临时更换机车继续运行的列车(因自然灾害、事故而机车不能摘走的停运列车除外),不统计出发和运行。

列车在干支线衔接的中间站,由于变更运行方向而变更车次,根据机车交路图如不更换机车时,按一个运行区段统计;如更换机车则按两个运行区段统计(临时更换机车除外)。

3. 列车正点到、发时分标准的确定

统计列车正、晚点,应当有所参照,即必须明确每一列车什么时刻是该列车从车站出发或到达车站的"正点时刻"。在《铁路货车统计规则》第25条规定确定列车正点到发时分的标准为:

(1)按列车运行图运行线开行的列车,根据图定时分。

(2)临时定点运行的列车,根据日(班)计划规定的时分。

(3)因影响行车的技术设备施工、维修,由铁路局以书面文件、电报或在运输方案中公布调整列车运行图中的列车运行时分,根据调整的时分。

(4)下列情况,以列车发、到前下达的调度命令为准:

① 中转列车临时早点提前利用空闲运行线运行时。

② 停运列车临时恢复运行时。

③ 使用原车次在枢纽内变更始发或到达的编组站时。

④ 在局管内整列重车或空车变更到站时。

⑤ 技术站编组的始发列车利用日(班)计划内中转列车空闲运行线提前开行时。

4. 列车实际到、发时分的确定

(1)列车出发:以列车向前进方向起动,列车在站界(或场界)内不再停车为准。列车驶出站界后,因故退回发站再次出发时,以第一次出发时分为准;但在分界站向邻局出发时,以最后出发时分为准。

"场界"是指一站多场的场间分界点。当各车场在列车运行图内分别规定有列车发、到或通过点时,列车在该车场的出发时分以列车向前进方向起动,且列车在场界内不再停车为准。

(2)列车到达:以列车进入车站,停于指定到达线警冲标内方时分为准。列车超过到达线有效长度时,以第一次停车时分为准。列车在区间分部运行时,则以全部车辆到达前方站时分为准;如分部运行将车辆拉向两端车站时,以拉向前方站的最后一部分车辆到达时分为准。

(3)列车通过:以列车机车通过车站值班员室时分为准。

5. 列车出发及运行统计为正点的规定

(1)列车出发

货物列车的出发和运行正点按列车运行区段统计,例如兰州西站发往宝鸡东站的直通货物列车需要分别兰州西—陇西、陇西—天水、天水—宝鸡东三个区段进行列车出发和运行正点统计。

对编组始发列车,下列情况按出发正点统计:

① 根据日(班)计划划规定的车次,按图定的时分或计划规定时分正点或早点不超过15 min出发时。

② 日(班)计划规定以图定运行线到达的中转列车,因临时停运或晚点不能利用该图定运行线时,技术站根据发车前调度命令,利用该运行线提前开行日(班)计划规定的编组始发车次的列车,正点或早点不超过15 min出发时。利用该运行线开行的编组始发列车晚点出发或早点超过15 min出发,出发按晚点统计。

15 min基本上是列车运行一个区间的时间,列车出发比图定运行线早点超出15 min以上表明局调度所的列车工作计划或运行调整阶段计划不够周密,统计为晚点是对这种做法的惩罚。

对中转列车,下列情况按出发正点统计:

① 按局调度工作日(班)计划规定的运行线开行的中转列车

根据日(班)计划规定按图定接续运行线正点、早点出发或晚点不超过到达运行线〔指日(班)计划或调度命令规定该列车所走的运行线〕图定接续中转时间出发时。

预计中转列车不能按图定接续运行线运行时,按日(班)计划规定的接续运行线正点、早点出发或晚点不超过到达运行线图定接续的中转时间出发时。

直达列车原利用的运行线已终止,按日(班)计划规定以原车次另行接续的运行正点、早点出发或晚点不超过日(班)计划规定接续的中转时间出发时。

② 按临时指定的运行线开行的中转列车

中转列车临时早点,根据发车前调度命令提前利用空闲运行线正点、早点出发或晚点不超过到达运行线固定接续中转时间出发时。

中转列车临时晚点利用空闲运行线出发时,仍按到达运行线固定接续的中转时间统计正晚点。

(2)列车运行

统计为列车运行正点的条件:

列车按出发所走运行线的时分正点、早点到达或晚点不超过规定旅行时间到达时,按运行正点统计。

(3)对临时定点列车、停运列车、日(班)计划外开行的列车、变更发到站的列车、合并运行列车、运行途中变更车次的列车、日(班)计划规定在中间站始发或终到的列车和行包专列、"五定"班列统计出发、运行正晚点的规定。

① 临时定点列车

按基本列车运行图图定列车开满时,对加开的临时定点列车,根据日(班)计划规定的时分统计正晚点。图定列车实际未开满时加开的临时定点列车,出发按晚点统计,运行按班计划规定的时分统计正晚点。

在确定列车是否满图时,应注意以下几点:基本图开满以编组、区段站实际发出的列车计算;摘挂列车运行线与其他货物列车运行线分开计算;干支线衔接的区段,列车对数分别计算;运行图规定在中间站始发和到达的列车未开满,而全区段运行的列车已开满,视为列车运行图已开满。

限速列车、有时间限制的军用列车、在区间整列装卸的列车、停运列车恢复运行以及开行运行图以外的阶梯直达列车在作业站间的临时定点,均按日(班)计划规定的时分统计正晚点。

② 停运列车

日(班)计划规定开往中间站的停运列车(摘走机车),按日(班)计划规定统计运行正晚点。列车临时在中间站停运,运行按晚点统计。

中间站停运列车临时恢复运行,根据发车前调度命令指定的空闲运行线或临时定点(到局管内前方第一编组站或区段站的时分)统计正晚点。

③ 日(班)计划外开行的列车

由邻局接入的日(班)计划以外开行的列车,根据所走运行线或开车前调度命令指定的时分统计正晚点。

本局日(班)计划以外开行的列车或日(班)计划中一条运行线规定两个车次时,出发按晚点统计;运行按列车出发所走运行线的时分正点、早点到达或晚点不超过规定旅行时间到达时统计为运行正点。

④ 变更发到站的列车

在局管内整列重车临时变更卸车站或整列空车临时变更配空站(变更后如有剩余车辆不超过该区段单机挂车辆数时可视同整列),以及枢纽内临时变更始发或到达编组站的列车,均根据发、到前的调度命令,有图定时分的按图定时分统计正晚点,变更后的发、到站无图定时分的,出发按有图定时分的第一个车站统计出发正晚点,运行按有图定时分的最终站统计运行正晚点。列车旅行时间按实际发、到站的时分统计。

除上述情况外,临时变更发、到站的列车,出发或运行均按晚点统计。

⑤ 合并运行列车

合并运行列车根据日(班)计划规定的列车车次分别统计。

⑥ 运行途中变更车次的列车

列车车次应保持到列车编组计划或日(班)计划规定的终到站。中途变更车次(包括变更为小运转车次)时:在技术站变更,出发按晚点统计,运行按所走运行线统计;在中间站变更,运行按晚点统计。

⑦ 日(班)计划规定在中间站始发或终到的列车

根据日(班)计划规定在中间站始发或终到的列车,如使用的运行线列车运行图规定为通过时分,按附加的起停车时分统计正晚点。

⑧ 行包专列、"五定"班列

凡以行包专列、"五定"班列列车车次(包括货物"五定"班列、集装箱"五定"班列)开行的列车一律按基本运行图图定时分统计列车出发、运行正晚点。

(二)货物列车正点统计报表的编制

"货物列车正晚点报表(运报-6)"分别列车出发和列车运行统计列车正点率。五定班列包括在货物列车中,单独列出。行包专列不包括在货物列车中。本表为日、旬、月、季、年报。

1. 报表格式

"货物列车正晚点报表(运报-6)",格式如表8-4。

表8-4　货物列车正晚点报表

_____铁路局2009年2月17日　　　　　　　　　　　　　　　　　　　　(运报-6)

局或区段别	出发									运行								
	货物列车总列数	其中正点列数	正点率(%)	其中			行包专列总列数	其中正点列数	正点率(%)	货物列车总列数	其中正点列数	正点率(%)	其中			行包专列总列数	其中正点列数	正点率(%)
				五定班列总列数	其中正点列数	正点率(%)							五定班列总列数	其中正点列数	正点率(%)			
	1	2	3	4	5	6	7	8	9	10	11	12	13	14	15	16	17	18
1	136	127	93.3	15	15	100			85.7	136	120	88.2	15	15	100	7	7	100

编表单位：　　　　　　　编表人：　　　　　单位领导：　　　　上报日期：　年　月　日

(盖章)　　　　　　　　　　　　　(签章)

2. 编制责任人及统计范围

本报表由铁路局计统处统计科负责编制。

凡当日出发或到达的货物列车(小运转列车车次除外),均在当日统计出发及运行列数、列入货物列车正点统计的范围。行包专列不计入货物列车,单独统计。

小运转列车为技术站与区段或枢纽内的中间站之间输送车流服务,具有较大的灵活性和随机性,可以临时加开,根据技术站编车需要提前或推迟出发,因而不列入正点统计。

3. 报表编制依据

"货物列车正晚点报表(运报-6)"依据"列车运行分析表(运统10)"编制。

4. 报表编制要求

(1)列车正点率的百分数算至小数一位,第二位四舍五入。

(2)列车出发和运行正点率的计算方法

$$\eta_{出发} = \frac{n^{正点}_{出发}}{N_{出发}} \times 100\% \qquad (8-1)$$

$$\eta_{运行} = \frac{n^{正点}_{运行}}{N_{运行}} \times 100\% \qquad (8-2)$$

式中　$\eta_{出发}$、$\eta_{运行}$——列车出发、运行正点率;

　　　$n^{正点}_{出发}$、$n^{正点}_{运行}$——出发正点、运行正点列数;

　　　$N_{出发}$、$N_{运行}$——出发、运行列车总数。

(3)对晚点原因,各局可根据实际需要自定附表加以统计。

我国铁路行车工作在精心调度指挥和周密的组织下,客、货列车的正点率都保持了很高的水平。据2007年《中国交通年鉴》的统计,2006年我国铁路货物列车出发正点率达到97.4%、运行正点率97.3%,旅客列车出发正点率99.8%、运行正点率99.4%。客、货列车的出发和运行正点为铁路运输组织提供了良好的基础。

第二节　列车速度统计

一、列车的速度指标

(一)货物列车的速度指标

货物列车的运行以区段为单位统计。从不同角度和需要出发,列车速度可以分为运行速度、技术速度、旅行速度和直达(直通)速度。

1. 列车运行速度

货物列车的运行速度是指列车从区段一端的技术站出发后不停车地运行至到达区段另一端技术站的平均速度,按下式计算

$$v_{运} = \frac{\sum nl}{\sum nt_{运}} \tag{8-3}$$

式中　$\sum nl$——本区段货物列车走行公里之和,km;

$\sum nt_{运}$——本区段货物列车纯运行时间之和,h。

列车运行速度反映机车车辆的构造速度和线路容许速度的水平。显然,机车车辆的性能和线路平纵断面条件越好,列车的运行速度越高。

2. 技术速度

技术速度是指列车在区段内运行的平均速度,按下式计算

$$v_{技} = \frac{\sum nl}{\sum nt_{运} + \sum nt_{加减} + \sum nt_{其他}} = \frac{\sum nl}{\sum nt_{区间}} \tag{8-4}$$

式中　$\sum nt_{加减}$——货物列车在中间站停车而增加的列车加、减速附加时分之和,h;

$\sum nt_{其他}$——由于各种原因引起的列车运缓所导致的延误时间,例如列车机外停车、列车在关闭的自动闭塞信号机外等待信号、列车在区间内坡停后往返走行及停留的时间和列车发生分部牵引的延误等,h;

$\sum nt_{区间}$——货物列车在区段内各区间运行的时间之和,h。

3. 旅行速度

列车旅行速度又称为区段速度,指列车自区段一端的技术站进入区段时起至到达区段另一端的技术站时止(包括列车在区间内运行的时间和中间站停车时间),在区段内移动的平均速度,按下式计算

$$v_{旅} = \frac{\sum nl}{\sum nt_{运} + \sum nt_{加减} + \sum nt_{其他} + \sum nt_{停站}} = \frac{\sum nl}{\sum nt_{区间} + \sum nt_{停站}} = \frac{\sum nl}{\sum nt_{旅行}} \tag{8-5}$$

式中　$\sum nt_{停站}$——货物列车在中间站停车时间,h;

$\sum nt_{旅行}$——货物列车在区段内旅行的时间,h。

货物列车旅行速度不仅反映铁路机车车辆、线路和信集闭设备的技术水平,而且反映列车运行图的铺画质量和运输调度指挥的精确程度。

4. 货物列车直达(直通)速度

货物列车直达(直通)速度指直达或直通货物列车自始发站出发至到达终到站的旅行时间内,包括列车在各区段的旅行时间和在途中技术站进行中转作业时间,平均每小时向前移动的距离,按下式计算

$$v_{直达}^{货} = \frac{\sum\limits_{i=1}^{n}\sum\limits_{i} nl}{\sum\limits_{i}^{n}\sum\limits_{i} nt_{旅行} + \sum\limits_{i=1}^{n-1} T_{技停}^{i}} \qquad (8-6)$$

式中　　n——在直达或直通货物列车运行径路上所经过的区段数；

$\sum\limits_{i=1}^{n}\sum\limits_{i} nl$——直达或直通货物列车运行的列车公里；

$\sum\limits_{i=1}^{n}\sum\limits_{i} nt_{旅行}$——直达或直通货物列车在区段内旅行总时间，h；

$\sum\limits_{i=1}^{n-1} T_{技停}^{i}$——直达或直通货物列车在运行途中技术站进行中转作业停留总时间，h。

货物列车直达（直通）速度综合反映直达（直通）货物列车的旅行速度和技术站中转作业的组织水平，是铁路最终实现的货物运送速度。

（二）旅客列车的速度指标

考核旅客列车速度的指标主要有技术速度、旅行速度、最高运行速度和直达速度。

旅客列车的运行可能跨及多个区段，各区段由于线路条件不同列车可能以不同速度在其上运行。旅客列车的技术速度和旅行速度按区段反映列车速度。

旅客列车的最高运行速度指列车在运行过程中可以达到的瞬时速度最大值，例如铁路第六次大提速以后，京哈、京广、京沪线部分区段旅客列车的最高时速可达 250 km。

旅客列车直达速度则是指在列车运行全程时间内，平均每小时前进的距离。例如铁路第六次大提速时实行的列车运行图规定兰州—广州 K228/5 次旅客快车兰州站 23:22 始发、隔日 12:20 到达广州，途中旅行时间 36 h 58 min，列车运行全程 2 793 km，该次旅客列车的直达速度为 75.5 km/h，运行途中的最高时速达到 200 km 以上。

二、列车速度统计

全路基本列车运行图原则上每两年编制一次，在四月或十月实行。当铁路运输市场需求、铁路技术设备或运输组织方式发生较大变化时，都需要重新编制列车运行图或对开行车次进行调整。在铁路的日常运营中，所有客、货列车必须严格按照列车运行图的规定运行，因而新图执行以后，列车的实际运行速度基本上是确定的，不会有很大变化。所以客、货列车速度一般只是在颁布新图时作为运行图指标计算，以便分析和比较。表 8-5 所示的列车速度统计表反映铁路局管内客、货列车的平均速度。

表 8-5　客、货列车速度统计表

铁路局　　　　　年　　　　　　　　　　　　　　　　　　　　单位：km/h

区　段	旅客列车		货物列车	
	技术速度	旅行速度	技术速度	旅行速度

区段别客、货列车技术速度和旅行速度的统计，可以提供全线各区段的速度差别，从而找出进一步提速的限制区段，为线路的技术改造提供依据。

对于跨局列车，旅客或货物的运送速度主要反映在直达速度上，可以对全路或某一铁路局始发的客货列车统计其平均直达速度，见表 8-6。

在我国路网上,为了适应旅客不同的旅行需要,开行了不同速度等级的旅客列车:如高速动车组旅客列车(G1~G9998)、城际动车组旅客列车(C1~C9998)、动车组旅客列车(D1~D9998)、直达特快旅客列车(Z1~Z9998)、特快旅客列车(T1~T9998)、快速旅客列车(K1~K9998)以及普通旅客快车(1001~5998)和普通旅客慢车(6001~7598)等,货物列车也有不同分类,如"五定"班列、快运货物列车等,可以针对某类列车的速度进行专题研究,见表 8 − 7。

表 8 − 6　客、货列车直达速度统计表

铁路局　　　　　年　　　　　单位:km/h

年　度	旅客列车	货物列车

表 8 − 7　京沪高速列车直达速度统计表

　　　　　年

车次	直达速度(km/h)	停站次数	停站时间(min)

自 1997 年铁路开始第一次大提速以来,已进行了六次大提速,客运专线的修建正在有计划地快速推进,我国铁路客、货列车的技术速度和旅行速度都有了大幅度的提高。

第三节　列车密度统计

一、基本概念

列车密度是指在一定时间间隔内平均每公里铁路营业线路每日所实现的列车公里数,是反映铁路线路运输繁忙程度的指标。统计范围可以是区段、铁路线、铁路局或全路。区段的列车密度表明该区段每日通过的列车数。列车密度分为货物列车密度、旅客列车密度和综合列车密度。

1. 货物列车密度

货物列车密度是指在一定时期内,平均每日每 1 km 线路所担负的货物列车公里数,是反映线路货运工作强度的指标,按下式计算

$$\rho_{货运} = \frac{\sum nl_{本务}^{货}}{L_{营业}} (列/d) \tag{8-7}$$

式中　$\sum nl_{本务}^{货}$——货物列车本务机车每日走行公里,列·km;

　　　$L_{营业}$——线路营业里程,km。

2. 旅客列车密度

旅客列车密度是指在一定时期内,平均每日每 1 km 线路所担负的旅客列车公里数,是反映线路客运工作强度的指标,按下式计算

$$\rho_{客列} = \frac{\sum nl_{本务}^{客}}{L_{营业}} (列/d) \tag{8-8}$$

式中　$\sum nl_{本务}^{客}$——货物列车本务机车每日走行公里,列·km;

　　　$L_{营业}$——线路营业里程,km。

3. 列车密度

列车密度指在一定时期内,平均每日每 1 km 线路所担负的列车公里数,按下式计算

$$\rho_{列} = \frac{\sum nl_{本务}}{L_{营业}} (列/d) \tag{8-9}$$

式中 $\sum nl_{本务}$ —— 客、货列车本务机车平均每日走行公里之和,列·km;

$L_{营业}$ —— 线路营业里程,km。

二、列车密度统计

列车密度依据实绩列车运行图统计。不同的分号运行图有不同的列车密度,同时在运输调度日班计划中可能增开或停运部分列车,因而每日完成的实绩运行图可能与采用的基本运行图或分号运行图实现的列车密度有一定差别。铁路局列车密度统计表见表8-8。

表8-8 列车密度统计表

铁路局　　　　年　　　　　　　　　　　　　　　　　　　　　　　　　单位:列/d

区　段	旅客列车密度	货物列车密度	列车密度
1	2	3	4

复习思考题

1. 直通旅客列车的始发、终到和运行怎样划分?

2. 判定旅客列车正、晚点的依据是什么?

3. 什么是责任晚点、非责任晚点?

4. 在"旅客列车正晚点统计表(运报-8-1)"中,总运行的列数怎样计算?总运行晚点列数是否等于交口运行晚点列数与终到晚点列数之和?非责任晚点列数是否等于交口运行非责任晚点列数与终到非责任晚点列数之和?

5. 为什么编组始发货物列车早点超过15 min出发要统计为出发晚点,但中转列车按接续运行线早点出发统计为正点没有时间限制?

6. 为什么图定列车未开满时加开的临时定点列车一律统计为出发晚点?怎样判定基本图已开满?

7. 什么是停运列车?怎样统计其运行正晚点?恢复运行后依据什么统计运行正晚点?

8."列车运行分析表(运统10)"怎样填记?

9. 什么是列车运行速度、技术速度、旅行速度和直达速度?

10. 什么是列车密度?计算列车密度为什么要用列车公里除以线路公里?计算区段列车密度时,能不能直接以该区段通过的列车数作为列车密度?

11. 一列自兰州西站开往乌鲁木齐西站的远程直达列车运行至打柴沟区段站后,列车在打柴沟—武威南区段应怎样统计正晚点?

12. 什么是保留列车?一列由兰州西站开往新丰镇的直达货物列车因故在葡萄园中间站保留,次日西安调度所临时指定运行线恢复其运行,是否应统计为一个出发?依据什么判断其出发和运行正点?

13. 某调度所制定的列车工作计划中加开一列临时定点区段货物列车,基本图中该区段尚有一条摘挂列车运行线未开行,该加开列车正点出发时能否统计为"出发正点"?

14. 郑州北站编组开往兰州西站的一列直达列车晚点40 min于12:20到达天水站,图定该列车在天水站停车 45 min 进行无改编中转作业,该列车 12:55 从天水站出发,天水站应统计为出发正点还是晚点? 如由于晚点到达,调度所临时为其指定了一条 12:57 从天水出发的空闲直通列车运行线,该列车的出发怎样统计?

15. 一列宝鸡东站开往兰州西站的直通列车按图定运行线晚点 15 min 由天水口接入,在站停留时间未能缩短,但一路赶点,正点到达陇西。在陇西—兰州西区段又有延误,晚点 10 min 终到兰州西站,该列车在天—陇段和陇—兰段的出发和运行应怎样统计?

第九章　常用统计分析方法

铁路运营工作分析是指按一定的技术和经济要求,对铁路运营工作指标实际完成情况及组织铁路运输生产的各项工作方法所作的分析。铁路运营工作分析的基本任务是:检查和监督铁路运输计划的完成情况;找出影响计划完成的因素;挖掘可用于增加生产、提高铁路运输效率和效益的运输潜力;发现先进经验和先进典型;研究运输生产规律,以促进铁路运输生产的发展。铁路运营工作分析一般可采取日常分析、定期分析和专题分析等三种方式。在铁路运营工作分析中采用的方法主要有:对比分析法、动态数列分析法、因素分析法和综合评价法。

第一节　对比分析法

一、对比分析法概述

对比分析法也称数的比较分析法,是指将两个相互间具有一定联系的数进行对比,从而揭示事物间所具有的对比关系的分析方法。它在铁路运输计划、统计和运营工作技术分析中均有极为广泛的应用。

两个相关数作比较,可以有两种比较方法,即

1. 差比法

差比法是指两个相关数作减法比较,结果用比较差表示的分析方法。

2. 商比法

商比法是指两个相关数作除法比较,结果用商表示的分析方法。商比法计算的相对数通常用百分数表示,也可用千分数或倍数表示。

商比法所得的相对数,由于它能够将指标间的数量对比关系反映得非常鲜明突出,又便于对铁路运输生产情况作综合的概括,使原来无法直接比较的指标也可以进行比较,所以,在铁路运营技术分析中也有广泛应用。

数的比较分析是研究两个数(指标)的对比关系的,因此必须注意两个数(指标)的可比性。在计算分析时,必须检查两项指标所包含的内容、范围等是否一致。所谓可比性,是指比得是否合理,比得是否符合分析研究具体任务的要求,比的结果是否能够确切地说明问题。例如,全路的货车周转时间与运输企业的货车周转时间,这两项指标所表示内容虽然是一样的,但表示范围不一样,比较结果不能说明任何具体问题。因此,不能作比较分析。但全路装车数和铁路运输企业装车数这两项指标,虽然表示范围也不一样,但这两项指标按商比法计算相对数,却可以说明该运输企业装车数在全路装车数中所占的比重。因此,在分析全路各运输企业装车工作量比重时,在这两项指标间是存在可比性的。

数的比较分析法在铁路运营工作分析中主要用于指标计划完成情况分析、指标结构分析和指标动态分析。

二、指标计划完成情况分析

1. 正指标和逆指标

在铁路运营工作技术分析中,为考核计划指标的完成情况,均采用数的比较分析法。

铁路运营指标按其对完成数值的要求区分,有以下两种情况:

(1)要求实际完成大于计划的指标,如装车数、卸车数、货物发送量、列车旅行速度等,这一类指标在分析中称为正指标。

(2)要求实际完成小于计划的指标,如货车周转时间、中时、停时等,这一类指标在分析中称为逆指标。

2. 指标计划完成情况的差比分析

指标计划完成情况的差比分析是指将实际完成数与计划标准作比较,计算出比较差,并对比较差作出分析。在这种情况下,比较差称为指标计划完成情况比较差(或称实际与计划差),即

$$\Delta A = A_{实} - A_{计} \tag{9-1}$$

式中　ΔA——计划完成情况比较差;

$\quad\quad A_{实}$——指标实际数;

$\quad\quad A_{计}$——指标计划数。

计划完成情况比较差(ΔA)可能为正值或零,也可能为负值。对于正指标来说,当 ΔA 为正值时,说明指标已超额完成计划,超额数值(即 ΔA 值)越大越好。反之,当 ΔA 为负值时,说明指标未达到计划标准。

计划完成情况比较差,可以用来考核指标的计划完成情况,同时也可以用它来简单地说明工作中已取得的成绩,或尚存在的差距。

3. 指标计划完成情况的商比分析

指标计划完成情况的商比分析是指将实际完成数与计划标准作比较,计算相对数或计划完成率。

(1)正指标计划完成情况的商比分析

正指标的计划完成率(η)可用下式计算

$$\eta = \frac{A_{实}}{A_{计}} \times 100\% \tag{9-2}$$

在这一计算中,计划完成率表示指标的实际完成数为计划的百分之几,其值越大越好。

计划完成率与 100% 之差,即

$$\eta - 100\% = \frac{A_{实}}{A_{计}} \times 100\% - 100\% = \frac{A_{实} - A_{计}}{A_{计}} \times 100\%$$

为零或正值时,表示完成或超额完成计划指标;为负值时,表示未完成计划指标。

(2)逆指标计划完成情况的商比分析

对于逆指标,因其要求与正指标不同,用商比法考核指标计划完成情况时,一般可采用直线法或双曲线法。

① 直线法。用这一方法时,其指标计划完成率的计算方法和正指标相同,但运用计划完成率作指标的计划完成情况分析时,却需用 100% 与计划完成率之差来表示,即

$$100\% - \eta = 100\% - \frac{A_{实}}{A_{计}} \times 100\% = \frac{A_{计} - A_{实}}{A_{计}} \times 100\% \tag{9-3}$$

式中,指标实际数为变量,而指标计划数为常量,故上式为直线方程式,因而称这一分析方法为直线法。

由差值计算公式可以看出,采用这种分析方法考核指标计划完成情况时,超额完成计划指标这一情况的表示范围为 $0\sim100\%$,而未完成计划指标这一情况的表示范围却可以达到无穷大。

② 双曲线法。这是一种以实际完成数为基础计算指标的计划完成率的分析方法,即

$$\eta=\frac{A_{计}}{A_{实}}\times100\%\qquad(9-4)$$

超额完成或未完成计划指标情况的分析,以计划完成率与 100% 之差表示,即

$$\eta-100\%=\frac{A_{计}}{A_{实}}\times100\%-100\%=\frac{A_{计}-A_{实}}{A_{实}}\times100\%\qquad(9-5)$$

上式为一双曲线方程式,故称这一分析方法为双曲线法。

由差值的计算公式可以看出,采用双曲线法分析逆指标的计划完成情况,对于超额完成计划指标的表示范围为 0 到无穷大,而未完成计划指标的表示范围最大为 100%。

从一般意义来说,对于任何一项计划指标至多只能是一点工作没有做,即 100% 的没有完成计划,而对于超额完成计划的情况来说,可以是 100% 的完成,也可以是成倍的超计划完成。因而,它的表示范围应允许大于 100%。在上述两种逆指标计划完成情况商比分析方法中,双曲线法所表达的数值范围能符合一般分析概念,故在实际铁路运营工作中一般均采用双曲线法。

指标计划完成情况的商比分析,因为用相对数作分析,它可以更加清楚地看出指标计划的完成程度,也便于在运输企业或车站间作比较。所以,商比分析在日分析和旬、月分析中都普遍被应用。

三、指标的结构分析

在铁路运营指标中,有的指标可以按一定的标准划分为若干部分。如全路装车数这一指标,按运输企业分,可以划分全路各运输企业的装车数,各运输企业装车数之和等于全路装车数。货物发送量、卸车数等数量指标都有类似的性质。对于这一类指标,用以说明总量指标中各个分量所占比重大小的相对数,称为指标的结构相对数,或称为指标的结构比率,通常用百分数表示。用指标结构比率对指标所作的分析,称为指标结构分析。

指标结构比率的计算公式为:

$$\rho_i=\frac{A_i}{A}\times100\%\qquad(9-6)$$

式中　ρ_i——第 i 个分量指标的结构比率;

　A_i——第 i 个分量指标的数值;

　A——总量指标的数值。

因为 $A=\sum A_i$,所以 $\sum\rho_i=100\%$,即各分量指标结构比率之和应等于 100%。

在指标的结构分析中,比较每一分量指标结构比率大小,可以衡量各分量工作量大小的比例关系,因而也就可以看出总体工作重心应摆在哪一部分或哪几部分上,而且也可以从各分量指标结构比率中,掌握总量结构分配的一般情况。

例如,对某一运输企业的货物运送量作结构分析时,可以对管内货物重量、直通货物重量

所占的比重作分析,而在直通货物重量中,又可对输出货物重量、输入货物重量和通过货物重量所占的比重作分析。

四、指标的动态分析

对铁路运营工作不仅需要从现象的相互联系之中去作静态分析,而且还需要从现象的发展变化中去作动态分析。所谓动态,就是现象在时间上的变化和发展。指标动态是指标在不同时期完成数值的发展变化情况。运用数的比较分析法作指标动态分析,差比法和商比法均有应用。

1. 指标动态的差比分析

指标动态的差比分析是指将分析期指标完成数与所选定的比较前期(也称为基期)指标完成数作比较,计算比较差,并通过比较差作分析的分析方法。在这种情况下,比较差称为指标动态比较差,计算方法为

$$\Delta A' = A_{分析期} - A_{前期} \tag{9-7}$$

式中 $\Delta A'$——指标动态比较差;

$A_{分析期}$——分析期指标实际完成数;

$A_{前期}$——比较前期(基期)指标实际完成数。

和计划完成情况分析相类似,指标动态比较差可能为正值、零或负值。

由指标动态比较差可以看出指标在不同时期完成情况的发展变化方向和变化量,也可简单地说明工作的成绩或不足。

2. 指标动态的商比分析

指标动态的商比分析是指将分析期指标完成数与所选定的比较前期该指标完成数作比较,计算其相对数,并通过相对数作分析的分析方法。在这一分析中,相对数被称为动态相对数,计算公式为

$$\varphi = \frac{A_{分析期}}{A_{前期}} \times 100\% \tag{9-8}$$

式中,动态相对数 φ 表明分析期指标完成数为前期的百分之几。

不同时期指标完成的发展变化程度,则可用动态相对数与 100% 之差表示,即

$$\varphi - 100\% = \frac{A_{分析期}}{A_{前期}} \times 100\% - 100\% = \frac{A_{分析期} - A_{前期}}{A_{前期}} \times 100\%$$

可见,指标动态相对数与 100% 之差就是指标动态比较差与前期指标完成数的比值。对于正指标来说,当然其值越大越好;对于逆指标来说,其值为负数时,说明指标有所改善,因而负数的绝对值越大越好。

指标动态的差比分析给出了不同时期指标变化的绝对值,如分析期某铁路运输企业的货车周转时间较前期延长了 0.18 d,分析期某车站的停时较前期压缩了 6.5 h 等都是指标变化的绝对值。在分析中利用绝对值,具有对问题的认识比较直观的特点,但仅从变化的绝对值大小上看,还看不出指标发展变化幅度的大小,因而不便于作比较,给人的概念也不深。商比分析将指标变化情况用一个相对数表示,就可以弥补差比分析的这些不足。

3. 比较前期的选择

进行指标动态分析时,比较前期的选择与分析效果有直接关系。一般说来,比较前期的选择,要根据指标特点和比较分析所要说明问题的具体情况而定。例如,对于受季节性影响较大

的物资的运量变化作动态分析,为了消除季节变化影响这一客观因素,月分析或旬分析均可取去年同期作为比较前期。为了说明分析期指标完成所达到的新水平,可选该指标历史上最高水平的时期作为比较前期。为了说明实现某项技术设备的技术改造、改建或采取某项技术组织措施的效果,应选在实现这项设备改造、改建或技术组织措施之前的较好时期作为比较前期。为了说明某项指标近期的变化情况,在月分析或旬分析中也常常选上一个月或上一旬为比较前期。

第二节 动态数列分析法

一、动态数列的意义与种类

如果把反映某种现象在时间上变化和发展的一系列指标,按时间先后顺序排列,则可形成一个数列。这一数列,因为它反映的是现象的动态,故称之为动态数列。

利用动态数列来分析铁路运营工作,可以研究铁路运营工作及其各项指标的发展过程和发展的规律性。例如,把全路历年的货物发送量资料编成动态数列,就能反映出我国铁路货运量逐年发展的过程,并可以从中找出货运量发展的规律性。其次,通过反映铁路运营工作的动态数列的编制和分析,也可以反映铁路运输计划的完成进度。如将按月完成的货物发送任务编成动态数列,可以反映出年度货物发送任务的完成进度及计划执行情况,它对运输管理人员检查计划执行情况,从而制定相应措施具有一定的参考意义。

铁路运营工作指标动态数列,按其所排列指标性质的不同,主要包括绝对数动态数列和相对数动态数列两种。

1. 绝对数动态数列

绝对数动态数列是指用指标的一系列绝对数按时间先后顺序排列的动态数列。按指标取值范围的不同,绝对数动态数列又可以分为时期数列和时点数列。

(1)时期数列

当绝对数动态数列中每一指标所反映的某种现象是在一段时期内发展过程的结果及其发展所达到的水平时,这种数列称为时期数列。例如,表9-1为某站某年1~12月的货物发送量资料,这就是一个时期数列。这一数列清楚地反映出了该站全年各月份完成货物发送量的变化情况。

表9-1 某站货物发送量资料表

月 份	1	2	3	4	5	6	7	8	9	10	11	12
货物发送量(万 t)	15.5	14.5	15.8	15.3	15.0	14.5	14.3	14.8	15.2	15.5	15.7	15.5

时期数列具有下列特点:

① 数列中的每一指标都是反映该指标在一段时期内发展过程的总量。表9-1所列动态数列的每一指标均为全月完成的货物发送量。

② 数列中的各个指标可以逐个相加,相加后的指标则为相应一段较长时期指标发展过程的总量。如将表9-1所列动态数列1~12月份的货物发送量相加,为某站全年完成的货物发送总量。

③ 数列中每一指标的大小与时期的长短有直接关系。在动态数列中,每一指标所包括的时间长度称为时期。时期可以是一日、五日、一旬、一月、一季或一年甚至更长。时期的长度应

根据分析研究的目的和任务确定。

(2)时点数列

当绝对数动态数列中的每一指标是反映某种现象在某一定时点的状态及其发展所达到的水平时,这种数列称为时点数列。表9-2所列资料,就是一个时点数列(时点为日)。

表9-2 某运输企业装车数实绩资料表

时点(d)	5	10	15	20	25	30
装车数	3 500	3 520	3 450	3 480	3 470	3 450

和时期数列相对应,时点数列具有如下特点:

① 数列中每一指标都是反映现象在某一时点状态的数量。如表9-2所列动态数列为某铁路运输企业某一天所完成的装车数。

② 数列中各个指标数量不能相加。因为时点数列中每一指标都是表明在某一时点上现象的数量,相加是没有意义的。

③ 数列中每一指标数量的大小与时间间隔长短没有直接关系。在动态数列中,两相邻指标在时间上的距离称为间隔。时点数列的间隔可以是一日、五日、一旬、一月、一季、一年甚至更长。各指标的间隔可以相同,也可以不相同,具体间隔可根据分析现象在时间上变动大小及快慢等具体情况而定。凡变动较大和较快者,间隔宜短一些;反之,间隔可长一些。

2. 相对数动态数列

相对数动态数列是指一系列动态相对数,按时间先后顺序排列而成的数列,它用以反映和分析研究现象之间相互关系的发展过程。

3. 动态数列的加工整理

在利用动态数列分析研究指标的发展过程及其规律性时,也可能出现数列中各项指标有上下波动的情况。因而数列本身所反映的指标发展趋势(或称规律性)很不明显,不便于进行运营工作技术分析。为此,在利用这类动态数列作分析之前,有必要对数列本身先进行一定的整理加工工作。对动态数列进行整理加工的方法主要有以下三种:

(1)时期扩大法

时期扩大法仅适用于时期数列,它的实质就在于通过扩大数列中各个指标的时期,消除原有数列中存在的各个指标之间某些上下波动的情况,构成一个新的动态数列,从而将指标所固有的发展趋势更清楚地揭示出来。

例如,表9-3为某铁路运输企业某月以日为时期的装车数时期动态数列。如果将数列的时期由1 d扩大为6 d再加以整理,可得一个新的数列见表9-4。新数列把原有数列指标间上下波动的情况抽象了,使指标较明显地反映出逐期上升的趋势。

(2)序时平均数法

当动态数列中的指标发生上下波动时,可以用一个综合指标来概括地说明在一段时期内指标的一般水平,这一综合指标通称为序时平均数。它是把动态数列中各项指标加以平均而得出来的平均数。所以,序时平均数法就是将时期数列的时期或时点数列的间隔扩大,计算出各个序时平均数,使之形成一个新的动态数列,以反映指标在各个时期内一般水平的变动情况,从而更明显地揭示出其发展趋势。表9-3所列资料,若将时期由1 d扩大5 d,计算出各个时期的序时平均数,就可得一新的动态数列见表9-5。新数列明显地反映出了该铁路运输企业在分析期间装车数逐期上升的变化趋势。

表9-3　某铁路运输企业某月装车数资料表

时期	装车数	时　期	装车数	时　期	装车数
1	3 812	11	3 821	21	3 860
2	3 821	12	3 843	22	3 869
3	3 827	13	3 828	23	3 852
4	3 830	14	3 887	24	3 886
5	3 820	15	3 879	25	3 870
6	3 835	16	3 869	26	3 869
7	3 842	17	3 860	27	3 887
8	3 852	18	3 867	28	3 859
9	3 844	19	3 841	29	3 853
10	3 848	20	3 887	30	3 870

表9-4　某铁路运输企业某月装车数资料表

时　期	1～6	7～12	13～18	19～24	25～30
装车数	22 945	23 050	23 190	23 195	23 208

表9-5　序时平均数动态数列

时　期	1～5	6～10	11～15	16～20	21～25	26～30
日均装车数（序时平均数）	3 822	3 844	3 852	3 865	3 867	3 868

（3）移动平均数法

将原有动态数列的时期或间隔扩大,依次计算其移动的序时平均数,并将数列中原有的每项指标都以该项及其前后相邻各项指标计算所得的序时平均数来代替而组成一个新数列的方法,称为移动平均数法。表9-6为表9-3所列装车数资料利用移动平均数法编成的新数列。这一数列考虑了指标变动的连续性。因此,它能把指标的发展趋势更明显地反映出来。

表9-6　某铁路运输企业某月装车数资料

时期	装车总数	平均每日装车数	时期	装车总数	平均每日装车数
1～6	22 945	3 824	14～19	23 203	3 867
2～7	22 975	3 829	15～20	23 203	3 867
3～8	23 006	3 834	16～21	23 184	3 864
4～9	23 023	3 837	17～22	23 184	3 864
5～10	23 041	3 840	18～23	23 176	3 863
6～11	23 042	3 840	19～24	23 195	3 866
7～12	23 050	3 842	20～25	23 224	3 871
8～13	23 036	3 827	21～26	23 246	3 874
9～14	23 071	3 845	22～27	23 233	3 872
10～15	23 106	3 851	23～28	23 223	3 870
11～16	23 127	3 854	24～29	23 224	3 870
12～17	23 166	3 861	25～30	23 208	3 868
13～18	23 190	3 865			

采用上述方法对数列进行整理加工时,扩大的时期或间隔应采用的长度,可根据指标数列的参差程度和分析的具体要求而定。如原数列中指标参差程度较大,而分析要求是近似地反映趋势,那么时期或间隔就可以相应的长一些。这样形成的新数列指标数较少,趋势较明显,但与实际变动可能出入较大。

二、动态数列分析指标

借助一定形式的动态数列,并通过对这一动态数列的分析研究,揭示铁路运营工作的发展过程及其规律性的方法,称为动态数列分析法。在铁路运营工作动态数列分析法中所采用的动态分析指标主要包括:指标水平和增长量、指标发展速度和增长速度、指标平均发展速度和平均增长速度、指标计划完成进度和计划完成进度系数等。

1. 指标水平和增长量

指标水平是反映铁路运营工作发展规律的数的表示。在动态数列中,每一指标数值都反映出各个不同时期指标发展所达到的水平,故动态数列的每一指标数值就是一项指标水平。数列中的首项为指标最初水平,末项为指标最末水平。在分析中将所研究的那一时期的指标水平称为分析期水平,将用来进行比较的前一时期的水平称为基期水平。如果用符号 A_0、A_1、A_2、$\cdots$、A_{n-1}、A_n 代表数列中各个指标水平,则 A_0 为最初水平、A_n 为最末水平。表 9-7 为某车站 2005 年至 2008 年货物发送量绝对数动态数列,其中最初水平(即 2005 年)为 250 万 t,最末水平(即 2008 年)为 257.8 万 t。

表 9-7 某车站货物发送量资料表

年度		2005	2006	2007	2008
货运量(万 t)		250	252.5	256	257.8
增长量(万 t)	逐期		2.5	3.5	1.8
	累计		2.5	6.0	7.8
发展速度(%)	定基	100.0	101.0	102.4	103.1
	环比		101.0	101.4	100.7
增长速度(%)	定基		1.0	2.4	3.1
	环比		1.0	1.4	0.7

增长量是指在一定时期内指标所增长的绝对数量,即 $\Delta A' = A_{\text{分析期}} - A_{\text{前期}}$。

增长量根据比较时期的不同,可分为逐期增长量和累计增长量两种。分析期与其前一时期比较所得的增长量为逐期增长量,即

$$\Delta A'_{\text{逐期}n} = A_n - A_{n-1} \qquad (9-9)$$

逐期增长量用以说明本期较前一时期指标增长的绝对数量。

分析期与某一固定时期(通常为初期)比较所得的增长量为累计增长量,即

$$\Delta A'_{\text{累计}n} = A_n - A_0 \qquad (9-10)$$

累计增长量用以说明本期较某一固定时期增长的绝对数量,即一段时期内总的增长量。累计增长量应等于相应各逐期增长量之和。

增长量的数值可能是正值,也可能是负值。正值表示增长或上升的绝对数值,负值表示减少或下降的绝对数值。

2. 指标发展速度和增长速度

(1)指标发展速度

指标发展速度即指标动态相对数,是说明分析期水平已发展到(或增加到)基期水平的百分之几(或若干倍)的相对数指标。

根据比较时期的不同,指标发展速度可分为定基发展速度和环比发展速度两种。分析期水平与某一固定时期水平(通常为最初时期水平)之比,称为定基发展速度。若某一固定时期为初期,则定基发展速度为

$$\varphi_{定基n}=\frac{A_n}{A_0}\times100\% \tag{9-11}$$

指标定基发展速度说明该指标分析期水平对某一固定时期水平来说,已发展到(或增加到)百分之几(或若干倍),即表明指标在一段较长时期内总的发展速度。因此,也可以称为总速度。

指标分析期水平与其前一期水平之比,称为环比发展速度,即

$$\varphi_{环比n}=\frac{A_n}{A_{n-1}}\times100\% \tag{9-12}$$

指标环比发展速度说明该指标分析期水平对其前一期水平来说,已发展到(或增加到)百分之几(或若干倍),即表明指标逐期的发展速度。

指标定基发展速度与环比发展速度是有区别的,但它们之间也存在着一定的换算关系,即定基发展速度等于相应各环比发展速度的连乘积。

(2)指标增长速度

指标增长速度是表明指标增长的百分数(或倍数)的指标,其计算方法为

$$\Delta\varphi=\varphi-100\% \tag{9-13}$$

指标发展速度 φ 与增长速度 $\Delta\varphi$ 不同,前者说明某指标分析期水平比基期水平增加到百分之几(或若干倍),后者则说明增加了百分之几(或若干倍)。

指标增长速度和发展速度一样,按其采用的比较前期的不同,也可以分为逐期增长速度(即环比增长速度)和定基增长速度两种。指标定基增长速度($\Delta\varphi_{定基}$)的计算公式为

$$\Delta\varphi_{定基n}=\frac{A_n-A_0}{A_0}\times100\%=\varphi_{定基n}-100\% \tag{9-14}$$

指标环比增长速度 $\Delta\varphi_{环比}$ 的计算公式为

$$\Delta\varphi_{环比n}=\frac{A_n-A_{n-1}}{A_{n-1}}\times100\%=\varphi_{环比n}-100\% \tag{9-15}$$

应该指出,指标发展速度和增长速度,除说明该指标分析期水平较基期水平发展或增长的程度外,也指出了指标发展变化的方向是上升还是下降。

3. 指标平均发展速度和平均增长速度

为了研究某一现象在一段较长时间内的平均发展状况或平均增长情况,对其作出概括的说明,就需要将各个时期发展速度的数量差异加以抽象化,并以一个平均值来表示,这个平均数就是平均速度指标。

平均速度包括平均发展速度和平均增长速度指标。因为在研究各项指标的动态时,通常总是以环比速度来表示的,所以计算平均发展速度,也就是计算各个环比发展速度的序时平均数。指标平均发展速度可以用来说明该指标在一段较长时期内逐年(月)发展变化的程度。平均增长速度用以说明指标在一段较长时期内逐年(月)增长变化的程度。在已知平均发展速度 $\varphi_{平均}$ 的情况下,平均增长速度 $\Delta\varphi_{平均}$ 可按下式计算

161

$$\Delta \varphi_{平均} = \varphi_{平均} - 100\% \tag{9-16}$$

当平均发展速度大于100%时,平均增长速度为正值,表示所研究指标逐年(月)递增的程度,称为平均递增率;反之,平均增长速度为负值时,表示所研究指标逐年(月)平均递减的程度,称为平均递减率。

如前所述,平均发展速度通常以分析期内各个时期的环比发展速度的序时平均数来表示,而分析期内各个时期的总发展速度又等于各个时期环比发展速度的连乘积。因此,计算各个时期环比发展速度的序时平均数(即平均发展速度)时,不能以算术平均法计算平均数,而应以几何平均数表示,即

$$\varphi_{平均} = \sqrt[n]{\varphi_{环比1}\varphi_{环比2}\cdots\varphi_{环比n}} \times 100\% = \sqrt[n]{\frac{A_n}{A_0}} \times 100\% = \sqrt[n]{\varphi_{定基n}} \times 100\% \tag{9-17}$$

式中　n——计算平均发展速度时期的计算间隔数。

【例9-1】 设某站2003、2004、2005、2006、2007和2008年的日均装车数分别为:200、210、220、228、236、250车。若以2003年为初期,分别计算该站2006年日均装车数的定基发展速度、环比发展速度、定基增长速度、环比增长速度以及从2003年到2008年的年均发展速度和年均增长速度。

2006年日均装车数的定基发展速度=228/200×100%=114%

2006年日均装车数的定基增长速度=114%-100%=14%

2006年日均装车数的环比发展速度=228/220×100%=103.6%

2006年日均装车数的环比增长速度=103.6%-100%=3.6%

从2003年到2008年,日均装车数的年均发展速度=$\sqrt[5]{250/200}$×100%=104.6%

从2003年到2008年,日均装车数的年均增长速度=104.6%-100%=4.6%

4. 指标计划完成进度与系数

对于根据某一计划期限各个阶段计划任务完成数编制的动态数列,每一阶段及其以前各个阶段计划完成数的累计数(即包括初期在内的逐期发展水平之和)与计划任务之比,称为指标计划完成进度,其计算公式为

$$\varphi_{进度} = \frac{\sum_{i=0}^{n} A_i}{A_{计划}} \times 100\% \tag{9-18}$$

指标计划完成进度用以说明某项指标计划任务截至某一时期已完成的程度,并可借以预期完成或超额完成计划的可能性,也可借以及早发现预期完成计划任务还存在的困难。

在实际工作中,常常需要判明截至某一时期为止是否已完成按时间比例计算应完成的数量。为此,在计划完成进度分析中,还需要计算指标计划完成进度系数。

对于根据某一计划期限各阶段计划完成进度编制的动态数列,每一阶段计划完成进度与相应阶段的时间进度之比,称为指标计划完成进度系数,其计算公式为

$$\varphi'_{进度} = \frac{\varphi_{进度}}{\varphi_{时间}} \tag{9-19}$$

所谓时间进度是指某一计划阶段及其以前各阶段时间之和与计划期限之比的百分数,即

$$\varphi_{时间} = \frac{T_{累计}}{T_{计划}} \times 100\% \tag{9-20}$$

时间进度可以用来说明执行某项计划的时间进程。

用指标计划完成进度系数可以直接说明按时间比例应完成数值的完成情况。同时,根据

计划完成进度系数也还可以计算预期超额指标增量 $\Delta A_{进度}$ 和预计可提前期限 $\Delta T_{进度}$，分别表示预计完成或超额完成计划的可能性以及可能提前或延长完成计划期限的时间，其计算公式分别为

$$\Delta A_{进度} = (\varphi'_{进度} - 1) A_{计划} \qquad (9-21)$$

$$\Delta T_{进度} = (\varphi'_{进度} - 1) T_{计划} \qquad (9-22)$$

预期超额指标增量、预计可提前期限可为正值，也可能是负值。当为正值时，表示可超额完成的数量和可提前的期限；当为负值时，则表示完不成指标的欠额和可能延长的时间。

应该指出，这些分析都是以已完成的情况为基础，实际上后续时间内还可能发生一些变化，所以这一分析只是预计的，只能作为参考。当然，越接近计划终了，分析越准确可靠。

【例 9-2】 设某站 2007 年计划发送货物 1 000 万 t，到 2008 年 9 月底，该站累计发送货物 846 万 t。试计算货物发送量指标的计划完成进度系数，预计年终的预期超额指标增量和预计可提前完成计划的期限。

指标计划完成进度 = 846/1 000×100% = 84.6%

时间进度系数 = 273/365×100% = 74.8%

货物发送量计划完成进度系数 = 84.6%/74.8% = 1.131

预期超额指标增量 = (1.128-1)×1 000 = 128(万 t)

预计可提前完成计划的期限 = (1.128-1)×12 = 1.54(月)

第三节　因素分析法

一、因素分析法概述

因素分析，也称指标因素影响分析，是指根据分析对象与其影响因素的数学关系，计算各影响因素的变动对分析对象的变动的影响的活动。

铁路运营指标按其因素构成方法的不同，基本上可以分为和指标、积指标、商指标和积商指标四种类型。

由一定数量构成因素相加而成的指标，称为和指标，其一般式为

$$v = x + y + \cdots \qquad (9-23)$$

例如，铁路运输企业工作量可用下式表示

工作量 = 使用车数 + 接运重车数

由一定数量构成因素的相乘积表示的指标，称为积指标，其一般式为

$$v = x \cdot y \cdot z \cdots \qquad (9-24)$$

例如，运用车数指标可用下式表示

运用车 = 工作量×货车周转时间

用两构成因素的商表示的指标，称为商指标，其一般式为

$$v = \frac{x}{y} \qquad (9-25)$$

例如，货车静载重可用下式表示

货车静载重 = 货物发送量/装车数

在指标中既有积因素，又有商因素的指标，称为积商指标，其一般式为

$$v = \frac{x_1 x_2 \cdots}{y} \tag{9-26}$$

或

$$v = \frac{x}{y_1 y_2 \cdots} \tag{9-27}$$

或

$$v = \frac{x_1 x_2 \cdots}{y_1 y_2 \cdots} \tag{9-28}$$

指标的变化是由各构成因素的变化引起的。任一构成因素的变化量,都将使指标产生一定的变化量,这一指标变化量称为指标的因素影响值。和指标变化与因素变化间的关系比较简单,其中任一因素增减一定数量,指标也随之增减一定数量;积指标、商指标、积商指标则比较复杂。

二、指标因素影响分析的函数分析法

设

$$Y = f(X_1, X_2, \cdots, X_n) \tag{9-29}$$

式中,Y 为分析对象;X_1、X_2、$\cdots$、X_n 为 Y 的影响因素。

令

$$\Delta Y = Y^{(1)} - Y^{(0)}, \Delta X_i = X_i^{(1)} - X_i^{(0)} \quad (1 \leqslant i \leqslant n)$$

式中 $Y^{(1)}$——分析期(也称报告期)Y 的值;

$Y^{(0)}$——比较前期(也称基期)Y 的值;

$X_i^{(1)}$——报告期 X_i 的值;

$X_i^{(0)}$——比较前期 X_i 的值;

ΔY——由比较前期到报告期 Y 的变化量;

ΔX_i——X_i 从比较前期到报告期的变化量。

对(9-29)式微分,得

$$dY = \frac{\partial Y}{\partial X_1} dX_1 + \frac{\partial Y}{\partial X_2} dX_2 + \cdots + \frac{\partial Y}{\partial X_n} dX_n \tag{9-30}$$

对(9-30)式从比较前期到报告期积分,得

$$\int_{Y^{(0)}}^{Y^{(1)}} dY = Y^{(1)} - Y^{(0)} = \Delta Y = \int_{X_1^{(0)}}^{X_1^{(1)}} \frac{\partial Y}{\partial X_1} dX_1 + \int_{X_2^{(0)}}^{X_2^{(1)}} \frac{\partial Y}{\partial X_2} dX_2 + \cdots + \int_{X_n^{(0)}}^{X_n^{(1)}} \frac{\partial Y}{\partial X_n} dX_n \tag{9-31}$$

利用(9-31)式即可把分析对象的变动分解为各因素指标变动的影响。X_i 的变动对 Y 变动的影响为

$$\Delta Y_{X_i} = \int_{X_i^{(0)}}^{X_i^{(1)}} \frac{\partial Y}{\partial X_i} dX_i \quad (1 \leqslant i \leqslant n) \tag{9-32}$$

各因素指标都是随时间变动的,但在日常运营分析工作中,很难根据实际资料断定各因素指标随时间的变化函数。我们可以假定各因素指标从比较前期到报告期是随时间均匀变化的。设比较前期时刻为 0,报告期时刻为 1,则在 $t(0 \leqslant t \leqslant 1)$ 时刻,X_i 的值为

$$X_i(t) = X_i^{(0)} + (X_i^{(1)} - X_i^{(0)})t = X_i^{(0)} + \Delta X_i t \quad (1 \leqslant i \leqslant n) \tag{9-33}$$

1. 单因素指标

对于单因素指标 $Y = aX$(a 为常数),X 的变动对 Y 变动的影响为

$$\Delta Y_X = \int_{X^{(0)}}^{X^{(1)}} \frac{\partial Y}{\partial X} dX = \int_{X^{(0)}}^{X^{(1)}} a\, dX = a(X^{(1)} - X^{(0)}) = a\Delta X \tag{9-34}$$

2. 和指标

对两因素和指标 $Y=X_1+X_2$，X_1 的变动对 Y 变动的影响为

$$\Delta Y_{X_1}=\int_{x_1^{(0)}}^{x_1^{(1)}}\frac{\partial Y}{\partial X_1}\mathrm{d}X_1=\int_{x_1^{(0)}}^{x_1^{(1)}}\mathrm{d}X_1=X_1^{(1)}-X_1^{(0)}=\Delta X_1 \qquad (9-35)$$

3. 积指标

对两因素积指标 $Y=X_1X_2$，X_1 的变动对 Y 变动的影响为

$$\Delta Y_{X_1}=\int_{x_1^{(0)}}^{x_1^{(1)}}\frac{\partial Y}{\partial X_1}\mathrm{d}X_1=\int_{x_1^{(0)}}^{x_1^{(1)}}X_2\mathrm{d}X_1=\int_0^1[X_2^{(0)}+(X_2^{(1)}-X_2^{(0)})t]\Delta X_1\mathrm{d}t=\frac{\Delta X_1}{2}(X_2^{(1)}+X_2^{(0)})$$

$$(9-36)$$

对三因素积指标 $Y=X_1X_2X_3$，因素指标 X_1 的变动对分析对象 Y 的变动的影响为

$$\Delta Y_{X_1}=\int_{x_2^{(0)}}^{x_2^{(1)}}\frac{\partial Y}{\partial X_1}\mathrm{d}X_1=\int_{x_2^{(0)}}^{x_2^{(1)}}X_2X_3\mathrm{d}X_1$$

$$=\int_0^1[X_2^{(0)}+(X_2^{(1)}-X_2^{(0)})t][X_3^{(0)}+(X_3^{(1)}-X_3^{(0)})t]\Delta X_1\mathrm{d}t$$

$$=\Delta X_1\{\frac{1}{2}[(X_2^{(1)}-X_2^{(0)})X_3^{(0)}+(X_3^{(1)}-X_3^{(0)})X_2^{(0)}]+\frac{1}{3}[(X_2^{(1)}-X_2^{(0)})(X_3^{(1)}-X_3^{(0)})]\}$$

$$=\frac{\Delta X_1}{6}(2X_2^{(0)}X_3^{(0)}+X_2^{(1)}X_3^{(0)}+X_2^{(0)}X_3^{(1)}+2X_2^{(1)}X_3^{(1)}) \qquad (9-37)$$

4. 商指标

在商指标中，若令

$$\frac{1}{y}=Y$$

则商指标可以改写为

$$v=xY \qquad (9-38)$$

这样就可以把商指标变为两因素积指标的形式。根据两因素积指标因素影响值计算公式，x、Y 变化对指标变化所产生的影响值分别应为

$$\Delta v_x=\frac{\Delta x}{2}(Y'+Y) \qquad (9-39)$$

$$\Delta v_y=\frac{\Delta Y}{2}(x'+x) \qquad (9-40)$$

将 $Y=1/y$ 代入上述公式可得商指标因素影响值的计算公式，即

$$\Delta v_x=\frac{\Delta x}{2}\left(\frac{1}{y'}+\frac{1}{y}\right)=\frac{\Delta x}{2}\left(\frac{y}{y'y}+\frac{y'}{y'y}\right)=\frac{\Delta x}{2y'y}(y'+y) \qquad (9-41)$$

$$\Delta v_y=\frac{1}{2}\left(\frac{1}{y'}-\frac{1}{y}\right)(x'+x)=\frac{1}{2}\left(\frac{y}{y'y}-\frac{y'}{y'y}\right)(x'+x)$$

$$=\frac{y-y'}{2y'y}(x'+x)=-\frac{\Delta y}{2y'y}(x'+x) \qquad (9-42)$$

5. 积商指标

在铁路运输经营活动分析中，最常用的积商指标主要有如下形式

$$v=\frac{x_1x_2}{y} \qquad (9-43)$$

$$v=\frac{x_1x_2x_3}{y} \qquad (9-44)$$

$$v=\frac{x}{y_1y_2} \qquad (9-45)$$

和商指标一样可以令

$$\frac{1}{y}=Y \quad \frac{1}{y_1}=Y_1 \quad \frac{1}{y_2}=Y_2$$

那么,积商指标也可以转化为积指标的形式,即

$$v=x_1 x_2 Y \tag{9-46}$$

$$v=x_1 x_2 x_3 Y \tag{9-47}$$

$$v=x Y_1 Y_2 \tag{9-48}$$

根据三因素、四因素积指标因素影响值计算公式,并经适当整理可得积商指标的因素影响值计算公式(见表9-8)。用同样方法也可以推导出其他形式积商指标因素影响值的计算公式(见表9-8)。

6. 特殊形式商指标

在铁路运输经营活动分析中,除上述几项一般形式的指标外,还常常遇到一种特殊形式的商指标,即

$$v=\frac{1}{\dfrac{x_1}{y_1}+\dfrac{x_2}{y_2}+\cdots} \tag{9-49}$$

若令

$$\frac{x_1}{y_1}+\frac{x_2}{y_2}+\cdots=Y \tag{9-50}$$

上式也可以改写为

$$v=\frac{1}{Y} \tag{9-51}$$

这一形式指标分子项为常数1,指标变化纯属分母项变化所构成。因此,分母项总体变化情况对指标影响值就等于指标变化量,即

$$\Delta v_Y=\Delta v=v'-v \tag{9-52}$$

分母项为一系列的商指标相加而成。商指标因素对分母项影响值,根据商指标影响计算公式应为

$$\Delta Y_{x_n}=\frac{\Delta x_n}{2y'_n y_n}(y'_n+y_n) \tag{9-53}$$

$$\Delta Y_{y_n}=-\frac{\Delta y_n}{2y'_n y_n}(x'_n+x_n) \tag{9-54}$$

因为各因素对分母项影响值之和等于分母项变化量,即

$$\Delta Y_{x_1}+\Delta Y_{x_2}+\cdots+\Delta Y_{x_n}+\Delta Y_{y_1}+\Delta Y_{y_2}+\cdots+\Delta Y_{y_n}=\Delta Y \tag{9-55}$$

所以,将分母项对指标的影响值(即 Δv_Y)按因素对分母项影响值的比例分配给因素,则可得因素对指标的影响值,即

$$\Delta v_{x_n}=\Delta v\frac{\Delta Y_{x_n}}{\Delta Y}=\frac{\Delta v}{\Delta Y}\times\frac{\Delta x_n}{2y'_n y_n}(y'_n+y_n) \tag{9-56}$$

$$\Delta v_{y_n}=\Delta v\frac{\Delta Y_{y_n}}{\Delta Y}=\frac{\Delta v}{\Delta Y}\times\frac{-\Delta y_n}{2y'_n y_n}(x'_n+x_n) \tag{9-57}$$

因为 $v=1/Y$

故 $Y=1/v$

因而,分母项变化量(ΔY)应为:

$$\Delta Y=\frac{1}{v'}-\frac{1}{v}=\frac{v}{v'v}-\frac{v'}{v'v}=-\frac{\Delta v}{v'v} \tag{9-58}$$

将这一关系代入因素影响分析计算式,则可得因素影响分析计算公式:

$$\Delta v_{x_n}=\frac{\Delta v}{-\dfrac{\Delta v}{v'v}}\times\frac{\Delta x_n}{2y'_ny_n}(y'_n+y_n)=-\frac{\Delta x_n v'v}{2y'_ny_n}(y'_n+y_n) \qquad (9-59)$$

$$\Delta v_{y_n}=\frac{\Delta v}{-\dfrac{\Delta v}{v'v}}\times\frac{-\Delta y_n}{2y'_ny_n}(x'_n+x_n)=\frac{\Delta y_n v'v}{2y'_ny_n}(x'_n+x_n) \qquad (9-60)$$

三、推导指标因素影响分析计算公式的简便方法

下面介绍一种推导指标因素影响分析通用计算公式的简便方法。

同理,可以推导出更多因素积指标的通用计算公式,见表 9-8。

表 9-8 指标因素影响值计算公式汇总表

指标类型	函数形式	分析计算公式	附 注
积指标	$v=xy$	$\Delta v_x=\dfrac{\Delta x}{2}(y'+y)$	为简化公式的书写,用 y 表示 y 的比较前期数值,相当于 $y^{(0)}$,用 y' 表示 y 的分析期数值,相当于 $y^{(1)}$,以下其他因素指标同
		$\Delta v_y=\dfrac{\Delta y}{2}(x'+x)$	
	$v=xyz$	$\Delta v_x=\dfrac{\Delta x}{6}(2y'z'+y'z+yz'+2yz)$	
		$\Delta v_y=\dfrac{\Delta y}{6}(2x'z'+x'z+xz'+2xz)$	
		$\Delta v_z=\dfrac{\Delta z}{6}(2x'y'+x'y+xy'+2xy)$	
	$v=xyzu$	$\Delta v_x=\dfrac{\Delta x}{12}[u(3yz+y'z+yz'+y'z')+u'(3y'z'+y'z+yz'+yz)]$	
		$\Delta v_y=\dfrac{\Delta y}{12}[u(3xz+x'z+xz'+x'z')+u'(3x'z'+x'z+xz'+xz)]$	
		$\Delta v_z=\dfrac{\Delta z}{12}[u(3xy+x'y+xy'+x'y')+u'(3x'y'+x'y+xy'+xy)]$	
		$\Delta v_u=\dfrac{\Delta u}{12}[z(3xy+x'y+xy'+x'y')+z'(3x'y'+x'y+xy'+xy)]$	
	$v=wxyzu$	$\Delta v_w=\dfrac{\Delta w}{60}[3(x'yzu+xy'zu+xyz'u+xyzu')+2(x'y'zu+x'yz'u+x'yzu'+xy'z'u+xy'zu'+xyz'u')+3(xy'z'u'+x'yz'u'+x'y'zu'+x'y'z'u)+12(xyzu+x'y'z'u')]$	分别用 Δx、Δy、Δz 和 Δu 替换 Δw,而用 w'、w 替换 x'、x、y'、y、z'、z 和 u'、u,可得 Δv_x、Δv_y、Δv_z 和 Δv_u 的计算公式
商指标	$v=\dfrac{x}{y}$	$\Delta v_x=\dfrac{\Delta x}{2y'y}(y'+y)$	
		$\Delta v_y=\dfrac{-\Delta y}{2y'y}(x'+x)$	
积商指标	$v=\dfrac{x_1x_2}{y}$	$\Delta v_{x_1}=\dfrac{\Delta x_1}{6}\left(\dfrac{2x'_2}{y'}+\dfrac{x'_2}{y}+\dfrac{x_2}{y'}+\dfrac{2x_2}{y}\right)$	
		$\Delta v_{x_2}=\dfrac{\Delta x_2}{6}\left(\dfrac{2x'_1}{y'}+\dfrac{x'_1}{y}+\dfrac{x_1}{y'}+\dfrac{2x_1}{y}\right)$	
		$\Delta v_y=-\dfrac{\Delta y}{6y'y}(2x'_1x'_2+x'_1x_2+x_1x'_2+2x_1x_2)$	

指标类型	函数形式	分析计算公式	附　注
积商指标	$v=\dfrac{x_1x_2x_3}{y}$	$\Delta v_{x_1}=\dfrac{\Delta x_1}{12}\left[\dfrac{1}{y}(3x_2x_3+x_2'x_3+x_2x_3'+x_2'x_3')+\dfrac{1}{y'}(3x_2'x_3'+x_2'x_3+x_2x_3'+x_2x_3)\right]$	分别用 Δx_2、Δx_3 替换式中 Δx_1，而用 x_1'、x_1 替换 x_2'、x_2 和 x_3'、x_3，可得 Δv_{x_2}、Δv_{x_3} 的计算公式
		$\Delta v_y=-\dfrac{\Delta y}{12y'y}[x_3(3x_1x_2+x_1'x_2+x_1x_2'+x_1'x_2')+x_3'(3x_1'x_2'+x_1'x_2+x_1x_2'+x_1x_2)]$	
	$v=\dfrac{wxyz}{u}$	$\Delta v_w=\dfrac{\Delta w}{60}\left[3\left(\dfrac{x'yz}{u}+\dfrac{xy'z}{u}+\dfrac{xyz'}{u}+\dfrac{xyz}{u'}\right)+2\left(\dfrac{x'y'z}{u}+\dfrac{x'yz'}{u}+\dfrac{x'yz}{u'}+\dfrac{xy'z'}{u}+\dfrac{xy'z}{u'}+\dfrac{xyz'}{u'}\right)+3\left(\dfrac{x'y'z'}{u}+\dfrac{x'y'z}{u'}+\dfrac{x'yz'}{u'}+\dfrac{xy'z'}{u'}\right)+12\left(\dfrac{x'y'z'}{u'}+\dfrac{xyz}{u}\right)\right]$	分别用 Δx、Δy 和 Δz 替换 Δw，而 w'、w 替换 x'、x，y'、y 和 z'、z，可得 Δv_x、Δv_y 和 Δv_z 的计算公式
		$\Delta v_u=-\dfrac{\Delta u}{60u'u}[3(w'xyz+wx'yz+wxy'z+wxyz')+2(w'x'yz+w'xy'z+w'xyz'+wx'y'z+wx'yz'+wxy'z')+3(w'x'y'z+w'x'yz'+w'xy'z'+wx'y'z')+12(w'x'y'z'+wxyz)]$	
	$v=\dfrac{x}{y_1y_2}$	$\Delta v_x=\dfrac{\Delta x}{6}\left(\dfrac{2}{y_1'y_2'}+\dfrac{1}{y_1'y_2}+\dfrac{1}{y_1y_2'}+\dfrac{2}{y_1y_2}\right)$	
		$\Delta v_{y_1}=-\dfrac{\Delta y_1}{6y_1'y_1}\left(\dfrac{2x'}{y_2'}+\dfrac{x'}{y_2}+\dfrac{x}{y_2'}+\dfrac{2x}{y_2}\right)$	
		$\Delta v_{y_2}=-\dfrac{\Delta y_2}{6y_2'y_2}\left(\dfrac{2x'}{y_1'}+\dfrac{x'}{y_1}+\dfrac{x}{y_1'}+\dfrac{2x}{y_1}\right)$	
	$v=\dfrac{xy}{uw}$	$\Delta v_x=\dfrac{\Delta x}{12}\left[y\left(\dfrac{3}{wu}+\dfrac{1}{w'u}+\dfrac{1}{wu'}+\dfrac{1}{w'u'}\right)+y'\left(\dfrac{3}{u'w'}+\dfrac{1}{u'w}+\dfrac{1}{uw'}+\dfrac{1}{uw}\right)\right]$	
		$\Delta v_y=\dfrac{\Delta y}{12}\left[x\left(\dfrac{3}{wu}+\dfrac{1}{w'u}+\dfrac{1}{wu'}+\dfrac{1}{w'u'}\right)+x'\left(\dfrac{3}{u'w'}+\dfrac{1}{u'w}+\dfrac{1}{uw'}+\dfrac{1}{uw}\right)\right]$	
		$\Delta v_u=-\dfrac{\Delta u}{12uu'}\left[x\left(\dfrac{3y}{w}+\dfrac{y'}{w}+\dfrac{y}{w'}+\dfrac{y'}{w'}\right)+x'\left(\dfrac{3y'}{w'}+\dfrac{y'}{w}+\dfrac{y}{w'}+\dfrac{y}{w}\right)\right]$	
		$\Delta v_w=-\dfrac{\Delta w}{12w'w}\left[x\left(\dfrac{3y}{u}+\dfrac{y'}{u}+\dfrac{y}{u'}+\dfrac{y'}{u'}\right)+x'\left(\dfrac{3y'}{u'}+\dfrac{y'}{u}+\dfrac{y}{u'}+\dfrac{y}{u}\right)\right]$	
	$v=\dfrac{xyz}{uw}$	$\Delta v_x=\dfrac{\Delta x}{60}\left[3\left(\dfrac{y'z}{uw}+\dfrac{yz'}{uw}+\dfrac{yz}{u'w}+\dfrac{yz}{uw'}\right)+2\left(\dfrac{y'z'}{uw}+\dfrac{y'z}{u'w}+\dfrac{y'z}{uw'}+\dfrac{yz'}{u'w}+\dfrac{yz'}{uw'}+\dfrac{yz}{u'w'}\right)+3\left(\dfrac{y'z'}{u'w}+\dfrac{y'z'}{uw'}+\dfrac{yz'}{u'w'}+\dfrac{y'z}{u'w'}\right)+12\left(\dfrac{y'z'}{u'w'}+\dfrac{yz}{uw}\right)\right]$	用 Δy、Δz 替换式中 Δx，而用 x'、x 替换 y'、y 和 z'、z，可得 Δv_y、Δv_z 的计算公式

指标类型	函数形式	分析计算公式	附　注
积商指标	$v=\dfrac{xyz}{uw}$	$\Delta v_u=\dfrac{-\Delta u}{60u'u}\left[3\left(\dfrac{x'yz}{w}+\dfrac{xy'z}{w}+\dfrac{xyz'}{w}+\dfrac{xyz}{w'}\right)+\right.$ $2\left(\dfrac{x'y'z}{w}+\dfrac{x'yz'}{w}+\dfrac{x'yz}{w'}+\dfrac{xy'z'}{w}+\right.$ $\left.\dfrac{xy'z}{w'}+\dfrac{xyz'}{w'}\right)+3\left(\dfrac{x'y'z'}{w}+\dfrac{x'y'z}{w'}+\right.$ $\left.\dfrac{x'yz'}{w'}+\dfrac{xy'z'}{w'}\right)+12\left(\dfrac{x'y'z'}{w'}+\dfrac{xyz}{w}\right)\right]$	用 Δw 替换式中 Δu，而用 u'、u 替换 w'、w，可得 Δv_w 的计算公式
	$v=\dfrac{wxyz}{su}$	$\Delta v_w=\dfrac{\Delta w}{60}\left[2\left(\dfrac{x'yz}{su}+\dfrac{xy'z}{su}+\dfrac{xyz'}{su}+\dfrac{xyz}{su}+\right.\right.$ $\dfrac{xyz}{su'}+\left(\dfrac{x'y'z}{su}+\dfrac{x'yz'}{su}+\dfrac{x'yz}{s'u}+\right.$ $\dfrac{x'yz}{su'}+\dfrac{xy'z'}{su}+\dfrac{xy'z}{s'u}+\dfrac{xy'z}{su'}+$ $\dfrac{xyz'}{s'u}+\dfrac{xyz'}{su'}+\dfrac{xyz}{s'u'}\Big)+\left(\dfrac{x'y'z'}{su}+\right.$ $\dfrac{x'y'z}{s'u}+\dfrac{x'y'z}{su'}+\dfrac{x'yz'}{s'u}+\dfrac{x'yz'}{su'}+$ $\dfrac{x'yz}{s'u'}+\dfrac{xy'z'}{s'u}+\dfrac{xy'z'}{su'}+\dfrac{xy'z}{s'u'}+$ $\dfrac{xyz'}{s'u'}\Big)+2\left(\dfrac{x'y'z'}{s'u}+\dfrac{x'y'z'}{su'}+\dfrac{x'y'z}{s'u'}+\right.$ $\left.\dfrac{x'yz'}{s'u'}+\dfrac{xy'z'}{s'u'}\right)+10\left(\dfrac{x'y'z'}{s'u'}+\dfrac{xyz}{su}\right)\right]$	分别用 Δx、Δy、Δz 替换式中 Δw，而用 w'、w 替换式中 x'、x，y'、y 和 z'、z，可得 Δv_x、Δv_y、Δv_z 的计算公式
复合指标	$v=\dfrac{x}{suw}$	$\Delta v_x=\dfrac{\Delta x}{12}\left[3\left(\dfrac{1}{s'u'w'}+\dfrac{1}{suw}\right)+\left(\dfrac{1}{s'uw}+\right.\right.$ $\left.\dfrac{1}{su'w}+\dfrac{1}{suw'}\right)+\left(\dfrac{1}{s'u'w}+\dfrac{1}{s'uw'}+\right.$ $\left.\left.\dfrac{1}{su'w'}\right)\right]$	
		$\Delta v_s=-\dfrac{\Delta s}{12s's}\left[3\left(\dfrac{x'}{u'w'}+\dfrac{x}{uw}\right)+\left(\dfrac{x'}{uw}+\dfrac{x}{u'w}+\right.\right.$ $\left.\dfrac{x}{uw'}\right)+\left(\dfrac{x'}{u'w}+\dfrac{x'}{uw'}+\dfrac{x}{u'w'}\right)\Big]$	分别用 Δu、Δw 替换式中 Δs，而用 u'、u 和 w'、w 替换 s'、s，可得 Δv_u、Δv_w 计算公式
	$v=\dfrac{xy}{suw}$	$\Delta v_x=\dfrac{\Delta x}{60}\left[3\left(\dfrac{y'}{suw}+\dfrac{y}{s'uw}+\dfrac{y}{su'w}+\dfrac{y}{suw'}\right)+\right.$ $\left(\dfrac{y'}{s'uw}+\dfrac{y'}{su'w}+\dfrac{y'}{suw'}+\dfrac{y}{s'u'w}+\dfrac{y}{s'uw'}+\right.$ $\left.\dfrac{y}{su'w'}\right)+3\left(\dfrac{y'}{s'u'w}+\dfrac{y'}{s'uw'}+\dfrac{y'}{su'w'}+\right.$ $\left.\dfrac{y}{s'u'w'}\right)+12\left(\dfrac{y'}{s'u'w'}+\dfrac{y}{suw}\right)\right]$	分别用 Δy 替换式中 Δx，而用 x'、x 替换 y'、y，可得 Δv_y 计算公式
		$\Delta v_s=-\dfrac{\Delta s}{60s's}\left[3\left(\dfrac{x'y}{uw}+\dfrac{xy'}{uw}+\dfrac{xy}{u'w}+\dfrac{xy}{uw'}\right)+\right.$ $2\left(\dfrac{x'y'}{uw}+\dfrac{x'y}{u'w}+\dfrac{x'y}{uw'}+\dfrac{xy'}{u'w}+\dfrac{xy'}{uw'}+\right.$ $\left.\dfrac{xy}{u'w'}\right)+3\left(\dfrac{x'y'}{u'w}+\dfrac{x'y'}{uw'}+\dfrac{x'y}{u'w'}+\right.$ $\left.\dfrac{xy'}{u'w'}\right)+12\left(\dfrac{x'y'}{u'w'}+\dfrac{xy}{uw}\right)\right]$	分别用 Δu、Δw 替换式中 Δs，而用 u'、u 和 w'、w 替换 s'、s，可得 Δv_u、Δv_w 计算公式
特殊形式商指标	$v=\dfrac{1}{\dfrac{x_1}{y_1}+\dfrac{x_2}{y_2}+\cdots}$	$\Delta v_{x_n}=-\dfrac{\Delta x_n v'v}{2y'_ny_n}(y'_n+y_n)$	
		$\Delta v_{y_n}=\dfrac{\Delta y_n v'v}{2y'_ny_n}(x'_n+x_n)$	

四、因素分析中的矩阵方法

(一)矩阵的对角均差

定义 9-1　设 n 阶方阵 $\boldsymbol{R}=(r_{ij})_{n\times n}$，称

$$R_{ij}^+=\frac{1}{2}\big[(r_{ii}-r_{jj})+(r_{ij}-r_{ji})\big]\quad(i\neq j) \tag{9-61}$$

$$R_{ij}^-=\frac{1}{2}\big[(r_{ii}-r_{jj})+(r_{ji}-r_{ij})\big]\quad(i\neq j) \tag{9-62}$$

分别为矩阵 $\boldsymbol{R}$ 中 i 对 j 的对角正均差和对角逆均差；二者统称为矩阵的对角均差。特别地，当 $n=2$，规定 $i=1,j=2$，这时，R_{ij}^{+-} 可简写为 R^{+-}。

容易推出，矩阵的对角均差具有下列性质：

(1) $R_{ij}^+ + R_{ij}^- = r_{ii}-r_{jj}$，$R_{ij}^+ - R_{ij}^- = r_{ij}-r_{ji}$

(2) $R_{ij}^+ = -R_{ji}^+$，$R_{ij}^- = -R_{ji}^-$

(3) $R_{ij}^+ = (\boldsymbol{R}^{\mathrm{T}})_{ij}^-$（$\boldsymbol{R}^{\mathrm{T}}$ 是 $\boldsymbol{R}$ 的转置）

(二)双因素积指标的矩阵分析法

1. 计算原理

设指标 F 等于 a,b 两因素的乘积：$F=ab$，称 F 为双因素积指标。在基期，F,a,b 的数值分别记作 F_0,a_0,b_0；在报告期，F,a,b 的数值分别记作 F_1,a_1,b_1。我们的问题是：F 由 F_0 变到 F_1，a 和 b 对 F 的影响值各是多少(即各起了多大作用)？

令 $\Delta F=F_1-F_0$，$\Delta a=a_1-a_0$，$\Delta b=b_1-b_0$，分别称为 F,a,b 的增量，则

$$\Delta F=F_1-F_0=a_1b_1-a_0b_0=(a_0+\Delta a)(b_0+\Delta b)-a_0b_0$$

即

$$\Delta F=\Delta ab_0+\Delta ba_0+\Delta a\Delta b \tag{9-63}$$

上式表明，F 的增量由三部分组成：b 不变 a 变动产生的影响 Δab_0，a 不变 b 变动产生的影响 Δba_0，a 和 b 同时变动产生的影响 $\Delta a\Delta b$。这一结果从图 7-1 可以清楚地看出。显然，式(9-63)右边三项分别对应图 9-1 中的②、③、④三块矩形面积。

考虑到 $\Delta a\Delta b$ 在 a,b 的变化过程无法确切知道的情况下采取对半均分的办法处理较为合理，故 a 和 b 对 F 的影响值 ΔF_a 和 ΔF_b 分别为

$$\Delta F_a=\Delta ab_0+\frac{1}{2}\Delta a\Delta b \tag{9-64}$$

$$\Delta F_b=\Delta ba_0+\frac{1}{2}\Delta a\Delta b \tag{9-65}$$

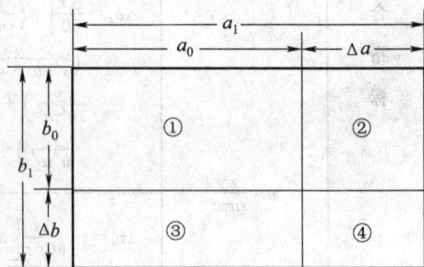

图 9-1　Δa 和 Δb 同时为正时
ΔF 的几何解释

这样一来，ΔF_a 等于②加上④的一半，ΔF_b 等于③加上④的一半。

把 $\Delta a=a_1-a_0$，$\Delta b=b_1-b_0$ 代入式(9-64)和(9-65)并展开，得

$$\Delta F_a=\frac{1}{2}\big[(a_1b_1-a_0b_0)+(a_1b_0-a_0b_1)\big] \tag{9-66}$$

$$\Delta F_b=\frac{1}{2}\big[(a_1b_1-a_0b_0)+(a_0b_1-a_1b_0)\big] \tag{9-67}$$

将式(9-66)、(9-67)与式(9-61)、(9-62)比较不难发现,它们具有相同的形式。因此,可以借助矩阵的对角均差这一概念来表示和计算指标的因素影响值。

令列矩阵 $\boldsymbol{A}=(a_1 \quad a_0)^{\mathrm{T}}$,行矩阵 $\boldsymbol{B}=(b_1 \quad b_0)$,二阶方阵

$$\boldsymbol{R}=\boldsymbol{AB}=\begin{pmatrix} a_1b_1 & a_1b_0 \\ a_0b_1 & a_0b_0 \end{pmatrix} \tag{9-68}$$

则 a,b 对 F 的影响值为

$$\Delta F_a=R^+ \qquad \Delta F_b=R^- \tag{9-69}$$

令

$$\delta F_a=\frac{\Delta F_a}{F_0} \qquad \delta F_b=\frac{\Delta F_b}{F_0} \tag{9-70}$$

分别称为因素 a,b 对 F 的影响指数。由矩阵对角均差的性质(1),$\Delta F_a+\Delta F_b=\Delta F$,故有

$$\delta F_a+\delta F_b=\frac{\Delta F_a}{F_0}+\frac{\Delta F_b}{F_0}=\frac{\Delta F}{F_0}$$

这个结果与问题的要求是相符的,而由传统的因素分析法是得不到这一结果的。

2. 公式的统一

从上面的推导过程可知,式(9-69)是基于图9-1这种 Δa 和 Δb 同时为正的情况得出的。那么,当 Δa 和 Δb 一正一负或同时为负时,式(9-69)是否仍然适用呢?答案是肯定的。

让我们考察一下 Δa 和 Δb 一正一负(不妨设 $\Delta a>0,\Delta b<0$)时的情况,如图9-2所示。

要证明式(9-69)适用于图9-2,归根到底只需证明式(9-63)对于图9-2是不变的。观察图9-2,有

$\Delta F=F_1-F_0=a_1b_1-a_0b_0=①+②-(①+③)=②-③$
$=②+④-③-④=\Delta ab_0-|\Delta b|a_0-\Delta a|\Delta b|$

因为 $\Delta b<0$,所以 $-|\Delta b|=\Delta b$,于是 $\Delta F=\Delta ab_0+\Delta ba_0+\Delta a\Delta b$。这就证明了在 Δa 和 Δb 一正一负时式(9-63)的不变性。

同样的道理,当 Δa 和 Δb 同时为负时,式(9-63)也是成立的(此时 ΔF 肯定为负)。因此,无论 a 和 b 变动方向相同或相异,F 增量的表达式是不变的,从而式(9-69)在任何情况下都适用。

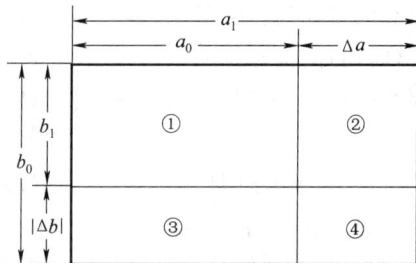

图9-2　$\Delta a>0,\Delta b<0$ 时 ΔF 的几何解释

【例9-3】　某铁路运输企业某年货物周转量、货物运送量和货物平均运程的统计资料见表9-9。

用矩阵分析法计算货物运送量(以 a 表示)和货物平均运程(以 b 表示)对货物周转量(以 F 表示)的因素影响值如下

表9-9　某铁路运输企业某年货物周转量有关资料

	货物周转量 (亿 t·km)	货物运送量 (亿 t)	货物平均运程 (km)
实际	1 056	2.2	480
计划	1 000	2.0	500

$$\boldsymbol{A}=\begin{pmatrix} a_1 \\ a_0 \end{pmatrix}=\begin{pmatrix} 2.2 \\ 2.0 \end{pmatrix} \qquad \boldsymbol{B}=(b_1 \quad b_0)=(480 \quad 500)$$

$$\boldsymbol{R}=\boldsymbol{AB}\begin{pmatrix} 2.2 \\ 2.0 \end{pmatrix}(480 \quad 500)=\begin{pmatrix} 1\,056 & 1\,100 \\ 960 & 1\,000 \end{pmatrix}$$

于是　　　　　　　　$\Delta F_a=R^+=98 \qquad \Delta F_b=R^-=-42$

$$\delta F_a=\frac{\Delta F_a}{F_0}=\frac{98}{1\,000}=9.8\% \qquad \delta F_b=\frac{\Delta F_b}{F_0}=\frac{-42}{1\,000}=-4.2\%$$

由此得出结论:因货物运送量超额完成计划使货周量超计划 9.8%,即超额 98 亿 t·km,因货物平均运程未完成计划使货周量欠计划 4.2%,即欠 42 亿 t·km,二者综合影响,使货周量实际比计划超过 56 亿 t·km,即超额完成计划 5.6%。

3. 商指标的变换

形式如 $F=a/b$ 的商指标,只需变换成 $F=a \cdot \dfrac{1}{b}$ 的形式,便如同积指标一样,完全可以利用矩阵的对角均差计算其因素影响值。具体地说就是,令

$$\boldsymbol{A}=\begin{pmatrix} a_1 \\ a_0 \end{pmatrix} \qquad \boldsymbol{B}=\begin{pmatrix} \dfrac{1}{b_1} & \dfrac{1}{b_0} \end{pmatrix}$$

则

$$\boldsymbol{R}=\boldsymbol{A}\boldsymbol{B}=\begin{pmatrix} \dfrac{a_1}{b_1} & \dfrac{a_1}{b_0} \\ \dfrac{a_0}{b_1} & \dfrac{a_0}{b_0} \end{pmatrix} \tag{9-71}$$

于是

$$\Delta F_a = R^+ \qquad \Delta F_b = R^-$$

4. 多阶因素分析的矩阵表示

上面讨论的是在报告期和基期都固定的情况下,把报告期指标值与基期指标值进行对比所作的因素分析,可以称之为"2 阶因素分析"。这种 2 阶因素分析是用得很广泛的。例如把今年的指标与去年对比,本月与上月对比,实际数与计划数对比等。但是人们还希望能把若干年(时期)的指标排在一起,取任意两年(时期)对比,分析其因素影响值,这便形成了所谓"多阶因素分析"。利用矩阵方法进行这种报告期和基期处于可变状态的多阶因素分析是非常方便的。

设 $F=ab$,时期 $1,2,\cdots,n$ 的 F,a,b 的值分别记作 $F_1,a_1,b_1;F_2,a_2,b_2;\cdots;F_n,a_n,b_n$。构造列矩阵 $\boldsymbol{A}=(a_1 a_2 \cdots a_n)^{\mathrm{T}}$,行矩阵 $\boldsymbol{B}=(b_1 b_2 \cdots b_n)$,计算 n 阶方阵

$$\boldsymbol{R}=\boldsymbol{A}\boldsymbol{B}=\begin{pmatrix} a_1 \\ a_2 \\ \vdots \\ a_n \end{pmatrix}(b_1 b_2 \cdots b_n)=\begin{pmatrix} a_1 b_1 & a_1 b_2 & \cdots & a_1 b_n \\ a_2 b_1 & a_2 b_2 & \cdots & a_2 b_n \\ \vdots & \vdots & \vdots & \vdots \\ a_n b_1 & a_n b_2 & \cdots & a_n b_n \end{pmatrix} \tag{9-72}$$

则第 i 期(报告期)与第 j 期(基期)比较$(i \neq j)$,a 和 b 的因素影响值分别为

$$\Delta F_a^{ij} = R_{ij}^+ \qquad \Delta F_b^{ij} = R_{ij}^- \tag{9-73}$$

如果把时期按 $n,n-1,\cdots,2,1$ 的顺序排列,所得结果是一致的。事实上,利用矩阵对角均差的性质(2),计算结果可以方便地互相转换,因而不必拘泥于某一种排列顺序。

顺便指出,对于报告期和基期的含义应作广义的理解。他们不仅可以表示两个不同的时期,不同的状态(实际与计划),而且可以代表两个不同的空间地域、生产单位、产品种类、运输方式等等。这样一来,相互比较的对象可能增多而形成多阶因素分析问题,对此,用矩阵方法表示和计算将极为简便。

(三)积和指标的矩阵分析法

1. 第一种形式:$F=\sum a_i b_i (i=1,2,\cdots,n)$

将 F,a_i,b_i 在报告期和基期的数值分别记作 F_1,a_{i1},b_{i1} 和 F_0,a_{i0},b_{i0},则 a_i 和 b_i 的增量为 $\Delta a_i = a_{i1}-a_{i0}$,$\Delta b_i=b_{i1}-b_{i0}$,$F$ 的增量为 $\Delta F=F_1-F_0=\sum a_{i1}b_{i1}-\sum a_{i0}b_{i0}$。这里,符号"$\sum$"表示对 i 求和,即对整体的各部分求和(下同)。这样,

$$\Delta F = \sum (a_{i0} + \Delta a_i)(b_{i0} + \Delta b_i) - \sum a_{i0}b_{i0} = \sum (\Delta a_i b_{i0} + \Delta b_i a_{i0} + \Delta a_i \Delta b_i)$$

与双因素积指标因素影响值的计算原理类似,有

$$\Delta F_a = \sum \Delta a_i b_{i0} + \frac{1}{2} \sum \Delta a_i \Delta b_i \qquad (9-74)$$

$$\Delta F_b = \sum \Delta b_i a_{i0} + \frac{1}{2} \sum \Delta a_i \Delta b_i \qquad (9-75)$$

把 $\Delta a_i = a_{i1} - a_{i0}, \Delta b_i = b_{i1} - b_{i0}$ 代入式(9-74),(9-75)并展开,得

$$\Delta F_a = \frac{1}{2} \sum \left[(a_{i1}b_{i1} - a_{i0}b_{i0}) + (a_{i1}b_{i0} - a_{i0}b_{i1}) \right] \qquad (9-76)$$

$$\Delta F_b = \frac{1}{2} \sum \left[(a_{i1}b_{i1} - a_{i0}b_{i0}) + (a_{i0}b_{i1} - a_{i1}b_{i0}) \right] \qquad (9-77)$$

令
$$A = \begin{bmatrix} a_{11} & a_{21} & \cdots & a_{n1} \\ a_{10} & a_{20} & \cdots & a_{n0} \end{bmatrix} \qquad B = \begin{bmatrix} b_{11} & b_{10} \\ b_{21} & b_{20} \\ \vdots & \vdots \\ b_{n1} & b_{n0} \end{bmatrix}$$

$$R = AB = \begin{bmatrix} \sum a_{i1}b_{i1} & \sum a_{i1}b_{i0} \\ \sum a_{i0}b_{i1} & \sum a_{i0}b_{i0} \end{bmatrix} \qquad (9-78)$$

于是,由定义 1

$$\Delta F_a = R^+ \qquad \Delta F_b = R^-$$

2. 第二种形式: $F = ab + cd + \cdots$

对这种形式,因每一因素只在某一项出现,故只需将该因素所在项视作双因素积指标,套用式(9-68)、(9-69)计算该因素对这一项的影响值,即得该因素对 F 的影响值。

(四)加权平均指标的矩阵分析法

加权平均指标是统计中相当常见的一类指标,对这类指标同样可以用矩阵方法进行因素分析。设总体平均指标 F 是 n 组个体平均指标 $f_i = a_i/b_i (i=1,2,\cdots n)$ 的加权平均值,即

$$F = \frac{\sum a_i}{\sum b_i} = \frac{\sum b_i f_i}{\sum b_i} \qquad (9-79)$$

为看清问题的实质,将上式写成如下形式

$$F = \sum \frac{b_i}{\sum b_i} f_i = \sum w_i f_i \qquad (9-80)$$

式中 $w_i = b_i/\sum b_i$ 为第 i 组的权数(权重); f_i 为第 i 组的水平。

可见,加权平均指标 F 本质上是第一种形式的积和指标,它的大小受各组权数变动的影响,也受各组水平变动的影响。对 F 作因素分析,就是要求出各组权数变动对 F 的影响值——结构变动影响值 ΔF_w 和各组水平变动对 F 的影响值——水平变动影响值 ΔF_f。下面给出矩阵分析法的具体计算步骤。

第1步:以 b_{i1}, f_{i1} 和 b_{i0}, f_{i0} 分别代表 b_i 和 f_i 在报告期和基期的数值,构造结构矩阵 B 和水平矩阵 $\tilde{F}$。

$$B = \begin{bmatrix} b_{11} & b_{21} & \cdots & b_{n1} \\ b_{10} & b_{20} & \cdots & b_{n0} \end{bmatrix} \qquad \tilde{F} = \begin{bmatrix} f_{11} & f_{10} \\ f_{21} & f_{20} \\ \vdots & \vdots \\ f_{n1} & f_{n0} \end{bmatrix} \qquad (9-81)$$

第2步：对 $\boldsymbol{B}$ 矩阵的行向量归一化，得权数矩阵 $\boldsymbol{W}$。

$$\boldsymbol{W} = \begin{pmatrix} w_{11} & w_{21} & \cdots & w_{n1} \\ w_{10} & w_{20} & \cdots & w_{n0} \end{pmatrix}$$

其中

$$w_{i1} = \frac{b_{i1}}{\sum b_{i1}} \qquad w_{i0} = \frac{b_{i0}}{\sum b_{i0}} \qquad i = 1, 2, \cdots, n \qquad (9-82)$$

第3步：求 $\boldsymbol{R}$ 矩阵。

$$\boldsymbol{R} = \boldsymbol{W}\widetilde{\boldsymbol{F}} = \begin{pmatrix} \sum w_{i1} f_{i1} & \sum w_{i1} f_{i0} \\ \sum w_{i0} f_{i1} & \sum w_{i0} f_{i0} \end{pmatrix} \qquad (9-83)$$

第4步：计算矩阵 $\boldsymbol{R}$ 的对角均差 R^+ 和 R^-，最后得 $\Delta F_w = R^+$，$\Delta F_f = R^-$。

【例9-6】 某站货车静载重指标本月不如上月完成的好，要求分析其原因。有关资料见表9-10。

表9-10 货车静载重的有关统计资料

货物种类	货物发送量(t)		装 车 数		货车静载重(t/车)	
	上月 (a_{i0})	本月 (a_{i1})	上月 (b_{i0})	本月 (b_{i1})	上月 (f_{i0})	本月 (f_{i1})
重质货物	11 550	8 960	210	160	55	56
一般货物	11 475	12 740	255	280	45	45.5
轻浮货物	4 350	5 760	145	180	30	32
合 计	27 375	27 460	610	620	44.9	44.3

现用矩阵分析法对货车静载重进行因素分析。按照式(9-81)，构造结构矩阵 $\boldsymbol{B}$ 和水平矩阵 $\widetilde{\boldsymbol{F}}$ 为

$$\boldsymbol{B} = \begin{pmatrix} 160 & 280 & 180 \\ 210 & 255 & 145 \end{pmatrix} \qquad \widetilde{\boldsymbol{F}} = \begin{pmatrix} 56 & 55 \\ 45.5 & 45 \\ 32 & 30 \end{pmatrix}$$

对 $\boldsymbol{B}$ 矩阵的行向量归一化，得权数矩阵 $\boldsymbol{W}$ 为

$$\boldsymbol{W} = \begin{pmatrix} 0.258 & 0.452 & 0.290 \\ 0.344 & 0.418 & 0.238 \end{pmatrix}$$

由此，$\boldsymbol{R} = \boldsymbol{W}\widetilde{\boldsymbol{F}} = \begin{pmatrix} 44.3 & 43.2 \\ 45.9 & 44.9 \end{pmatrix}$，$R^+ = -1.65$，$R^- = 1.05$。

于是，结构变动影响值 $\Delta F_w = -1.65$(t/车)，影响指数 $\delta F_w = \dfrac{\Delta F_w}{F_0} = \dfrac{-1.65}{44.9} = -3.67\%$，

水平变动影响值 $\Delta F_f = 1.05$(t/车)，影响指数 $\delta F_f = \dfrac{\Delta F_f}{F_0} = \dfrac{1.05}{44.9} = 2.34\%$。

因素分析结果表明，由于三类货物的构成比例发生变化——重质货物比重由 34.4% 降为 25.8%，轻浮货物比重由 23.8% 上升至 29.0%，一般货物比重也有所上升，致使全部货物的货车静载重本月较上月降低 3.67%，即降低 1.65t/车；由于三类货物货车静载重水平都有提高，使货车静载重提高 2.34%，即提高 1.05t/车；两种因素综合作用的结果，使全站总的货车静载重降低 1.33%，即降低 0.6t/车。看来，结构变动起了主要作用。如果说货物结构是主要依赖于生产力布局的客观因素，那么，该站总的静载重指标有所下降就不应当受到批评，相反，每一

类货物的静载重都有提高,说明充分发挥了人的主观能动性,取得了成绩,应当给予表扬。

第四节　综合评价分析方法

一、综合评价分析概述

现代企业管理中的一个重要问题是定期对企业的生产和经营状况作出评价。企业的领导者或上级主管部门对企业生产、经营工作业绩的考核和评定,通常都不是用某一单项指标来进行的,而是采用某一能反映该企业生产、经营工作各个方面的指标体系。不同企业或企业部门所采用的指标体系可能包含有不同内容和不同数量的单项指标,同一企业在不同时期也可能采用不同的指标体系。例如,在铁路运输工作中,为考核和评定运输部门在组织"按图行车"方面的工作成绩,可以采用客、货列车出发、运行正点率和晚点列车平均晚点时间等项指标,并构成评价铁路列车运行秩序的指标体系。

假定某一时期某企业采用的指标体系为 A,所包含的单项指标为 A_i,$(i=1,2,\cdots,n)$。因而,用指标体系 A 评价企业工作的成绩,应该用各单项指标 A_i 的综合效果来表示。

单项指标 A_i,就其指标性质的不同,可以分为实物指标和价值指标两类。实物指标和价值指标不仅表现为指标的计量单位不同,而且也常常表现为效果不同。

用定量指标体系作综合评价时,采用的方法主要有价值指标综合法和指标综合评价数法两类。价值指标综合法是指将指标体系 A 所包含的单项指标 A_i,按其实际完成情况换算为以货币形式表示的价值指标,并加以综合的方法。指标综合评价数法是指将指标体系 A 所包含的单项指标 A_i,按其实际完成情况换算为无量纲的综合评价数,并加以综合的方法。

用包含有定性分析指标的指标体系作综合评价时,可采用模糊数学方法作综合评价分析。

二、综合评价的比重系数法

1. 指标评价比重系数

综合评价的比重系数法是以分析期指标实际完成数为基础,以指标的计划标准为比较对象,根据比较结果的指标评价比重系数,确定指标体系各项指标评价数的一种综合评价分析方法。

指标体系的每一项指标就其对企业或企业部门工作全局的作用而言,不一定完全等价,也就是说,在指标体系的各项指标中必有主次之分。因此,在利用某一指标体系对企业或企业部门工作作综合评价分析时,对各项指标的评价应区别对待。

指标评价比重系数(b_i)或称指标重要度系数,是用来反映某一指标在指标体系综合评价中所起作用的比重值,并规定

$$\sum_{i=1}^{n} b_i = 100$$

指标评价比重系数通常可采用"0,1"顺序法确定。"0,1"顺序法是确定指标重要度顺序的一种方法。采用这一方法时,由企业主管部门有关人员、企业领导及有关技术人员组成评议组,通过对指标体系中所有指标一对一的比较,评议组一致认为(带半强制性)重要的指标在评议表上是 1,而相对不重要的指标是 0。将每一指标的评议结果加总得指标评议数,然后再根据指标评议数计算确定指标评价比重系数。

对于包含有 n 项指标的指标体系,根据指标评议数(C_i)确定指标评价比重系数的计算公

式为

$$b_i = \frac{C_i + 1}{\sum\limits_{i=1}^{n} C_i + n} \times 100 \qquad (9-84)$$

对于包含指标项数较多,且在指标体系内已将指标分为若干指标类的指标体系,为了简化确定指标评价比重系数的指标重要度顺序评议工作,也可以将评议工作分两步进行:

第一步首先按指标类评议指标,确定指标类评议数 C_j。

第二步对每一指标类评议指标,确定指标评议数 C_{ji}。

$$b_{ji} = \frac{C_j + 1}{\sum\limits_{j=1}^{m} C_j + m} \times \frac{C_{ji} + 1}{\sum\limits_{i=1}^{n_j} C_{ji} + n_j} \times 100 \qquad (9-85)$$

式中　m——指标体系划分的指标类数;

　　　n_j——指标类 j 包含的指标项数。

2. 指标评价数

指标评价数(P_i)是用以表示根据分析期指标计划完成情况及指标评价比重系数,对指标评定成绩的评价数,其计算公式为

$$P_i = \rho_i b_i \qquad (9-86)$$

式中　ρ_i——分析期指标计划完成系数。

3. 指标体系评价数

指标体系评价数(P)是以综合反映企业或企业部门分析期工作成绩的数值,它用各项指标的评价数之和表示,即

$$P = \sum\limits_{i=1}^{n} P_i \qquad (9-87)$$

利用指标体系评价数既可以对企业或企业部门的工作成绩作出综合评价,也可以直接用于同类企业或企业部门间的竞赛评比或工作成绩的排序。

三、模糊综合评判法

模糊综合评判法的步骤如下:

1. 确定影响因素集

对于某一具体的评判问题,首先要明确影响该评判问题的因素,这些因素的集合,称为影响因素集。

例如影响旅客运输服务质量的因素主要有安全、快速、准确、经济、方便等方面。

2. 建立影响因素的权重集

由于不同的影响因素对评判目标的影响程度不同,因而要确定各个影响因素的权重,这些权重的集合构成影响因素的权重集。

对旅客运输服务质量评判问题,各影响因素的权重集可通过专家调查法建立。为此,应向有关专家发放旅客运输服务质量影响因素权重评分表。由专家根据旅客运输服务质量五个影响因素的相对重要程度,进行评分,见表 9-11。

具体评分标准是:第 i 行因素与第 j 列因素相比,当认为第 i 行因素非常重要时,则在第 i 行第 j 列处打 4 分,同时在第 j 行第 i 列处打 0 分,当认为第 j 列因素特别重要时,则在第 i 行第 j 列处上打 0 分,同时在第 j 行第 i 列处上打 4 分;当认为第 i 行因素比较重要时,则在第 i 行第 j 列处上打 3 分,同时在第 j 行第 i 列处打 1 分,当认为第 j 列因素比较重要时,则在第 i 行

第 j 列处上打 1 分,同时在第 j 行第 i 列处打 3 分;当认为两者同等重要时,则在第 i 行第 j 列处上打 2 分,同时在第 j 行第 i 列处也打 2 分;在 $i=j$ 处打 0 分。

设共有 K 位专家参加打分,且第 k 位专家在第 i 行第 j 列的打分为 P_{ijk},则影响因素 u_i 的权重 a_i 可按下式计算

表 9-11　客运服务质量影响因素权重评分表

u_i ＼ u_j	安全(u_1)	快速(u_2)	准确(u_3)	经济(u_4)	方便(u_5)
安全(u_1)	0				
快速(u_2)		0			
准确(u_3)			0		
经济(u_4)				0	
方便(u_5)					0

$$a_i = \frac{\sum_{k=1}^{K}\sum_{j=1}^{5} P_{ijk}}{\sum_{k=1}^{K}\sum_{i=1}^{5}\sum_{j=1}^{5} P_{ijk}} \qquad (9-88)$$

3. 建立决断集(评价集)

决断集是对评判问题的评价结果的集合。

可将旅客运输服务质量评判问题的决断集定为 $V=(v_1,v_2,v_3,v_4)=$(优秀,良好,一般,较差)。

4. 确定模糊关系矩阵

对于某一具体的评判问题,各影响因素对各决断因素的隶属度即构成模糊关系矩阵。

对于旅客运输服务质量评判问题,其模糊关系矩阵也需要通过专家调查法来确定。在向专家发放的调查问卷上,首先应介绍被评单位的基本情况,如在客运安全、快速、准确、经济、方便方面的具体指标,请专家根据上述情况进行判断和评分。

请专家根据该单位旅客运输服务质量的有关指标,决定对某单位旅客服务质量的评判(即优秀,良好,一般,较差)。设共有 K 位专家参加评判,其中 K_{11} 位专家认为优秀,K_{12} 位专家认为良好,K_{13} 位专家认为一般,K_{14} 位专家认为较差,则影响因素 u_1 对决断因素 v_j 的隶属度 r_{1j} 可按下式计算

$$r_{1j}=K_{1j}/K \quad (j=1,2,3,4) \qquad (9-89)$$

各影响因素对各决断因素隶属度的集合,即构成模糊关系矩阵 R,$R=(r_{ij})_{5\times4}$

5. 建立评判模型

对某单位旅客服务质量进行评判的数学模型为

$$B=AoR^T \qquad (9-90)$$

式中,$B=\{b_1,b_2,b_3,b_4\}$ 为评判结果,其中 b_1、b_2、b_3、b_4 分别表示评判结果对决断因素 v_1,v_2,v_3,v_4 的隶属度;A 为影响因素的权重集;R^T 为模糊关系矩阵 R 的转置矩阵;o 为模糊算子,本文采用($\cdot$,∨)算子,即加权平均算子,可用下式表示

$$b_j=\sum_{i=1}^{5} a_i r_{ij}(j=1,2,3,4) \qquad (9-91)$$

6. 进行评判

一般按照最大隶属度原则确定评判结果,即根据 b_1,b_2,b_3,b_4 中的最大者决定对该单位旅

客运输服务质量的评判。

设 $b_j^* = \max\{b_1, b_2, b_3, b_4\}$，则对该单位旅客运输服务质量的评判结果应为 v_j^*。

复习思考题

1. 分别写出正指标和逆指标的计划完成情况商比分析计算公式。

2. 指标的定基发展速度、环比发展速度、定基增长速度、环比增长速度有何区别和联系？分别应如何计算？

3. 简述指标因素影响分析法的原理和常用计算公式。

4. 列举用矩阵法进行因素影响分析的常用计算公式。

5. 试述综合评价的比重系数法的原理和步骤。

6. 简述模糊综合评判法的步骤。

第十章　机车车辆运用指标的因素影响分析

机车车辆是铁路的活动设备,提高机车车辆使用效率是铁路运输企业降低运输成本,提高经济效益的重要途径。铁路货车运用指标主要有货车周转时间、货车日车公里、货车静载重、货车日产量等。铁路机车运用指标主要有:机车周转时间、机车日车公里、机车日产量等。本章主要介绍对上述机车车辆运用指标进行因素影响分析的方法。

第一节　货车运用指标的因素影响分析

一、对货车运用指标进行因素影响分析的意义

考核货车运用效率的指标主要有:

1. 反映货车在时间上利用程度的基本指标——货车周转时间和货车日车公里。

2. 反映货车载重量利用程度的基本指标——货车静载重和货车载重力利用率。

3. 综合反映货车运用效率的指标——货车日产量。

分析货车运用指标的目的就在于通过对上述各项货车运用指标实际完成情况的分析,来研究货车运用效率及其提高情况,考核有关部门的工作质量,提出进一步提高货车运用效率的措施。

各项货车运用指标分析,应包括计划完成情况分析和动态分析两个部分。在这些分析中,为查明计划完成情况和不同时期指标变化的原因,应就指标的各项构成因素作因素影响分析,以便挖掘货车运用潜力,提高运用效率。

二、货车周转时间的因素影响分析

货车周转时间是反映货车运用效率的基本指标。货车周转时间与工作量的关系可用下式表示

$$工作量 = \frac{运用车数}{货车周转时间}$$

即

$$U_装 = \frac{N}{\theta} \tag{10-1}$$

由此可见,在一定运用车数的条件下,所能完成的运输任务(装车数)的多少,直接与货车周转时间的大小有关。

此外,货车周转的加速,也可以提高货物的送达速度,加速流动资金周转,从而为国家从流通领域内解放出大量资财,以加速国民经济建设。可见,加速货车周转对国民经济的发展也有重大意义。

货车周转时间指标的综合性,决定了压缩货车周转时间是全路职工的一项共同任务。货车周转时间因素影响分析的目的,就在于通过对货车周转时间及各项因素的影响分析,及时总

结改善货车运用的经验,揭露存在的问题及其薄弱环节,研究在具体条件下加速货车周转的途径,以不断缩短货车周转时间。

(一)货车周转时间的分项分析

在定期分析或专题分析中,对货车周转时间的各项因素及其对货车周转时间影响所作的分析,称为货车周转时间的分项分析。

货车周转时间分项分析应利用货车周转时间的时间相关法计算公式进行,该公式可表示为

$$\theta = T_运 + T_技 + T_货 = \frac{1}{24}\left(\frac{l}{v_旅} + \frac{lt_技}{L} + kt_货\right) \tag{10-2}$$

式中 θ——货车周转时间,d;

$T_运$——货车一次周转途中各区段运行总时间,d;

$T_技$——货车一次周转途中各技术站中转总时间,d;

$T_货$——货车一次周转中装卸作业站停留总时间,d;

l——货车全周距,km;

$v_旅$——货物列车旅行速度,km/h;

$t_技$——中时,h;

L——货车平均中转距离,简称中距,km;

k——货车管内装卸率;

$t_货$——停时,h。

由式(10-2)可以看出,货车周转时间分项分析可以按全周距、旅行速度、中时、管内装卸率和停时等项因素作分析。

1. 货车周转距离对货车周转时间影响的计算方法

货车周转距离包括货车重周转距离(简称重周距)、货车空周转距离(简称空周距)和货车全周转距离(简称全周距)三个概念。

(1)全周距对货车周转时间影响的计算方法

全周距对货车周转时间影响的分析计算可分两部分进行。

在途中各区段运行中,全周距与货车周转时间(在途中各区段运行部分)的关系式为

$$T_运 = \frac{l}{24v_旅} \tag{10-3}$$

可见,全周距与货车周转时间(在途中各区段运行部分)为商指标关系,全周距是式中的分子项因素。由表9-8可以查得商指标分子项因素影响分析的一般式,将全周距和旅行速度代入一般式,则可得全周距对货车周转时间(在途中各区段运行部分)影响的计算公式。

在计划完成情况分析中

$$\Delta\theta_{l_运} = \frac{\Delta l}{48\ v_{旅实}\ v_{旅计}}(v_{旅实} + v_{旅计}) \tag{10-4}$$

式中,$\Delta\theta_{l_运}$ 为货车全周距对货车周转时间(在途中各区段运行部分)的影响值;各项计算因素中带"实"下角标者为指标实际数,带"计"下角标者为指标计划数,以下也相同。

在技术站停留,全周距与货车周转时间(在途中各技术站停留部分)的关系式为

$$T_技 = \frac{lt_技}{24L} \tag{10-5}$$

可见,全周距与货车周转时间(在途中各技术站停留部分)的关系为 $v = \frac{x_1 x_2}{y}$ 形式的积商

指标。假定全周距为关系式中的 x_1 因素,根据表 9 - 8 的一般式,在计划完成情况分析中,全周距对货车周转时间(在途中各技术站停留部分)影响的分析计算公式应为

$$\Delta\theta_{l\text{技}}=\frac{\Delta l}{144}\left(\frac{2t_{\text{技实}}}{L_{\text{实}}}+\frac{t_{\text{技计}}}{L_{\text{计}}}+\frac{t_{\text{技计}}}{L_{\text{实}}}+\frac{2t_{\text{技计}}}{L_{\text{计}}}\right) \qquad (10-6)$$

全周距对货车周转时间指标总的影响值 $\Delta\theta_l$ 为上述两部分之和,即

$$\Delta\theta_l=\frac{\Delta l}{48}\left[\frac{v_{\text{旅实}}+v_{\text{旅计}}}{v_{\text{旅实}}v_{\text{旅计}}}+\frac{1}{3}\left(\frac{2t_{\text{技实}}}{L_{\text{实}}}+\frac{t_{\text{技计}}}{L_{\text{计}}}+\frac{t_{\text{技计}}}{L_{\text{实}}}+\frac{2t_{\text{技计}}}{L_{\text{计}}}\right)\right] \qquad (10-7)$$

在分析计算中,当货车在技术站中转平均停留时间实际数与计划数的差异不很大时,为了简化计算,也可以将上式简化为

$$\Delta\theta_l\approx\frac{\Delta l}{48}\left[\frac{v_{\text{旅实}}+v_{\text{旅计}}}{v_{\text{旅实}}v_{\text{旅计}}}+\frac{t_{\text{技实}}}{L_{\text{实}}}+\frac{t_{\text{技计}}}{L_{\text{计}}}\right] \qquad (10-8)$$

(2)重周距和空车走行率对货车周转时间影响的计算方法

货车走行是由重车走行和空车走行两部分组成的。因而,全周距与重周距($l_{\text{重}}$)、空周距($l_{\text{空}}$)的关系式为

$$l=l_{\text{重}}+l_{\text{空}} \qquad (10-9)$$

而空周距与重周距之比称为空车走行率(简称空率,用 α 表示),因而全周距计算式也可写为

$$l=l_{\text{重}}(1+\alpha) \qquad (10-10)$$

可见,全周距与重周距和空率为两因素积指标的关系。由表 9 - 8 可以查得这一变化影响分析的一般式。将重周距和空率代入一般式,就可得出重周距、空率对全周距影响的分析计算公式。

在计划完成情况分析中

$$\Delta l_{l_{\text{重}}}=\frac{\Delta l_{\text{重}}}{2}(2+\alpha_{\text{实}}+\alpha_{\text{计}}) \qquad (10-11)$$

$$\Delta l_{\alpha}=\frac{\Delta\alpha}{2}(l_{\text{重实}}+l_{\text{重计}}) \qquad (10-12)$$

因为重周距和空率对全周距的影响构成了全周距的变化量,所以要分析重周距、空率对货车周转时间的影响,只要将全周距对货车周转时间的影响值按重周距对全周距影响值及空率对全周距影响值的比例分配给重周距和空率两个因素即可。故有

$$\Delta\theta_{l\text{重}}=\frac{\Delta l_{\text{重}}}{96}(2+\alpha_{\text{实}}+\alpha_{\text{计}})\left[\frac{v_{\text{旅实}}+v_{\text{旅计}}}{v_{\text{旅实}}v_{\text{旅计}}}+\frac{1}{3}\left(\frac{2t_{\text{技实}}}{L_{\text{实}}}+\frac{t_{\text{技实}}}{L_{\text{计}}}+\frac{t_{\text{技计}}}{L_{\text{实}}}+\frac{2t_{\text{技计}}}{L_{\text{计}}}\right)\right] \quad (10-13)$$

$$\Delta\theta_{\alpha}=\frac{\Delta\alpha}{96}(l_{\text{重实}}+l_{\text{重计}})\left[\frac{v_{\text{旅实}}+v_{\text{旅计}}}{v_{\text{旅实}}v_{\text{旅计}}}+\frac{1}{3}\left(\frac{2t_{\text{技实}}}{L_{\text{实}}}+\frac{t_{\text{技实}}}{L_{\text{计}}}+\frac{t_{\text{技计}}}{L_{\text{实}}}+\frac{2t_{\text{技计}}}{L_{\text{计}}}\right)\right] \quad (10-14)$$

2. 货物列车旅行速度和技术速度对货车周转时间影响的计算方法

货物列车旅行速度与货车周转时间(在途中各区段运行部分)的关系式为

$$T_{\text{运}}=\frac{l}{24v_{\text{旅}}} \qquad (10-15)$$

由以上关系式可以看出,货物列车旅行速度与货车周转时间(在途中各区段运行部分)为商指标的关系,货物列车旅行速度为分母项因素。根据商指标因素影响分析的一般式,可得货物列车旅行速度对货车周转时间影响的分析计算公式如下

$$\Delta\theta_{v_{\text{旅}}}=-\frac{\Delta v_{\text{旅}}}{48v_{\text{旅实}}v_{\text{旅计}}}(l_{\text{实}}+l_{\text{计}}) \qquad (10-16)$$

3. 货车中转距离和货车中转平均停留时间对货车周转时间影响的计算方法

货车中转距离和货车中转平均停留时间与货车周转时间(在途中各技术站停留部分)的关系式为

$$T_技 = \frac{lt_技}{24L} \qquad (10-17)$$

可见,货车中转距离、货车中转平均停留时间与货车周转时间(在途中各技术站停留部分)

为 $v = \dfrac{x_1 x_2}{y}$ 形式的积商指标关系。根据指标因素影响分析的一般式,可得货车中转距离、货车中转平均停留时间对货车周转时间影响的分析计算公式如下

$$\Delta\theta_L = -\frac{\Delta L}{144 L_实 L_计}(2l_实\, t_{技实} + l_计\, t_{技实} + l_实\, t_{技计} + 2l_计\, t_{技计}) \qquad (10-18)$$

$$\Delta\theta_{t_技} = \frac{\Delta t_技}{144}\left(\frac{2l_实}{L_实} + \frac{l_实}{L_计} + \frac{l_计}{L_实} + \frac{2l_计}{L_计}\right) \qquad (10-19)$$

4. 管内装卸率、一次货物作业平均停留时间对货车周转时间影响的计算方法

管内装卸率、一次货物作业平均停留时间与货车周转时间(在装卸作业站停留部分)的关系式为

$$T_货 = \frac{1}{24}kt_货 \qquad (10-20)$$

可见,管内装卸率、一次货物作业平均停留时间与货车周转时间为两因素积指标的关系。根据指标因素影响分析的一般式,可得管内装卸率、一次货物作业平均停留时间对货车周转时间影响的分析计算公式如下

$$\Delta\theta_{t_货} = \frac{\Delta t_货}{48}(k_实 + k_计) \qquad (10-21)$$

$$\Delta\theta_k = \frac{\Delta k}{48}(t_{货实} + t_{货计}) \qquad (10-22)$$

全周距、货物列车旅行速度、货车中距、中时、停时和管内装卸率等指标对货车周转时间影响值的计算公式,见表10-1。

表 10-1　货车周转时间因素影响分析计算公式汇总表

因　素	计　算　公　式	简　化　式
全周距	$\dfrac{\Delta l}{48}\left[\dfrac{v_{旅实}+v_{旅计}}{v_{旅实}\,v_{旅计}} + \dfrac{1}{3}\left(\dfrac{2t_{技实}}{L_实}+\dfrac{t_{技实}}{L_计}+\dfrac{t_{技计}}{L_实}+\dfrac{2t_{技计}}{L_计}\right)\right]$	$\dfrac{\Delta l}{48}\left[\dfrac{v_{旅实}+v_{旅计}}{v_{旅实}\,v_{旅计}} + \dfrac{t_{技实}}{L_实}+\dfrac{t_{技计}}{L_计}\right]$
旅　速	$-\dfrac{\Delta v_旅}{48 v_{旅实}\,v_{旅计}}(l_实 + l_计)$	
中　距	$-\dfrac{\Delta L}{144 L_实 L_计}(2l_实\, t_{技实} + l_计\, t_{技实} + l_实\, t_{技计} + 2l_计\, t_{技计})$	$-\dfrac{\Delta L}{48 L_实 L_计}(l_实\, t_{技实} + l_计\, t_{技计})$
中　时	$\dfrac{\Delta t_技}{144}\left(\dfrac{2l_实}{L_实}+\dfrac{l_实}{L_计}+\dfrac{l_计}{L_实}+2\dfrac{l_计}{L_计}\right)$	$\dfrac{\Delta t_技}{48}\left(\dfrac{l_实}{L_实}+\dfrac{l_计}{L_计}\right)$
停　时	$\dfrac{\Delta t_货}{48}(k_实 + k_计)$	
管内装卸率	$\dfrac{\Delta k}{48}(t_{货实} + t_{货计})$	

注:在分析计算分式中,若将分析期实际指标值代入实际项,将比较前期实际指标值代入计划项,则计算结果为不同时期比较的分析结果。

【例 10-1】　已知某企业货车周转时间计算资料见表 10-2。要求分析各因素对货车周转时间的影响。

表 10-2　货车周转时间因素影响分析资料

项　目		周　时(d)	全周距(km)	旅速(km/h)	中距(km)	中时(h)	管内装卸率	停时(h)
计划与实际	计　划	2.112	668	26.1	184	3.3	1.25	10.5
	实　际	2.350	603	24.8	176	4.0	1.28	14.1
	比较差	+0.238	−65	−1.3	−8	+0.7	+0.03	+3.6
分析期与前期	前　期	2.250	640	26.3	202	4.4	1.46	11.0
	分析期	2.350	603	24.8	176	4.0	1.28	14.1
	比较差	+0.100	−37	−1.5	−26	−0.4	−0.18	+3.1

根据表 10-1 中货车周转时间因素影响分析计算公式,代入表 10-2 中的数据,可得全周距、货物列车旅行速度、货车中距、中时、停时和管内装卸率等指标对货车周转时间的影响值见表 10-3。

表 10-3　货车周转时间因素影响分析计算结果

项　目		周　时(d)	全周距(km)	旅速(km/h)	中距(km)	中时(h)	管内装卸率	停时(h)
计划完成情况分析	计　划	2.112	668	26.1	184	3.3	1.25	10.5
	实　际	2.350	603	24.8	176	4.0	1.28	14.1
	比较差	+0.238	−65	−1.3	−8	+0.7	+0.03	+3.6
	对周时影响值(d)	—	−0.171	+0.056	+0.026	+0.109	+0.016	+0.202
分析期与前期比较分析	前　期	2.250	640	26.3	202	4.4	1.46	11.0
	分析期	2.350	603	24.8	176	4.0	1.28	14.1
	比较差	+0.100	−37	−1.5	−26	−0.4	−0.18	+3.1
	对周时影响值(d)	—	−0.132	+0.083	+0.110	−0.076	−0.131	+0.246

(二)货车周转时间的三种工作车周转时间影响分析

铁路运输企业的运用车可以划分为管内工作车、移交车和空车三部分,应分别计算相应的周转时间。铁路运输企业货车周转时间的完成情况是与这三种工作车周转时间的完成情况直接相关的。因此,在分析中为从各种工作车方面查明铁路运输企业货车周转时间指标的完成情况,也可以就各种工作车周转时间完成情况对铁路运输企业货车周转时间完成情况的影响作出分析。

铁路运输企业货车周转时间与三种工作车周转时间的关系可用下式表示

$$\theta = \rho_{管} \theta_{管} + \rho_{空} \theta_{空} + \rho_{移} \theta_{移} \qquad (10-23)$$

式中　$\theta_{管}$、$\theta_{空}$、$\theta_{移}$——分别为管内工作车周转时间、空车周转时间和移交车周转时间;

$\rho_{管}$、$\rho_{空}$、$\rho_{移}$——分别为用三种工作车工作量与总工作量之比表示的管内工作车工作量比数、空车工作量比数和移交车工作量比数。

可见,铁路运输企业货车周转时间的完成情况,不仅与三种工作车周转时间完成情况有关,而且也与工作车别工作量比数完成情况有关,为两因素积指标。这也就是在实际工作中出现三种工作车周转时间完成计划,而铁路运输企业货车周转时间没有完成计划;或者三种工作车周转时间没有完成计划,而铁路运输企业货车周转时间完成计划的原因(即由于工作车别工作量比例系数发生了变化)。

根据两因素积指标因素影响分析的一般式(见表9-8),可以得出工作车别周转时间对货车周转时间影响的计算公式,以及工作车别工作量比数对货车周转时间影响的计算公式,见表10-4。

表10-4　工作车别周转时间及工作车别工作量比数对货车周转时间影响的分析计算公式汇总表

因　　　素	计　算　公　式
管内工作车周转时间	$\Delta\theta_{管} = \dfrac{\Delta\theta_{管}}{2}(\rho_{管实} + \rho_{管计})$
空车周转时间	$\Delta\theta_{空} = \dfrac{\Delta\theta_{空}}{2}(\rho_{空实} + \rho_{空计})$
移交车周转时间	$\Delta\theta_{移} = \dfrac{\Delta\theta_{移}}{2}(\rho_{移实} + \rho_{移计})$
管内工作车工作量比数	$\Delta\theta_{\rho_{管}} = \dfrac{\Delta\rho_{管}}{2}(\theta_{管实} + \theta_{管计})$
空车工作量比数	$\Delta\theta_{\rho_{空}} = \dfrac{\Delta\rho_{空}}{2}(\theta_{空实} + \theta_{空计})$
移交车工作量比数	$\Delta\theta_{\rho_{移}} = \dfrac{\Delta\rho_{移}}{2}(\theta_{移实} + \theta_{移计})$

三、货车静载重指标的因素影响分析

1. 货车静载重指标的货物品类别装载车静载重影响分析

货车静载重($P_{静}$)与货物品类别装载车静载重的关系式可以表示为

$$P_{静} = \cfrac{1}{\dfrac{\rho_{发送量煤}}{P_{静煤}} + \dfrac{\rho_{发送量石油}}{P_{静石油}} + \cdots} \tag{10-24}$$

式中　$P_{静煤}$、$P_{静石油}$——货物品类别装载车静载重,t/车;

$\rho_{发送量煤}$、$\rho_{发送量石油}$——用货物品类别发送量与货物总发送量之比表示的品类别货物发送量比重。

可见,货车静载重不仅与货物品类别装载车静载重有关,而且也与品类别货物发送量比重有关,为一特殊形式的商指标。根据表9-8中特殊形式商指标因素影响分析的一般式,可得货车静载重的品类别装载车静载重的影响分析计算公式。

2. 货车静载重的运输企业(站)别影响分析

全路货车静载重($P_{静}$)与运输企业货车静载重的关系式可以表示为

$$P_{静} = \cfrac{1}{\dfrac{\rho_{发送量甲}}{P_{静甲}} + \dfrac{\rho_{发送量乙}}{P_{静乙}} + \cdots} \tag{10-25}$$

式中　$P_{静甲}$、$P_{静乙}$——运输企业别货车静载重,t/车;

$\rho_{发送量甲}$、$\rho_{发送量乙}$——用运输企业别货物发送量与货物总发送量之比表示的运输企业别货物发送量比重。

由上式可以看出,全路货车静载重不仅与运输企业别货车静载重有关,而且也与运输企业别货物发送量比重有关。它与货车静载重和货物品类别装载车静载重的关系相似,因此也可以按同样方法进行分析计算,计算公式见表10-5。

运输企业货车静载重与车站货车静载重的关系也与上述关系相同,因此也可以按同样方

法进行分析计算。

表 10 - 5　货车静载重因素影响分析计算公式汇总表

因　　素		计算公式(t/车)	简化式(t/车)
货车静载重的品类别影响分析	品类别静载重	$\Delta P_{静}P_{静煤} = \dfrac{\Delta P_{静煤}P_{静实}P_{静计}}{2P_{静煤实}P_{静煤计}}(\rho_{发送量煤实}+\rho_{发送煤计})$	
	品类别发送量比重	$\Delta P_{静}\rho_{发送量煤} = \dfrac{\Delta\rho_{发送量煤}P_{静实}P_{静计}}{2P_{静煤实}P_{静煤计}}(P_{静煤实}+P_{静煤计})$	
货车静载重的运输企业别影响分析	运输企业别静载重	$\Delta P_{静}P_{静甲} = \dfrac{\Delta P_{静甲}P_{静实}P_{静计}}{2P_{静甲实}P_{静甲计}}(\rho_{发送量甲实}+\rho_{发送量甲计})$	$\dfrac{\Delta P_{静甲}}{2}(\rho_{发送量甲实}+\rho_{发送量甲计})$
	运输企业别发送量比重	$\Delta P_{静}\rho_{发送量甲} = -\dfrac{\Delta\rho_{发送量甲}P_{静实}P_{静计}}{2P_{静甲实}P_{静甲计}}(P_{静甲实}+P_{静甲计})$	

四、货车日车公里因素影响分析

货车日车公里和货车周转时间都是用以反映货车在时间方面运用效率的指标,而且都与货车全周距的大小密切相关,为说明利用货车日车公里分析货车运用效率的原理,下面先对货车日车公里于货车周转时间及货车全周距的关系进行说明。

货车日车公里及货车周转时间与货车全周距的关系可用下式表示

$$货车日车公里=\frac{全周距}{周时}\quad(km/d)$$

即

$$S_{车}=\frac{l}{\theta} \tag{10-26}$$

$$货车周转时间=\frac{1}{24}\left[全周距\left(\frac{1}{旅速}+\frac{中时}{中距}\right)\right]+在货物站停留时间\quad(d)$$

即

$$\theta=\frac{1}{24}\left[l\left(\frac{1}{v_{旅}}+\frac{t_{技}}{L}\right)\right]+T_{货} \tag{10-27}$$

与货车周转时间类似,对货车日车公里作因素影响分析时,应包括如下内容:

1. 货车日车公里的分项因素影响分析

如前述,货车日车公里与全周距、货车周转时间的关系属于商指标形式。将全周距和货车周转时间代入商指标因素影响分析一般式,可得全周距、货车周转时间对货车日车公里影响值的分析计算公式。

在计划完成情况分析中,全周距对货车日车公里影响的分析计算公式为

$$\Delta S_{车l(分子项)}=\frac{\Delta l}{2\theta_{实}\,\theta_{计}}(\theta_{实}+\theta_{计}) \tag{10-28}$$

货车周转时间对货车日车公里影响的分析计算公式为

$$\Delta S_{车\theta}=-\frac{\Delta\theta}{2\theta_{实}\,\theta_{计}}(l_{实}+l_{计}) \tag{10-29}$$

因货车周转时间本身又受一系列因素的影响,所以还可以将货车周转时间对日车公里影响值分配给各因素,进而计算货车周转时间各项影响因素对货车日车公里的影响值。例如,

$$\begin{array}{l}\text{全周距对货车日车公里}\\ \text{影响值(分母项)}\end{array}=\text{周时对货车日车公里影响值}\times\dfrac{\text{全周距对周时影响值}}{\text{周时实际与计划差}}$$

$$=-\dfrac{\text{周时实际与计划差}}{2\times\text{周时实际数}\times\text{周时计划数}}\left(\dfrac{\text{全周距}}{\text{实际数}}+\dfrac{\text{全周距}}{\text{计划数}}\right)\dfrac{\text{全周距对周时影响值}}{\text{周时实际与计划差}}$$

$$=-\dfrac{\text{全周距实际数}+\text{全周距计划数}}{2\times\text{周时实际数}\times\text{周时计划数}}\times\text{全周距对周时影响值}$$

即

$$\Delta S_{车l(分母项)}=-\frac{(l_实+l_计)}{2\theta_实\ \theta_计}\Delta\theta_l \tag{10-30}$$

在分子项和分母项均包括全周距。因此,全周距对货车日车公里的影响值应等于这两部分影响值之和,即

$$\Delta S_{车l}=\frac{1}{2\theta_实\ \theta_计}\left[(\theta_实+\theta_计)\Delta l-(l_实+l_计)\Delta\theta_l\right] \tag{10-31}$$

用同样方法可以推导出旅速、中时、中距、管内装卸率和停时等因素对货车日车公里影响值的计算公式如下:

$$\Delta S_{车v_旅}=-\frac{(l_实+l_计)}{2\theta_实\ \theta_计}\Delta\theta_{v_旅} \tag{10-32}$$

$$\Delta S_{车t_技}=-\frac{(l_实+l_计)}{2\theta_实\ \theta_计}\Delta\theta_{t_技} \tag{10-33}$$

$$\Delta S_{车L}=-\frac{(l_实+l_计)}{2\theta_实\ \theta_计}\Delta\theta_{L} \tag{10-34}$$

$$\Delta S_{车k}=-\frac{(l_实+l_计)}{2\theta_实\ \theta_计}\Delta\theta_{k} \tag{10-35}$$

$$\Delta S_{车t_货}=-\frac{(l_实+l_计)}{2\theta_实\ \theta_计}\Delta\theta_{t_货} \tag{10-36}$$

2. 货车日车公里的运输企业别影响分析

全路货车日车公里与铁路运输企业货车日车公里的关系可整理如下

$$\text{全路货车日车公里}=\dfrac{\text{全路运用货车公里}}{\text{全路运用车数}}$$

$$=\dfrac{\text{全路运用货车公里}}{\dfrac{\text{甲企业运用货车公里}}{\text{甲企业货车日车公里}}+\dfrac{\text{乙企业运用货车公里}}{\text{乙企业货车日车公里}}+\cdots}$$

$$=\dfrac{1}{\dfrac{\dfrac{\text{甲企业运用货车公里}}{\text{甲企业货车}\atop\text{日车公里}}}{}\times\dfrac{\text{全路运用}}{\text{货车公里}}+\cdots}$$

$$=\dfrac{1}{\dfrac{\text{甲企业运用货车公里比重}}{\text{甲企业货车日车公里}}+\dfrac{\text{乙企业运用货车公里比重}}{\text{乙企业货车日车公里}}+\cdots}$$

即

$$S_车=\dfrac{1}{\dfrac{\rho_{货车公里甲}}{S_{车甲}}+\dfrac{\rho_{货车公里乙}}{S_{车乙}}+\cdots} \tag{10-37}$$

由此可见,全路货车日车公里不仅与各运输企业货车日车公里有关,而且也与运输企业别运用货车公里比重有关,为一特殊形式的商指标。

特殊形式商指标因素影响分析的一般式见表9-8。将相应因素代入一般式,可得全路货车日车公里的运输企业别因素影响分析计算公式。

在计划完成情况分析中

$$\begin{array}{c}\text{企业日车公里对全路}\\ \text{日车公里的影响值}\end{array}=\dfrac{\begin{array}{c}\text{企业日车公里}\\ \text{实际与计划差}\end{array}\times\begin{array}{c}\text{全路日车公里}\\ \text{实际数}\end{array}\times\begin{array}{c}\text{全路日车公里}\\ \text{计划数}\end{array}}{\dfrac{2\times\text{企业日车公里实际数}\times\text{企业日车公里计划数}}{\begin{array}{c}\text{企业运用货车公里}\\ \text{比重实际数}\end{array}+\begin{array}{c}\text{企业运用货车公里}\\ \text{比重计划数}\end{array}}}$$

即

$$\Delta S_{\text{车}S_{\text{车企业}}}=\dfrac{\Delta S_{\text{车企业}}S_{\text{车实}}S_{\text{车计}}}{2S_{\text{车企业实}}S_{\text{车企业计}}}(\rho_{\text{企业货车公里实}}+\rho_{\text{企业货车公里计}}) \qquad (10-38)$$

$$\begin{array}{c}\text{企业货车公里比重对}\\ \text{全路日车公里影响值}\end{array}=-\dfrac{\begin{array}{c}\text{企业货车公里比重}\\ \text{实际与计划差}\end{array}\times\begin{array}{c}\text{全路日车公里}\\ \text{实际数}\end{array}\times\begin{array}{c}\text{全路日车公里}\\ \text{计划数}\end{array}}{\dfrac{2\times\text{企业日车公里实际数}\times\text{企业日车公里计划数}}{\text{企业日车公里实际数}+\text{企业日车公里计划数}}}$$

即

$$\Delta S_{\text{车}\rho_{\text{企业货车公里}}}=-\dfrac{\Delta\rho_{\text{企业货车公里}}S_{\text{车实}}S_{\text{车计}}}{2S_{\text{车企业实}}S_{\text{车企业计}}}(S_{\text{车企业实}}+S_{\text{车企业计}}) \qquad (10-39)$$

其中运输企业别运用货车公里比重是一项客观因素,而且各运输企业运用货车公里比重之和等于1。因此,一般情况下只需对运输企业别运用货车公里比重做总体影响分析即可。其计算公式如下

$$\begin{array}{c}\text{企业别货车公里比重}\\ \text{对全路日车公里的总影响值}\end{array}=\begin{array}{c}\text{全路日车公里}\\ \text{实际与计划差}\end{array}-\left(\begin{array}{c}\text{甲企业日车公里对}\\ \text{全路日车公里影响值}\end{array}+\begin{array}{c}\text{乙企业日车公里对}\\ \text{全路日车公里影响值}\end{array}+\cdots\right)$$

即

$$\Delta S_{\text{车}\rho}=\Delta S_{\text{车}}-(\Delta S_{\text{车}S_{\text{甲}}}+\Delta S_{\text{车}S_{\text{乙}}}+\cdots) \qquad (10-40)$$

五、货车日产量的因素影响分析

货车日产量是反映货车在时间和载重力利用方面综合利用效率的指标。其计算公式为

$$\text{货车日产量}=\dfrac{\text{货物周转量}}{\text{运用车}}\quad(\text{t}\cdot\text{km/货车日})$$

即

$$W_{\text{车}}=\dfrac{\Sigma Pl}{N} \qquad (10-41)$$

$$\text{货车日产量}=\text{运用车动载重}\times\text{货车日车公里}\quad(\text{t}\cdot\text{km/货车日})$$

即

$$W_{\text{车}}=P_{\text{动}}^{\text{运}}S_{\text{车}} \qquad (10-42)$$

由于与货车日产量相关的因素运用车动载重除与运输企业管内货车载重力利用情况有关外,同时也与接运重车的载重力利用情况有关。因此,虽然货车日产量是反映货车运用效率的综合性指标,用它来衡量铁路运输企业的货车运用效率仍有很大的局限性。只有在分析全路货车运用效率时,该指标才能比其他货车运用指标更全面地反映货车运用效率。

1. 货车静载重和货车周转时间对货车日产量的因素影响分析

就全路而言,因为没有接运重车的问题,货车静载重只与装车数和货物发送量有关,故货车日产量与货车静载重和货车周转时间的关系可用下式表示

$$\text{货车日产量}=\dfrac{\text{货车静载重}\times\text{货物平均运程}}{\text{周时}}\quad(\text{t}\cdot\text{km/货车日})$$

即

$$W_{\text{车}}=\dfrac{P_{\text{静}}l_{\text{货}}}{\theta} \qquad (10-43)$$

货车日产量与货车静载重等因素的关系为 $v=\dfrac{x_1x_2}{y}$ 形式的积商指标关系。其因素影响分析的一般式见表 9-15。在计划完成情况分析中,货车日产量的因素影响分析计算公式为

$$\begin{aligned}\text{货车静载重}\\\text{对货车日产}\\\text{量影响值}\end{aligned}=\frac{1}{6}\begin{aligned}\text{货车静载}\\\text{重实际与}\\\text{计划差}\end{aligned}\left(2\times\frac{\text{货物平均运}}{\text{程实际数}}+\frac{\text{货物平均运}}{\text{程实际数}}+\frac{\text{货物平均运}}{\text{程计划数}}+\right.$$

$$\left.\frac{2\times\begin{aligned}\text{货物平均运}\\\text{程计划数}\end{aligned}}{\text{周时计划数}}\right)\quad(\text{t}\cdot\text{km}/\text{货车日})$$

即
$$\Delta W_{\text{车}P_{\text{静}}}=\frac{\Delta P_{\text{静}}}{6}\left(\frac{2l_{\text{货实}}}{\theta_{\text{实}}}+\frac{l_{\text{货实}}}{\theta_{\text{计}}}+\frac{l_{\text{货计}}}{\theta_{\text{实}}}+\frac{2l_{\text{货计}}}{\theta_{\text{计}}}\right)\qquad(10-44)$$

$$\begin{aligned}\text{货物平均运}\\\text{程对货车日}\\\text{产量影响值}\end{aligned}=\frac{1}{6}\begin{aligned}\text{货物平均}\\\text{运程实际}\\\text{与计划差}\end{aligned}\left(2\times\frac{\begin{aligned}\text{货车静载重}\\\text{实际数}\end{aligned}}{\text{周时实际数}}+\frac{\begin{aligned}\text{货车静载重}\\\text{实际数}\end{aligned}}{\text{周时计划数}}+\frac{\begin{aligned}\text{货车静载重}\\\text{计划数}\end{aligned}}{\text{周时实际数}}+2\times\frac{\begin{aligned}\text{货车静载重}\\\text{计划数}\end{aligned}}{\text{周时计划数}}\right)\quad(\text{t}\cdot\text{km}/\text{货车日})$$

即
$$\Delta W_{\text{车}l_{\text{货}}}=\frac{\Delta l_{\text{货}}}{6}\left(\frac{2P_{\text{静实}}}{\theta_{\text{实}}}+\frac{P_{\text{静实}}}{\theta_{\text{计}}}+\frac{P_{\text{静计}}}{\theta_{\text{实}}}+\frac{2P_{\text{静计}}}{\theta_{\text{计}}}\right)\qquad(10-45)$$

$$\begin{aligned}\text{周时对货}\\\text{车日产量}\\\text{影响值}\end{aligned}=-\frac{\text{周时实际与计划差}}{6\times\begin{aligned}\text{周时}\\\text{实际数}\end{aligned}\times\begin{aligned}\text{周时}\\\text{计划数}\end{aligned}}\left(2\times\begin{aligned}\text{货车}\\\text{静载重}\\\text{实际数}\end{aligned}\times\begin{aligned}\text{货物平}\\\text{均运程}\\\text{实际数}\end{aligned}+\begin{aligned}\text{货车}\\\text{静载重}\\\text{实际数}\end{aligned}\times\begin{aligned}\text{货物平}\\\text{均运程}\\\text{计划数}\end{aligned}+\right.$$

$$\left.\begin{aligned}\text{货车}\\\text{静载重}\\\text{计划数}\end{aligned}\times\begin{aligned}\text{货物平}\\\text{均运程}\\\text{实际数}\end{aligned}+2\times\begin{aligned}\text{货车}\\\text{静载重}\\\text{计划数}\end{aligned}\times\begin{aligned}\text{货物平}\\\text{均运程}\\\text{计划数}\end{aligned}\right)\quad(\text{t}\cdot\text{km}/\text{货车日})$$

即
$$\Delta W_{\text{车}\theta}=-\frac{\Delta\theta}{6\theta_{\text{实}}\ \theta_{\text{计}}}\left(2P_{\text{静实}}l_{\text{货实}}+P_{\text{静实}}l_{\text{货计}}+P_{\text{静计}}l_{\text{货实}}+2P_{\text{静计}}l_{\text{货计}}\right)\qquad(10-46)$$

2. 货车日车公里和运用车动载重对货车日产量的影响分析

如前所述，货车日产量与货车日车公里的关系为

$$W_{\text{车}}=P_{\text{动}}^{\text{运}}\ S_{\text{车}}$$

可见，货车日产量与运用车动载重和货车日车公里的关系，为两因素积指标的关系。根据因素影响分析的一般式，在计划完成情况分析中，运用车动载重和货车日车公里对货车日产量影响的分析计算公式为

$$\begin{aligned}\text{运用车动载重对}\\\text{货车日产量影响值}\end{aligned}=\frac{1}{2}\times\begin{aligned}\text{运用车动载重}\\\text{实际与计划差}\end{aligned}\left(\begin{aligned}\text{货车日车公}\\\text{里实际数}\end{aligned}+\begin{aligned}\text{货车日车公}\\\text{里计划数}\end{aligned}\right)\quad(\text{t}\cdot\text{km}/\text{货车日})$$

即
$$\Delta W_{\text{车}P_{\text{动}}}=\frac{\Delta P_{\text{动}}^{\text{运}}}{2}(S_{\text{车实}}+S_{\text{车计}})\qquad(10-47)$$

$$\begin{aligned}\text{货车日车公里对货}\\\text{车日产量影响值}\end{aligned}=\frac{1}{2}\times\begin{aligned}\text{货车日车公里}\\\text{实际与计划差}\end{aligned}\left(\begin{aligned}\text{运用车动载}\\\text{重实际数}\end{aligned}+\begin{aligned}\text{运用车动载}\\\text{重计划数}\end{aligned}\right)\quad(\text{t}\cdot\text{km}/\text{货车日})$$

即
$$\Delta W_{\text{车}S_{\text{车}}}=\frac{\Delta S_{\text{车}}}{2}(P_{\text{动实}}^{\text{运}}+P_{\text{动计}}^{\text{运}})\qquad(10-48)$$

3. 货车日产量的运输企业别影响分析

全路货车日产量与铁路运输企业货车日产量的关系式可整理如下

$$\text{全路货车日产量}=\frac{\text{全路货物周转量}}{\text{全路运用车}}=\frac{\text{全路货物周转量}}{\dfrac{\text{甲企业货物周转量}}{\text{甲企业货车日产量}}+\dfrac{\text{乙企业货物周转量}}{\text{乙企业货车日产量}}+\cdots}$$

$$=\frac{1}{\dfrac{\text{甲企业货物周转量}}{\begin{aligned}\text{甲企业货车}\\\text{日产量}\end{aligned}\times\begin{aligned}\text{全路货物}\\\text{周转量}\end{aligned}}+\dfrac{\text{乙企业货物周转量}}{\begin{aligned}\text{乙企业货车}\\\text{日产量}\end{aligned}\times\begin{aligned}\text{全路货物}\\\text{周转量}\end{aligned}}+\cdots}$$

$$= \cfrac{1}{\cfrac{\text{甲企业货物周转量比重}}{\text{甲企业货车日产量}} + \cfrac{\text{乙企业货物周转量比重}}{\text{乙企业货车日产量}} + \cdots} \quad (\text{t·km/货车日})$$

即
$$W_{车} = \cfrac{1}{\cfrac{\rho_{周转量甲}}{W_{车甲}} + \cfrac{\rho_{周转量乙}}{W_{车乙}} + \cdots} \qquad (10-49)$$

可见,全路货车日产量不仅与运输企业别货车日产量有关,而且也与运输企业别货物周转量比重有关,为一特殊形式的商指标。将相应因素代入特殊形式商指标因素影响分析的一般式,可得全路货车日产量的运输企业别因素影响分析公式。

在计划完成情况分析中

$$\begin{array}{l}\text{企业货车日产量}\\\text{对全路货车日}\\\text{产量影响值}\end{array} = \cfrac{\dfrac{\text{企业货车日产量}}{\text{实际与计划差}} \times \dfrac{\text{全路货车日}}{\text{产量实际数}} \times \dfrac{\text{全路货车日}}{\text{产量计划数}}}{2 \times \dfrac{\text{企业货车日}}{\text{产量实际数}} \times \dfrac{\text{企业货车日}}{\text{产量计划数}}} \times$$
$$\left(\dfrac{\text{企业别货物周转量}}{\text{比重实际数}} + \dfrac{\text{企业别货物周转量}}{\text{比重计划数}}\right) \quad (\text{t·km/货车日})$$

即
$$\Delta W_{车W_{企业}} = \cfrac{\Delta W_{车企业} W_{车实} W_{车计}}{2 W_{车企业实} W_{车企业计}} \times (\rho_{周转量企业实} + \rho_{周转量企业计}) \qquad (10-50)$$

$$\begin{array}{l}\text{企业别货物周转量}\\\text{比重对全路货车}\\\text{日产量影响值}\end{array} = -\cfrac{\dfrac{\text{企业别货物周转量}}{\text{比重实际与计划差}} \times \dfrac{\text{全路货车日}}{\text{产量实际数}} \times \dfrac{\text{全路货车日}}{\text{产量计划数}}}{2 \times \dfrac{\text{企业货车日}}{\text{产量实际数}} \times \dfrac{\text{企业货车日}}{\text{产量计划数}}} \times$$
$$\left(\dfrac{\text{企业货车日}}{\text{产量实际数}} + \dfrac{\text{企业货车日}}{\text{产量计划数}}\right) \quad (\text{t·km/货车日})$$

即
$$\Delta W_{车\rho_{企业}} = -\cfrac{\Delta \rho_{周转量企业} W_{车实} W_{车计}}{2 W_{车企业实} W_{车企业计}} \times (W_{车企业实} + W_{车企业计}) \qquad (10-51)$$

其中运输企业别货物周转量比重可以认为是一项客观因素,而且各运输企业货物周转量比重之和等于1。因此,应就运输企业别货物周转量比重做总体影响分析。运输企业别货物周转量比重对全路货车日产量的总影响值可按下式计算

$$\begin{array}{l}\text{企业别货物周转量}\\\text{比重对全路货车}\\\text{日产量影响值}\end{array} = \begin{array}{l}\text{全路货车日}\\\text{产量实际}\\\text{与计划差}\end{array} - \left[\begin{array}{l}\text{甲企业货车日}\\\text{产量对全路货车}\\\text{日产量影响值}\end{array} + \begin{array}{l}\text{乙企业货车日}\\\text{产量对全路货车}\\\text{日产量影响值}\end{array} + \cdots\right] \quad (\text{t·km/货车日})$$

即
$$\Delta W_{车\rho} = \Delta W_{车} - (\Delta W_{车W_{甲}} + \Delta W_{车W_{乙}} + \cdots) \qquad (10-52)$$

第二节　机车运用指标的因素影响分析

一、对机车运用指标进行因素影响分析的意义

机车是铁路运输的动力。不断改善机车运用工作,经济合理地运用机车,提高机车运用效率,对质量良好地完成运输任务有着十分重要的意义。

机车运用效率可以从时间和牵引力利用两个方面来考核。主要指标有:

1. 反映机车周转快慢的机车周转时间、机车日车公里。

2. 反映机车牵引力利用程度的列车平均总重、列车平均编成辆数和机车牵引力利用

率。

3. 综合反映机车在时间和牵引力两个方面利用程度的机车日产量。

机车运用指标分析,就是通过对各项机车运用指标实际完成情况的分析,研究现有机车运用效率,肯定成绩,揭露问题并据以制定措施,进一步改善机车运用状况。

二、机车周转时间的因素影响分析

机车周转时间分为机车全周转时间和机车运用周转时间两种。平常说的机车周转时间通常是指机车全周转时间。

机车周转时间不仅与机务部门工作质量有关,而且也与其他部门的工作,如日常运输调度工作、编组站工作等有关。因此,机车周转时间和货车周转时间一样,也是综合反映铁路运输有关部门工作质量的主要指标。缩短机车周转时间,不仅是机务部门的任务,也是运输有关各部门的共同任务。

机车周转时间因素影响的分析计算,一般应包括如下内容:

1. 机车在本段、折返段及本段、折返段所在站停留时间对机车周转时间的影响分析

机车全周转时间的计算公式为

$$\frac{机车全周}{转时间} = \frac{机车周距}{机车旅速} + \frac{机车在本段及本段}{所在站停留时间} + \frac{机车在折返段及折返}{段所在站停留时间} \quad (h)$$

即

$$\theta_机 = \frac{l_机}{v_旅^机} + t_本 + t_折 \quad (10-53)$$

机车在一次周转中,在本段及本段所在站和折返段及折返段所在站停留时间所包含的内容,因采用的运转制不同而有所不同。

由以上计算公式可以看出,机车在本段及本段所在站停留时间和在折返段及折返段所在站停留时间与机车周转时间的关系为和指标关系。在分析中这两项因素对指标的影响值可以直接用因素变化量来表示,即

在计划完成情况分析中

$$\frac{机车在本段及}{所在站停留对} = \frac{机车在本段及}{所在站停留时} - \frac{机车在本段及}{所在站停留时} \quad (h)$$
机车周时影响值　　间实际数　　间计划数

即

$$\Delta\theta_{机t_本} = t_{本实} - t_{本计} \quad (10-54)$$

$$\frac{机车在折返段及}{所在站停留对机} = \frac{机车在折返段}{及所在站停留} - \frac{机车在折返段}{及所在站停留} \quad (h)$$
车周时影响值　　时间实际数　　时间计划数

即

$$\Delta\theta_{机t_折} = t_{折实} - t_{折计} \quad (10-55)$$

2. 机车周转距离、机车旅行速度对机车周转时间的影响分析

机车周转距离和机车旅行速度与机车周转时间的关系为商指标关系,商指标因素影响分析的一般式见表9-8。将机车周转距离和机车旅行速度代入一般式,则可得这两项因素对机车周转时间影响值的计算公式。

在计划完成情况分析中

$$\frac{机车周距对机车}{周时影响值} = \frac{机车周距实际与计划差}{2\times机车旅速实际数\times机车旅速计划数}\left(\frac{机车旅速}{实际数} + \frac{机车旅速}{计划数}\right) \quad (h)$$

即

$$\Delta\theta_{机l_机} = \frac{\Delta l_机}{2v_{旅实}^机 v_{旅计}^机}(v_{旅实}^机 + v_{旅计}^机) \quad (10-56)$$

$$\begin{array}{l}\text{机车旅速对机车}\\\text{周时影响值}\end{array} = -\frac{\text{机车旅速实际与计划差}}{2\times\text{机车旅速实际数}\times\text{机车旅速计划数}}\left(\begin{array}{l}\text{机车周距}\\\text{实际数}\end{array}+\begin{array}{l}\text{机车周距}\\\text{计划数}\end{array}\right)\ (\text{h})$$

即

$$\Delta\theta_{\text{机}v\text{旅}}^{\text{机}} = -\frac{\Delta v_{\text{旅}}^{\text{机}}}{2v_{\text{旅实}}^{\text{机}}v_{\text{旅计}}^{\text{机}}}(l_{\text{机实}}+l_{\text{机计}}) \qquad (10-57)$$

【例 10-2】 假定表 10-6 为某机务段机车周转时间分析资料。计算各因素对机车周转时间影响值。

表 10-6　某机务段机车周转时间分析资料

项　目	机车周距(km)	机车技速(km/h)	机车旅速系数	机车旅速(km/h)
计　划	250	35.0	0.80	28.0
实　际	226	32.0	0.85	27.2
比较差	-24	-3.0	+0.05	-0.8

各因素对机车周转时间影响值可计算如下:

$$\begin{array}{l}\text{机车周距对}\\\text{机车周时影响值}\end{array} = \frac{-24}{2\times27.2\times28.0}(27.2+28.0) = -0.87(\text{h})$$

$$\begin{array}{l}\text{机车旅速对}\\\text{机车周时影响值}\end{array} = -\frac{-0.8}{2\times27.2\times28.0}(226+250) = 0.25(\text{h})$$

$$\begin{array}{l}\text{机车旅速系数对}\\\text{机车周时影响值}\end{array} = -\frac{0.05}{4\times27.2\times28.0}(226+250)(32.0+35.0) = -0.52(\text{h})$$

$$\begin{array}{l}\text{机车技速对}\\\text{机车周时影响值}\end{array} = -\frac{-3.0}{4\times27.2\times28.0}(226+250)(0.85+0.80) = 0.77(\text{h})$$

三、机车日车公里指标的因素影响分析

(一)机车日车公里的相关因素影响分析

机车日车公里($S_{\text{机}}$)与相关因素的关系可用下式表示

$$S_{\text{机}} = \frac{24l_{\text{机}}}{\theta_{\text{机}}} \quad (\text{km/d}) \qquad (10-58)$$

式中　$\theta_{\text{机}}$——机车周转时间,h;

$l_{\text{机}}$——机车周转距离,km。

可见,机车日车公里与相关因素为商指标关系。将相应因素代入商指标因素影响分析一般式(见表 9-8),就可以得出机车日车公里因素影响分析计算公式(见表 10-7)。

(二)机车日车公里的运输企业别因素影响分析

全路机车日车公里($S_{\text{机}}$)与铁路运输企业机车日车公里的关系式可表示为

$$S_{\text{机}} = \frac{1}{\dfrac{\rho_{\text{沿线甲}}}{S_{\text{机甲}}}+\dfrac{\rho_{\text{沿线乙}}}{S_{\text{机乙}}}+\cdots} \quad (\text{km/d}) \qquad (10-59)$$

式中　$S_{\text{机甲}}$、$S_{\text{机乙}}$——运输企业别机车日车公里;

$\rho_{\text{沿线甲}}$、$\rho_{\text{沿线乙}}$——用运输企业别机车沿线走行公里(不包括补机走行公里)与全路机车沿线走行公里(不包括补机走行公里)之比表示的运输企业别机车沿线走行公里比重。

191

可见,全路机车日车公里不仅与运输企业别机车日车公里有关,而且与运输企业别机车沿线走行公里比重有关,为一特殊形式商指标。将相应因素代入特殊形式商指标因素影响分析一般式(见表 9-8),就可以得出全路机车日车公里指标的运输企业别因素影响分析计算公式(见表 10-7)。

表 10-7　机车日车公里的因素影响分析计算公式汇总表

因　素		计算公式(km/d)
机车日车公里的相关因素影响分析	机车周转时间	$-\dfrac{12\Delta\theta_{机}}{\theta_{机实}\theta_{机计}}(l_{机实}+l_{机计})$
	机车周转距离	$\dfrac{12\Delta l_{机}}{\theta_{机实}\theta_{机计}}(\theta_{机实}+\theta_{机计})$
机车日车公里的运输企业别因素影响分析	企业别机车日车公里	$\dfrac{\Delta S_{机企业}S_{机实}S_{机计}}{2S_{机企业实}S_{机企业计}}(\rho_{沿线企业实}+\rho_{沿线企业计})$
	企业别机车沿线走行公里比重	$-\dfrac{\Delta\rho_{沿线企业}S_{机实}S_{机计}}{2S_{机企业实}S_{机企业计}}(S_{机企业实}+S_{机企业计})$

四、机车牵引力利用指标的因素影响分析

表示机车牵引力利用情况的指标主要有列车平均总重和机车牵引力利用率等,它和机车周转时间、机车日车公里一样,也是反映机车运用效率的重要指标。在采用一定类型机车的条件下,机车牵引力利用指标数值的大小,直接关系到列车次数的多少,从而也影响到机车需要台数、机车乘务组需要数及其他有关支出。因此,在现有机车条件下,不断改善机车牵引力利用指标,对于保证完成或超额完成运输任务、降低运输成本都有重要意义。

1. 列车平均总重的运输企业(段)别影响分析

列车平均总重又称平均牵引总重,简称平牵,其计算公式为

$$平牵=\frac{列车总重吨公里}{本务机车走行公里}\quad(t\cdot km/机车公里)$$

即
$$Q_{总}=\frac{\sum QS_{总}^{列}}{\sum MS_{本务}} \tag{10-60}$$

全路列车平均总重与运输企业别列车平均总重的关系可整理如下

$$全路平牵=\frac{全路列车总重吨公里}{全路本务机车总走行公里}$$

$$=\frac{甲企业列车总重吨公里+乙企业列车总重吨公里+\cdots}{全路本务机车总走行公里}$$

$$=\frac{\dfrac{甲企业本务机}{车走行公里}\times甲企业平牵+\dfrac{乙企业本务机}{车走行公里}\times乙企业平牵+\cdots}{全路本务机车总走行公里}$$

$$=\dfrac{甲企业本务机车}{走行公里比重}\times\dfrac{甲企业}{平牵}+\dfrac{乙企业本务机车}{走行公里比重}\times\dfrac{乙企业}{平牵}+\cdots\quad(t\cdot km/机车公里)$$

即
$$Q_{总}=\rho_{本务甲}Q_{总甲}+\rho_{本务乙}Q_{总乙}+\cdots \tag{10-61}$$

可见,全路列车平均总重不仅与运输企业别列车平均总重有关,而且也与运输企业别列车本务机车走行公里比重有关,为两因素积指标。将相应因素代入两因素积指标因素影响分析一般式,则可得全路列车平均总重的运输企业别影响分析公式。

在计划完成情况分析中

$$\begin{array}{l}\text{企业别平牵对}\\\text{全路平牵影响值}\end{array}=\frac{1}{2}\begin{array}{l}\text{企业别平牵}\\\text{实际与计划差}\end{array}\left(\begin{array}{l}\text{企业别本务机车}\\\text{走行公里比重实际数}\end{array}+\begin{array}{l}\text{企业别本务机车}\\\text{走行公里比重计划数}\end{array}\right)\quad(\text{t}\cdot\text{km}/\text{机车公里})$$

即
$$\Delta Q_{总Q_{总企业}}=\frac{\Delta Q_{总企业}}{2}(\rho_{本务企业实}+\rho_{本务企业计})\qquad(10-62)$$

$$\begin{array}{l}\text{企业别本务机车}\\\text{走行公里比重对}\\\text{全路平牵影响值}\end{array}=\frac{1}{2}\times\begin{array}{l}\text{企业别本务机车走行}\\\text{公里比重实际与计划差}\end{array}\times\left(\begin{array}{l}\text{企业别平牵}\\\text{实际数}\end{array}+\begin{array}{l}\text{企业别平牵}\\\text{计划数}\end{array}\right)\quad(\text{t}\cdot\text{km}/\text{机车公里})$$

即
$$\Delta Q_{总\rho_{本务企业}}=\frac{\Delta\rho_{本务企业}}{2}(Q_{总企业实}+Q_{总企业计})\qquad(10-63)$$

应该指出,运输企业别本务机车走行公里比重是一项客观因素,而且各运输企业本务机车走行公里比重之和等于1。因此,就其总体影响做分析,其总体影响值可按下式计算

$$\begin{array}{l}\text{企业别本务机车走行公里}\\\text{比重对全路平牵总影响值}\end{array}=\begin{array}{l}\text{全路平牵}\\\text{实际与计划差}\end{array}-\left(\begin{array}{l}\text{甲企业平牵对}\\\text{全路平牵影响值}\end{array}+\begin{array}{l}\text{乙企业平牵对}\\\text{全路平牵影响值}\end{array}+\cdots\right)\quad(\text{t}\cdot\text{km}/\text{机车公里})$$

即
$$\Delta Q_{总\rho}=\Delta Q_{总}-(\Delta Q_{总Q_{总甲}}+\Delta Q_{总Q_{总乙}}+\cdots)\qquad(10-64)$$

铁路运输企业(机务段)列车平均总重的段别(区段别)因素影响分析,可按同样方法进行分析计算。

2. 机车牵引力利用率的因素影响分析

机车牵引力利用率的计算公式为

$$\text{机车牵引力利用率}=\frac{\text{列车总重吨公里}}{\text{机车牵引定数吨公里}}\times100\%$$

即
$$\lambda_{机}=\frac{\sum QS^{列}_{总}}{\sum QL}\times100\%\qquad(10-65)$$

列车平均总重指标的大小,与所采用机车类型、线路纵断面条件等一系列客观因素有关。因此,用列车平均总重指标还很难精确地反映出机车牵引力的利用情况。机车牵引力利用率采用相对数来表示机车牵引力利用情况,在客观因素有变化时,由于机车牵引定数吨公里也随之变化,所以它仍能反映机车牵引力的实际利用情况。此外,利用相对数指标,也便于在各单位间作比较分析。

为便于分析,机车牵引力利用率计算公式可整理如下

$$\begin{aligned}\text{机车牵引力利用率}&=\frac{\text{列车总重吨公里}}{\text{机车牵引定数吨公里}}\times100\%\\&=\frac{\text{列车平均总重}\times\text{本务机车走行公里}}{\text{机车平均牵引定数}\times\text{本务机车走行公里}}\times100\%\\&=\frac{\text{列车平均总重}}{\text{机车平均牵引定数}}\times100\%\end{aligned}$$

即
$$\lambda_{机}=\frac{Q_{总}}{Q_{定}}\times100\%\qquad(10-66)$$

可见,机车牵引力利用率也可以用列车平均总重与机车平均牵引定数的比值来表示,为一商指标。将相应因素代入指标因素影响分析一般式,可得机车牵引力利用率的因素影响计算公式。

在计划完成情况分析中

$$\begin{array}{l}\text{平牵对机车牵引}\\\text{力利用率影响值}\end{array}=\frac{\text{平牵实际与计划差}}{2\times\begin{array}{l}\text{机车平均牵引}\\\text{定数实际数}\end{array}\times\begin{array}{l}\text{机车平均牵引}\\\text{定数计划数}\end{array}}\times\left(\begin{array}{l}\text{机车平均牵引}\\\text{定数实际数}\end{array}+\begin{array}{l}\text{机车平均牵引}\\\text{定数计划数}\end{array}\right)\times100\%$$

即
$$\lambda_{机Q_{总}}=\frac{\Delta Q_{总}}{2Q_{定实}Q_{定计}}(Q_{定实}+Q_{定计})\times100\%\qquad(10-67)$$

$$\begin{aligned}\frac{\text{机车平均牵引定数对机车}}{\text{牵引力利用率影响值}} = -&\frac{\text{机车平均牵引定数实际与计划差}}{2\times\frac{\text{机车平均牵引}}{\text{定数实际数}}\times\frac{\text{机车平均牵引}}{\text{定数计划数}}}\times\left(\frac{\text{列车平均总重}}{\text{实际数}}+\frac{\text{列车平均总重}}{\text{计划数}}\right)\times100\%\end{aligned}$$

即

$$\lambda_{机Q_定} = -\frac{\Delta Q_定}{2Q_{定实}Q_{定计}}(Q_{总实}+Q_{总计})\times100\% \tag{10-68}$$

用同样方法也可以作机车牵引力利用率不同时期比较的因素影响分析。

3. 机车牵引力利用率的运输企业（段）别影响分析

全路机车牵引力利用率与运输企业别机车牵引力利用率的关系可整理如下

$$\begin{aligned}\frac{\text{全路机车}}{\text{牵引力利用率}} &= \frac{\text{全路列车总重吨公里}}{\text{全路机车牵引定数吨公里}}\times100\% \\ &= \frac{\text{甲企业列车总重吨公里}+\text{乙企业列车总重吨公里}+\cdots}{\text{全路机车牵引定数吨公里}}\times100\% \\ &= \frac{\frac{\text{甲企业机车}}{\text{牵引力利}}\times\frac{\text{甲企业机车}}{\text{牵引定数}}+\frac{\text{乙企业机车}}{\text{牵引力利}}\times\frac{\text{乙企业机车}}{\text{牵引定数}}+\cdots}{\text{全路机车牵引定数吨公里}}\times100\% \\ &= \left[\frac{\text{甲企业机车}}{\text{牵引力利}}\times\frac{\text{甲企业机车}}{\text{牵引定数}}+\frac{\text{乙企业机车}}{\text{牵引力利}}\times\frac{\text{乙企业机车}}{\text{牵引定数}}+\cdots\right]\times100\%\end{aligned}$$

即

$$\lambda_机 = (\lambda_{机甲}\rho_{\sum QL_甲}+\lambda_{机乙}\rho_{\sum QL_乙}+\cdots)\times100\% \tag{10-69}$$

由上式可以看出，全路机车牵引力利用率不仅与运输企业别机车牵引力利用率有关，而且也与运输企业别机车牵引定数吨公里比重有关，为两因素积指标，与列车平均重量指标的运输企业别因素影响分析计算公式在形式上相同，此处不再重复。

五、机车日产量指标的因素影响分析

1. 货运机车日产量的意义

货运列车机车日产量的计算方法如下

$$W_机 = \frac{\sum QS_总^列}{M_使}+\frac{\sum QS_单}{M_使} \quad (\text{t}\cdot\text{km/台日}) \tag{10-70}$$

式中　$W_机$——机车日产量，$\text{t}\cdot\text{km/台日}$；

$\sum QS_总^列$——货物列车总重吨公里，$\text{t}\cdot\text{km}$；

$\sum QS_单$——货运单机总重吨公里，$\text{t}\cdot\text{km}$；

$M_使$——货运机车使用台数。

机车日产量指标是从时间和牵引力两个方面来考核机车运用效率的综合性指标，是最重要的机车运用指标之一。

2. 机车日产量的相关因素影响分析

为了便于分析，机车日产量指标的计算公式也可以表示为

$$W_机 = \frac{Q_总 S_机}{1+\rho_{单机}+\rho_{重联}}+\frac{\sum QS_{单机}}{M_使} \quad (\text{t}\cdot\text{km/台日}) \tag{10-71}$$

式中　$Q_总$——货物列车平均牵引总重，t；

$\rho_{单机}$——货运单机走行率；

$\rho_{重联}$——货运重联机车走行率。

一般说来，货运单机总重吨公里的数值不大，对机车日产量的影响相对较小，可以略去不计。因而，为简化计算，上式也可以略写为

$$W_{机} = \frac{Q_{总} S_{机}}{1 + \rho_{单机} + \rho_{重联}} \quad (\text{t} \cdot \text{km}/台日) \tag{10-72}$$

由上式可以看出，与机车日产量指标直接联系的因素主要有货物列车平均牵引总重、机车日车公里、单机走行率和重联机车走行率等四项，为 $v = \dfrac{x_1 x_2}{y}$ 形式的复合指标。将相应因素代入因素影响分析一般式（见表9-8），就可得机车日产量指标的因素影响计算方法，公式见表10-8。

3. 机车日产量的运输企业别因素影响分析

全路机车日产量与各铁路运输企业机车日产量之间的关系可以表示为

$$W_{机} = \frac{1}{\dfrac{\rho_{\Sigma QS_{甲}}}{W_{机甲}} + \dfrac{\rho_{\Sigma QS_{乙}}}{W_{机乙}} + \cdots} \quad (\text{t} \cdot \text{km}/台日) \tag{10-73}$$

式中　$W_{机甲}$、$W_{机乙}$——运输企业别机车日产量；

　　　$\rho_{\Sigma QS_{甲}}$、$\rho_{\Sigma QS_{乙}}$——用运输企业别货运机车总重吨公里与全路货运机车总重吨公里之比表示的运输企业别货运机车总重吨公里比重。

可见，全路机车日产量不仅与各铁路运输企业机车日产量有关，而且也与各铁路运输企业货运机车总重吨公里比重有关，为一特殊形式的商指标。将相应因素代入特殊形式商指标因素影响分析一般式（见表9-8），即可得全路机车日产量指标的运输企业别影响分析计算公式，见表10-8。

表 10-8　机车日产量的因素影响分析计算公式汇总表

因　　素		计算公式(t·km/台日)	简化式(t·km/台日)
机车日产量的相关因素影响分析	货物列车平均牵引总重	$\dfrac{\Delta Q_{总}}{6}\left(\dfrac{2S_{机实}+S_{机计}}{1+\rho_{单机实}+\rho_{重联实}}+\dfrac{2S_{机计}+S_{机实}}{1+\rho_{单机计}+\rho_{重联计}}\right)$	$\dfrac{\Delta Q_{总}}{2}\left(\dfrac{W_{机实}}{Q_{总实}}+\dfrac{W_{机计}}{Q_{总计}}\right)$
	机车日车公里	$\dfrac{\Delta S_{总}}{6}\left(\dfrac{2Q_{总实}+Q_{总计}}{1+\rho_{单机实}+\rho_{重联实}}+\dfrac{2Q_{总计}+Q_{总实}}{1+\rho_{单机计}+\rho_{重联计}}\right)$	$\dfrac{\Delta S_{机}}{2}\left(\dfrac{W_{机实}}{S_{总实}}+\dfrac{W_{机计}}{S_{总计}}\right)$
	单机走行率	$-\dfrac{\Delta\rho_{单机}}{6(1+\rho_{单机实}+\rho_{重联实})(1+\rho_{单机计}+\rho_{重联计})}\times$ $(2Q_{总实}S_{机实}+Q_{总实}S_{机计}+Q_{总计}S_{机实}+2Q_{总计}S_{机计})$	$-\dfrac{\Delta\rho_{单机}}{2}\times\left(\dfrac{W_{机实}}{1+\rho_{单机计}+\rho_{重联计}}+\dfrac{W_{机计}}{1+\rho_{单机实}+\rho_{重联实}}\right)$
	重联机车走行率	$-\dfrac{\Delta\rho_{重联}}{6(1+\rho_{单机实}+\rho_{重联实})(1+\rho_{单机计}+\rho_{重联计})}\times$ $(2Q_{总实}S_{机实}+Q_{总实}S_{机计}+Q_{总计}S_{机实}+2Q_{总计}S_{机计})$	$-\dfrac{\Delta\rho_{重联}}{2}\times\left(\dfrac{W_{机实}}{1+\rho_{单机计}+\rho_{重联计}}+\dfrac{W_{机计}}{1+\rho_{单机实}+\rho_{重联实}}\right)$
	运输企业别机车日产量	$\dfrac{\Delta W_{机企业}W_{机实}W_{机计}}{2W_{机企业实}W_{机企业计}}(\rho_{\Sigma QS_{企业实}}+\rho_{\Sigma QS_{企业计}})$	
	运输企业别机车总重吨公里比重	$-\dfrac{\Delta\rho_{\Sigma QS_{企业}}W_{机实}W_{机计}}{2W_{机企业实}W_{机企业计}}(W_{机企业实}+W_{机企业计})$	

复习思考题

1. 试推导中时对货车周转时间影响的分析计算公式。
2. 试推导货车静载重指标的货物品类别装载车静载重影响的分析计算公式。
3. 试推导出旅速对货车日车公里影响值的计算公式。
4. 试推导机车日车公里的运输企业别因素影响分析计算公式。
5. 试推导货物列车平均牵引总重对机车日产量影响的分析计算公式。

第十一章 铁路运营指标的经济效果分析

随着我国社会主义市场经济体制的逐步完善,以及铁路运输经营管理体制改革的不断深入,铁路运输企业管理正在由单纯技术管理型向经营管理型转变,并实行了铁路资产经营责任制。各级运输调度指挥人员和企业领导也已开始强烈地意识到,在日常运输工作组织和运输计划以及企业发展规划制订中,不仅要关心铁路运输生产指标的完成情况(或称所达到的实际水平),更需要透过运输生产指标的实际水平,了解和掌握铁路运输工作的经济效果。因此,有必要通过建立运输生产指标与运输经营经济效果指标之间的数量关系模型,给出一定运输生产指标状况对运输经营经济效果指标影响的分析结果,以期围绕不断改善铁路运输企业运输经营效果的目标,指导日常运输生产指标计划的制订和调度指挥工作。

第一节 全路运营指标的经济效果分析

铁路日常运输调度指挥工作通常总是围绕着运输生产指标计划的制订、执行和分析这样一个作业循环进行的。其中运输生产指标计划的制订是基础,计划的执行、指标任务的落实是关键,分析是运输调度指挥人员掌握运输生产规律、优化计划管理的手段。铁路货物运输生产指标主要通过货运工作量指标来反映,而运输经营效果可用运输收入指标来反映。

一、全路货运工作量指标

就全路而言,铁路货物运输工作量指标包括货物发送量、装车数、货物周转量和货物平均运程等。

货物发送量能够反映铁路货物运输任务的大小,也可用以反映货物始发工作量的大小。装车数通常是指一天的装车数,装车数任务的完成是决定完成货物发送量任务的重要因素,且在日常运输工作中用装车数来组织运输生产比货物发送量来得简便,所以日常运输工作中也常用装车数来考核铁路运输工作状况。若用 $P_发$ 表示货物发送量,用 $U_装$ 表示装车数,则在同一时期内两项指标的关系可写为:

$$P_发 = U_装 \, P_静 \qquad (11-1)$$

式中 $P_静$ ——货车静载重。

货物周转量是从运输货物数量和运输距离两个方面综合反映铁路货物运输工作量大小的指标,是铁路运输收入的来源,是影响铁路运输成本和劳动生产率的重要因素。

货物平均运程,即货物平均运输距离,是构成货物周转量的重要因素。若用 $\sum Pl$ 表示货物周转量,用 $l_货$ 表示货物平均运程,则对于全路来说,两项指标的关系可用下式表示

$$\sum Pl = P_发 \, l_货 \qquad (11-2)$$

因此,全路货物平均运程为

$$l_货 = \frac{\sum Pl}{P_发} \qquad (11-3)$$

二、全路货运工作量指标与运输收入的关系

根据铁路货物运输财务指标体系,若用 E 表示货运收入,则铁路货物发送量和货物周转量指标与运输收入的关系可用如下公式表示

$$E = P_发 e_1 \tag{11-4}$$

$$E = \sum P l e_2 \tag{11-5}$$

式中 e_1——铁路货物发送吨收入率,元/t;

e_2——铁路货物周转量(吨公里)收入率,元/(t·km)。

根据工作量指标关系分析,上述关系公式也可以写为

$$E = U_装 P_静 e_1 \tag{11-6}$$

$$E = P_发 l_货 e_2 \tag{11-7}$$

$$E = U_装 P_静 l_货 e_2 \tag{11-8}$$

三、全路货运工作量指标对运输收入的影响分析

由铁路货运工作量指标与运输收入关系式可以看出,铁路运输收入水平取决于货物运输工作量指标的实际状况。显然,当货物运输工作量指标发生变化时,运输收入也将发生相应的变化。利用指标因素影响分析方法,计算每项货运工作量指标变化对运输收入的影响数值,可以直观地反映出铁路货物运输工作量指标的经济效果。

1. 货物发送量对运输收入的影响分析

如前所述,货物发送量与运输收入的关系可以用如下两式表示

$$E = P_发 e_1$$

$$E = P_发 l_货 e_2$$

以上两个关系式分别为两因素积指标和三因素积指标关系式,根据指标因素影响分析一般式(见表 9-15),在指标计划任务完成情况分析中,货物发送量指标计划任务完成情况对运输收入指标计划任务完成的影响数值($\Delta E_{P_发}$)可按如下公式计算

$$\Delta E_{P_发} = \frac{\Delta P_发}{2}(e_{1实际} + e_{1计划}) \quad (元) \tag{11-9}$$

或 $$\Delta E_{P_发} = \frac{\Delta P_发}{6}(2l_{货实际}e_{2实际} + l_{货实际}e_{2计划} + l_{货计划}e_{2实际} + 2l_{货计划}e_{2计划}) \quad (元) \tag{11-10}$$

式中 $\Delta P_发$——货物发送量实际计划差;

$e_{1实际}$、$e_{1计划}$——货物发送吨收入率实际数和计划任务值;

$l_{货实际}$、$l_{货计划}$——货物平均运程实际数和计划值;

$e_{2实际}$、$e_{2计划}$——货物周转量(吨公里)收入率实际数和计划任务值。

相应的,在指标的不同时期比较分析(即动态分析)中,为反映分析期货物发送量实际完成数($P_{发分析期}$)较之前期实际完成数($P_{发前期}$)发生变化后,对分析期运输收入实际数较之前期实际数发生变化的影响值($\Delta E'_{P_发}$),可按如下公式计算

$$\Delta E'_{P_发} = \frac{\Delta P'_发}{2}(e_{1分析期} + e_{1前期}) \quad (元) \tag{11-11}$$

或 $$\Delta E'_{P_发} = \frac{\Delta P'_发}{6}(2l_{货分析期}e_{2分析期} + l_{货分析期}e_{2前期} + l_{货前期}e_{2分析期} + 2l_{货前期}e_{2前期}) \quad (元) \tag{11-12}$$

式中　$\Delta P'_发$——货物发送量动态比较差（即$P_{发分析期}-P_{发前期}$）；

　　$e_{1分析期}$、$e_{1前期}$——分析期和前期货物发送量实际完成数；

　　$e_{2分析期}$、$e_{2前期}$——分析期和前期货物周转量收入率实际完成数；

$l_{货分析期}$、$l_{货前期}$——分析期和前期货物平均运程实际数。

从计划任务完成情况分析和不同时期比较分析的两套计算公式可以看出，将计划任务完成情况分析计算公式的货物发送量实际计划差（$\Delta P_发$）换成动态比较差（$\Delta P'_发$）、将相关因素计划任务值（$e_{1计划}$、$e_{2计划}$和$l_{货计划}$）换成前期实际完成数（$e_{1前期}$、$e_{2前期}$和$l_{货前期}$），即可成为不同时期比较分析的相应分析计算公式。因此，在全路运营指标经济效果分析的以下讨论中，只给出计划任务完成情况分析的计算公式，不同时期比较分析的计算公式可按照上述方法改写得出。

应该指出，在实际工作中货物运输收入率指标通常采用吨公里收入率，并以"元/（万 t·km）"为计量单位。因此，在货物发送量（以万吨为计量单位）对运输收入指标影响中，一般应按下式作分析计算

$$\Delta E_{P_发}=\frac{\Delta P_发}{6}(2l_{货实际}e_{2实际}+l_{货实际}e_{2计划}+l_{货计划}e_{2实际}+2l_{货计划}e_{2计划})\quad（元）\quad(11-13)$$

在日常分析中，受统计资料的限制，通常也可以把吨公里收入率作为常量处理。这时，分析计算公式可改写为

$$\Delta E_{P_发}=\frac{\Delta P_发}{2}(l_{货实际}+l_{货计划})e_2\quad（元）\tag{11-14}$$

为便于研究指标因素变化对指标变化总量的影响程度，以便从中找出在分析期间影响指标变化的主要影响因素，在分析计算因素影响值的基础上，可通过计算用指标因素影响值与指标变化量之比的百分数表示的指标因素影响率来进行进一步的分析。货物发送量对运输收入影响率（$\rho_{P_发}$）的计算方法为

$$\rho_{P_发}=\frac{\Delta E_{P_发}}{\Delta E}\times100\%\tag{11-15}$$

式中　ΔE——货运收入比较差，在计划任务完成情况分析中为实际计划差，在不同时期比较分析中为动态比较差。

2. 装车数对运输收入的影响分析

如前所述，装车数与运输收入的关系式为

$$E=U_装\,P_静\,e_1$$
$$E=U_装\,P_静\,l_货\,e_2$$

以上两个关系式分别为三因素积指标和四因素积指标关系式，根据指标因素影响分析一般式（见表9-15），在指标计划任务完成情况分析中，装车数计划任务完成情况对运输收入指标计划任务完成的影响数值（$\Delta E_{U_装}$）可按如下公式计算

$$\Delta E_{U_装}=\frac{\Delta U_装}{6}(2P_{静实际}e_{1实际}+P_{静实际}e_{1计划}+P_{静计划}e_{1实际}+2P_{静计划}e_{1计划})\quad（元）(11-16)$$

或　　$$\Delta E_{U_装}=\frac{\Delta U_装}{12}[e_{2实际}(3P_{静实际}l_{货实际}+P_{静实际}l_{货计划}+P_{静计划}l_{货实际}+P_{静计划}l_{货计划})+$$
$$e_{2计划}(3P_{静计划}l_{货计划}+P_{静实际}l_{货}+P_{静计划}l_{货实际}+P_{静实际}l_{货实际})]\quad（元）(11-17)$$

式中　$P_{静实际}$、$P_{静计划}$——货车静载重实际完成数和计划任务标准；

　　　$\Delta U_装$——装车数实际计划差。

装车数指标通常以日均装车数表示，若分析期的时间长度用 T 表示天数，则装车数的比

较差应按如下方法计算：

对于计划任务完成情况分析

$$\Delta U_{装} = T(U_{装实际} - U_{装计划}) \tag{11-18}$$

式中　$U_{装实际}$、$U_{装计划}$——装车数实际数和计划任务标准。

对于不同时期比较分析，

$$\Delta U_{装} = T(U_{装分析期} - U_{装前期}) \tag{11-19}$$

式中　$U_{装分析期}$、$U_{装前期}$——分析期和前期装车数实际完成数。

考虑到货物运输收入率指标的常用指标为吨公里收入率，并以"元/（万 t·km）"为计量单位，因此装车数对运输收入影响分析的常用公式应写为

$$\Delta E_{U_{装}} = \frac{\Delta U_{装}}{120\,000}[e_{2实际}(3P_{静实际}l_{货实际} + P_{静实际}l_{货计划} + P_{静计划}l_{货实际} + P_{静计划}l_{货计划}) +$$

$$e_{2计划}(3P_{静计划}l_{货计划} + P_{静计划}l_{货实际} + P_{静实际}l_{货计划} + P_{静实际}l_{货实际})] \quad （元） \tag{11-20}$$

在日常分析中，当将货物周转量收入率（e_2）作为常量处理时，分析计算公式则应改写为：

$$\Delta E_{U_{装}} = \frac{\Delta U_{装}}{60\,000}(2P_{静实际}l_{货实际} + P_{静实际}l_{货计划} + P_{静计划}l_{货实际} + 2P_{静计划}l_{货计划})e_2 \quad （元）$$

$$\tag{11-21}$$

3. 货物周转量对运输收入的影响分析

如前所述，货物周转量与运输收入的关系式为

$$E = \sum Ple_2$$

显然，这是一个两因素积指标的关系式。根据指标因素影响分析一般式，在指标计划任务完成情况分析中，货物周转量指标计划任务完成情况对运输收入指标计划完成的影响数（$\Delta E_{\sum Pl}$）可按下式计算

$$\Delta E_{\sum Pl} = \frac{\Delta \sum Pl}{2}(e_{2实际} + e_{2计划}) \quad （元） \tag{11-22}$$

式中　$\Delta \sum Pl$——货物周转量实际计划差。

因为货物周转量通常以"亿 t·km"作为计量单位，而货物运输收入率以"元/（万 t·km）"为计量单位，因此上式应改写为

$$\Delta E_{\sum Pl} = 5\,000\Delta \sum Pl(e_{2实际} + e_{2计划}) \quad （元） \tag{11-23}$$

在日常分析中，当将货物周转量收入率（e_2）作为常量处理时，分析计算公式则应写为

$$\Delta E_{\sum Pl} = 10\,000e_2\Delta \sum Pl \quad （元） \tag{11-24}$$

4. 货物平均运程对运输收入的影响分析

如前所述，货物平均运程与运输收入的关系式为

$$E = P_{发}\, l_{货}\, e_2$$

上式为三因素积指标的关系式，根据指标因素影响分析一般式，在指标计划任务完成情况分析中，货物平均运程指标计划完成情况对运输收入指标计划完成的影响值（$\Delta E_{l_{货}}$）为：

$$\Delta E_{l_{货}} = \frac{\Delta l_{货}}{6}(2P_{发实际}e_{2实际} + P_{发实际}e_{2计划} + P_{发计划}e_{2实际} + P_{发计划}e_{2计划}) \quad （元） \tag{11-25}$$

式中　　　　$\Delta l_{货}$——货物平均运程的实际计划差；

$P_{发实际}$、$P_{发计划}$——货物发送量指标的实际完成数和计划任务标准。

在日常分析中，当将货物吨公里收入率（e_2）作为常量处理时，分析计算公式可化简为

$$\Delta E_{l_货} = \frac{\Delta l_货}{2}(P_{发实际} + P_{发计划})e_2 \quad （元）\tag{11-26}$$

根据以上铁路运营指标对铁路货运收入影响的分析计算公式,代入比较前期和报告期铁路运营指标的数据,即可得出各运营指标的变化对铁路货运收入变化的影响值。例如,利用两日的模拟数据,得出的计算结果如表 11-1。

表 11-1　铁路运营指标对铁路货运收入影响分析表

指标名称	比较前期指标值	报告期指标值	指标变化量	指标变化对货运收入变化的影响值(万元)
铁路货运收入(万元)	12 104	13 513	1 400	—
货物周转量(亿 t·km)	32.07	36.67	4.60	1 714
万吨公里收入率[元/(万 t·km)]	377.424	368.503	−8.921	−314
货物发送量(万 t)	399.11	433.41	34.30	1 054
货物平均运程(km)	803.54	846.08	42.54	660
日均装车数(车)	68 940	74 874	5 934	1 076
货车静载重(t/车)	57.6	57.5	−0.1	−22

从表中数据可以看出,报告期与比较前期相比,货运收入大幅度增加,主要是由货物周转量、发送量、装车数和平均运程的增加带来的,这是工作中的成绩;同时也应看到由于吨公里收入率和货车静载重的下降,对货运收入带来一定的不利影响,这是工作中的不足,有待于在以后运输组织工作中加以改进。

第二节　铁路局运营指标的经济效果分析

一、铁路局货运清算收入的计算方法

1. 铁路局货物运费收入的清算

根据现行清算办法,铁路局货物运费收入清算的项目包括:货运管内清算收入、货运直通运行清算收入、货运直通发送清算收入、货运直通到达清算收入。

(1)货运管内清算收入

铁路局的货运管内清算收入,以本局实际完成的整车、零担运输的管内进款作为本局的货运营业收入,即

$$E_{管内} = R_{管内}\tag{11-27}$$

(2)货运直通运行清算收入

铁路局的货运直通运行清算收入,按照本局实际完成的普通货物直通周转量和全路统一的直通货物周转量清算单价计算。

$$\frac{铁路局的货运直通}{运行清算收入} = \frac{本局完成的普通货物}{直通周转量} \times \frac{全路统一的直通货物}{周转量清算单价}$$

即

$$E_{直通运行} = (\sum Pl_{直通})C_{直通运行}\tag{11-28}$$

(3)货运直通发送清算收入

铁路局的货运发送清算收入,按照本局实际完成的整车、零担运输的直通货物运费进款和全路统一的直通发送清算比率计算。

$$\text{铁路局的货运}_{\text{发送清算收入}} = \text{铁路局实际完成的}_{\text{直通货物运费进款}} \times \text{全路统一的直通}_{\text{发送清算比率}}$$

即 $\qquad E_{\text{直通发送}} = R_{\text{直通}}\beta_{\text{发送}}$ (11-29)

(4)货运直通到达清算收入

铁路局的货运到达清算收入,按照本局实际完成的普通直通货物到达吨数和全路统一的货运到达清算单价计算。

$$\text{铁路局的货运}_{\text{到达清算收入}} = \text{本局完成的普通}_{\text{直通货物到达吨数}} \times \text{全路统一的货运}_{\text{到达清算单价}}$$

即 $\qquad E_{\text{直通到达}} = P_{\text{输入}} \cdot C_{\text{到达}}$ (11-30)

2. 铁路局货运单项收入的清算

铁路局的货运单项收入清算的项目包括:电力附加费清算收入、编组站调车清算收入以及空车走行补偿收入。

(1)电力附加费清算收入

铁路局的电力附加费清算收入,按照本局电力牵引区段产生的普通货物周转量和全路统一的电力附加费清算单价计算。

$$\text{电力附加费}_{\text{清算收入}} = \text{铁路局电力牵引区段产生}_{\text{的普通货物周转量}} \times \text{全路统一的电力}_{\text{附加费清算单价}}$$

即 $\qquad E_{\text{电力}} = (\sum Pl_{\text{电力}})C_{\text{电力}}$ (11-31)

(2)编组站调车清算收入

铁路局的编组站调车清算收入,按照本局实际完成的编组站调车辆数,分有调作业和无调作业,按全路统一的编组站调车清算单价计算。

$$\text{编组站调车}_{\text{清算收入}} = \text{有调作}_{\text{业辆数}} \times \text{全路统一的有调}_{\text{作业清算单价}} + \text{无调作}_{\text{业辆数}} \times \text{全路统一的无调}_{\text{作业清算单价}}$$

即 $\qquad E_{\text{编组站}} = N_{\text{有调}}C_{\text{有调}} + N_{\text{无调}}C_{\text{无调}}$ (11-32)

(3)空车走行补偿收入

铁路局的空车走行补偿收入,按照本局实际完成的空车千辆公里和全路统一的空车走行补偿清算单价计算。

$$\text{空车走行}_{\text{补偿收入}} = \text{本局实际完成的}_{\text{空车千辆公里}} \times \text{全路统一的空车}_{\text{走行补偿清算单价}}$$

即 $\qquad E_{\text{空车走行}} = (\sum NS_{\text{空车}})C_{\text{空车走行}}$ (11-33)

3. 铁路局货运清算收入的计算公式

根据以上分析,可得铁路局货运清算收入(E)的计算公式如下:

$$E = R_{\text{管内}} + (\sum Pl_{\text{直通}})C_{\text{直通运行}} + R_{\text{直通}}\beta_{\text{发送}} + P_{\text{输入}}C_{\text{到达}} + (\sum Pl_{\text{电力}})C_{\text{电力}} +$$
$$N_{\text{有调}}C_{\text{有调}} + N_{\text{无调}}C_{\text{无调}} + (\sum NS_{\text{空车}})C_{\text{空车走行}}$$ (11-34)

二、铁路局货运清算收入与铁路运营指标的数学关系

令$\sum Pl_{\text{管内}}$表示管内普通货物周转量,$C_{1\text{管内}}$表示管内普通货物吨公里收入率,$P_{\text{管内}}$表示管内普通货物发送量,$l_{\text{管内}}$表示管内普通货物平均运程,$U_{\text{管内}}$表示管内普通货物装车数,$\sum Pl_{\text{输出}}$表示输出普通货物周转量,$P_{\text{输出}}$表示输出普通货物吨数,$C_{2\text{输出}}$表示输出普通货物吨收入率,$l_{\text{输出}}$表示输出普通货物平均运程,$U_{\text{输出}}$表示输出普通货物车数,$\sum Pl_{\text{输入}}$表示输入普通货物周转量,$P_{\text{输入}}$表示输入普通货物吨数,$l_{\text{输入}}$表示输入普通货物平均运程,$U_{\text{输入}}$表示输入普通货物车数,$\sum Pl_{\text{通过}}$表示通过普通货物周转量,$P_{\text{通过}}$表示通过普通货物吨数,$l_{\text{通过}}$表示通过普通货物平均运程,$U_{通过}$表示通过普通货物车数,$P_{1静}$表示发送货车平均静载重,$P_{2静}$表示接入货车平均静载重,α表示空率,$P_{重动}$表示重车动载重,$\rho_{电力}$表示电力牵引区段产生的普通货物周转量占普通货物总周转量的比重。根据上述指标与式(11-34)中各指标的关系,可得:

$$E = \sum Pl_{管内}C_{1管内} + (\sum Pl_{输出} + \sum Pl_{输入} + \sum Pl_{通过})C_{直通运行} + P_{输出}C_{2输出}\beta_{发送} +$$
$$P_{输入}C_{到达} + \rho_{电力}(\sum Pl_{管内} + \sum Pl_{输出} + \sum Pl_{输入} + \sum Pl_{通过})C_{电力} + N_{有调}C_{有调} +$$
$$N_{无调}C_{无调} + \alpha(\sum Pl_{管内} + \sum Pl_{输出} + \sum Pl_{输入} + \sum Pl_{通过})/P_{重动}C_{空车走行}$$
$$= \sum Pl_{管内}C_{1管内} + \sum Pl_{输出}C_{直通运行} + \sum Pl_{输入}C_{直通运行} + \sum Pl_{通过}C_{直通运行} +$$
$$\sum Pl_{输出}/l_{输出} \cdot C_{2输出} \cdot \beta_{发送} + \sum Pl_{输入}/l_{输入}C_{到达} + \sum Pl_{管内} \cdot \rho_{电力} \cdot C_{电力} +$$
$$\sum Pl_{输出} \cdot \rho_{电力} \cdot C_{电力} + \sum Pl_{输入} \cdot \rho_{电力} \cdot C_{电力} + \sum Pl_{通过} \cdot \rho_{电力} \cdot C_{电力} +$$
$$N_{有调} \cdot C_{有调} + N_{无调} \cdot C_{无调} + \sum Pl_{管内}/P_{重动} \cdot \alpha \cdot C_{空车走行} + \sum Pl_{输出}/P_{重动} \cdot \alpha \cdot C_{空车走行} +$$
$$\sum Pl_{输入}/P_{重动}\alpha C_{空车走行} + \sum Pl_{通过}/P_{重动}\alpha C_{空车走行} \tag{11-35}$$

$$E = P_{管内}l_{管内}C_{1管内} + P_{输出}l_{输出} \cdot C_{直通运行} + P_{输入}l_{输入} \cdot C_{直通运行} + P_{通过}l_{通过}C_{直通运行} +$$
$$P_{输出}C_{2输出}\beta_{发送} + P_{输入}C_{到达} + P_{管内}l_{管内}\rho_{电力}C_{电力} +$$
$$P_{输出}l_{输出}\rho_{电力}C_{电力} + P_{输入}l_{输入}\rho_{电力}C_{电力} + P_{通过}l_{通过}\rho_{电力}C_{电力} +$$
$$N_{有调}C_{有调} + N_{无调}C_{无调} + P_{管内}l_{管内}/P_{重动}\alpha C_{空车走行} +$$
$$P_{输出}l_{输出}/P_{重动}\alpha C_{空车走行} + P_{输入}l_{输入}/P_{重动}\alpha C_{空车走行} +$$
$$P_{通过}l_{通过}/P_{重动}\alpha C_{空车走行} \tag{11-36}$$

$$E = U_{管内}P_{1静}l_{管内}C_{1管内} + U_{输出}P_{1静}l_{输出}C_{直通运行} + U_{输入}P_{2静}l_{输入}C_{直通运行} +$$
$$U_{通过}P_{2静}l_{通过}C_{直通运行} + U_{输出}P_{1静}C_{2输出}\beta_{发送} + U_{输入}P_{2静}C_{到达} +$$
$$U_{管内}P_{1静}l_{管内}\rho_{电力}C_{电力} + U_{输出}P_{1静}l_{输出}\rho_{电力}C_{电力} +$$
$$U_{输入}P_{2静}l_{输入}\rho_{电力}C_{电力} + U_{通过}P_{2静}l_{通过}\rho_{电力}C_{电力} +$$
$$N_{有调}C_{有调} + N_{无调}C_{无调} + U_{管内}P_{1静}l_{管内}/P_{重动}\alpha C_{空车走行} +$$
$$U_{输出}P_{1静}l_{输出}/P_{重动}\alpha C_{空车走行} + U_{输入}P_{2静}l_{输入}/P_{重动}\alpha C_{空车走行} +$$
$$U_{通过}P_{2静}l_{通过}/P_{重动}\alpha C_{空车走行} \tag{11-37}$$

三、铁路运营指标对铁路局货运清算收入影响的分析计算方法

根据铁路局货运清算收入与铁路运营指标的关系式(11-35)、(11-36)、(11-37),利用指标因素影响分析的通用计算公式(见表9-8),可以推导出$\sum Pl_{管内}$、$P_{输出}$、$l_{输入}$、$U_{通过}$、$P_{1静}$、$N_{有调}$等铁路运营指标对铁路局货运清算收入影响的计算公式。下面以计算$\sum Pl_{管内}$指标对铁路局货运清算收入的影响为例说明。

根据式(11-35),$\sum Pl_{管内}$指标对铁路局货运清算收入的相关项有三项,分别为:

(1)$\sum Pl_{管内} \cdot C_{1管内}$

(2)$\sum Pl_{管内} \cdot \rho_{电力} \cdot C_{电力}$

(3)$\sum Pl_{管内}/P_{重动}\alpha C_{空车走行}$

由于$C_{电力}$、$C_{空车走行}$为常数,根据因素分析理论,第(1)项为两因素积指标,第(2)项也为两因素积指标,第(3)项为$v = \dfrac{x_1 x_2}{y}$形式的积商指标。根据指标因素影响分析的通用计算公式,当进行不同时期对比分析时,可得管内普通货物周转量指标对铁路局货运清算收入影响的计算公式如下

$$\Delta E_{\sum Pl_{管内}} = \frac{\Delta \sum Pl_{管内}}{2}(C_{1管内}^{(0)} + C_{1管内}^{(1)}) + \frac{\Delta \sum Pl_{管内}}{2}(\rho_{电力}^{(0)} + \rho_{电力}^{(1)})C_{电力} +$$

$$\frac{\Delta \sum Pl_{管内}}{6}\left(\frac{2\alpha^{(0)}}{P_{重动}^{(0)}} + \frac{\alpha^{(0)}}{P_{重动}^{(1)}} + \frac{\alpha^{(1)}}{P_{重动}^{(0)}} + \frac{2\alpha^{(1)}}{P_{重动}^{(1)}}\right)C_{空车走行} \qquad (11-38)$$

式中,$\Delta E_{\sum Pl_{管内}}$ 为报告期与基期相比,因管内普通货物周转量的变化而引起的铁路局货运清算收入的变化;$\Delta \sum Pl_{管内}$ 为报告期管内普通货物周转量($\sum Pl_{管内}^{(1)}$)与基期管内普通货物周转量($\sum Pl_{管内}^{(0)}$)之差;$C_{1管内}^{(0)}$ 为基期管内普通货物吨公里收入率;$C_{1管内}^{(1)}$ 为报告期管内普通货物吨公里收入率;$\rho_{电力}^{(0)}$ 为基期电力牵引区段产生的普通货物周转量占普通货物总周转量的比重;$\rho_{电力}^{(1)}$ 为报告期电力牵引区段产生的普通货物周转量占普通货物总周转量的比重;$\alpha^{(0)}$ 为基期空率;$\alpha^{(1)}$ 为报告期空率;$P_{重动}^{(0)}$ 为基期重车动载重;$P_{重动}^{(1)}$ 为报告期重车动载重。即上标为"(0)"者代表相应指标的基期实际完成数,上标为"(1)"者代表相应指标的分析期实际完成数,前面加"Δ"者代表相应指标的分析期实际数与基期实际数的差,其他指标同。

当进行计划完成情况分析时,仍可采用上述计算公式,只需令上标为"(0)"者代表相应指标的计划数,上标为"(1)"者代表相应指标的实际完成数,前面加"Δ"者代表相应指标的实际与计划差即可。

同理,根据式(11-35),还可分别推导出输出、输入以及通过普通货物周转量以及编组站有调、无调中转车数对铁路局货运清算收入的影响值 $\Delta E_{\sum Pl_{输出}}$、$\Delta E_{\sum Pl_{输入}}$、$\Delta E_{\sum Pl_{通过}}$ 和 $\Delta E_{N_{有调}}$、$\Delta E_{N_{无调}}$ 的计算公式。则铁路局直通普通货物周转量对铁路局货运清算收入的影响值 $\Delta E_{\sum Pl_{直通}}$ 可按下式计算

$$\Delta E_{\sum Pl_{直通}} = \Delta E_{\sum Pl_{输出}} + \Delta E_{\sum Pl_{输入}} + \Delta E_{\sum Pl_{通过}} \qquad (11-39)$$

铁路局普通货物总周转量对铁路局货运清算收入的影响值 $\Delta E_{\sum Pl}$ 可按下式计算

$$\Delta E_{\sum Pl} = \Delta E_{\sum Pl_{管内}} + \Delta E_{\sum Pl_{直通}} \qquad (11-40)$$

编组站中转总车数对铁路局货运清算收入的影响值 $\Delta E_{N_{中转}}$ 可按下式计算:

$$\Delta E_{N_{中转}} = \Delta E_{N_{有调}} + \Delta E_{N_{无调}} \qquad (11-41)$$

同理,根据式(11-36),分别可推导出管内、输出、输入、通过普通货物吨数以及管内、输出、输入、通过普通货物平均运程对铁路局货运清算收入的影响值 $\Delta E_{P_{管内}}$、$\Delta E_{P_{输出}}$、$\Delta E_{P_{输入}}$、$\Delta E_{P_{通过}}$ 和 $\Delta E_{l_{管内}}$、$\Delta E_{l_{输出}}$、$\Delta E_{l_{输入}}$、$\Delta E_{l_{通过}}$ 的计算公式。下面以计算 $P_{输出}$ 指标对铁路局货运清算收入的影响为例说明之。

根据式(11-36),$P_{输出}$ 指标对铁路局货运清算收入的相关项有四项,分别为:

(1)$P_{输出}l_{输出}C_{直通运行}$

(2)$P_{输出}C_{2输出}\beta_{发送}$

(3)$P_{输出}l_{输出}\rho_{电力}C_{电力}$

(4)$P_{输出}l_{输出}/P_{重动}\alpha C_{空车走行}$

由于 $C_{直通运行}$、$\beta_{发送}$、$C_{电力}$、$C_{空车走行}$ 为常数,根据因素分析理论,第(1)项为两因素积指标,第(2)项也为两因素积指标,第(3)项为三因素积指标,第(4)项为 $v = \dfrac{x_1 x_2 x_3}{y}$ 形式的积商指标。

根据指标因素影响分析的通用计算公式,可得输出普通货物吨数指标对铁路局货运清算收入影响的计算公式如下

$$\Delta E_{P_{输出}} = \frac{\Delta P_{输出}}{2}(l^{(0)}_{输出} + l^{(1)}_{输出})C_{直通运行} + \frac{\Delta P_{输出}}{2}(C^{(0)}_{2输出} + C^{(1)}_{2输出})\beta_{发送} +$$

$$\frac{\Delta P_{输出}}{6}(2l^{(0)}_{输出}\rho^{(0)}_{电力} + l^{(1)}_{输出}\rho^{(0)}_{电力} + l^{(0)}_{输出}\rho^{(1)}_{电力} + 2l^{(1)}_{输出}\rho^{(1)}_{电力})C_{电力} +$$

$$\frac{\Delta P_{输出}}{12}\left[\frac{1}{P^{(0)}_{重动}}(3l^{(0)}_{输出}\alpha^{(0)} + l^{(1)}_{输出}\alpha^{(0)} + l^{(0)}_{输出}\alpha^{(1)} + l^{(1)}_{输出}\alpha^{(1)}) +\right.$$

$$\left.\frac{1}{P^{(1)}_{重动}}(3l^{(1)}_{输出}\alpha^{(1)} + l^{(1)}_{输出}\alpha^{(0)} + l^{(0)}_{输出}\alpha^{(1)}x_2'x_3' + l^{(0)}_{输出}\alpha^{(0)})\right]C_{空车走行} \qquad (11-42)$$

进而，分别可得铁路局普通货物发送吨数、接运吨数、到达吨数、运送吨数对铁路局货运清算收入影响值 $\Delta E_{P_{发送}}$、$\Delta E_{P_{接运}}$、$\Delta E_{P_{到达}}$ 和 $\Delta E_{P_{运送}}$ 的计算公式如下

$$\Delta E_{P_{发送}} = \Delta E_{P_{管内}} + \Delta E_{P_{输出}} \qquad (11-43)$$

$$\Delta E_{P_{接运}} = \Delta E_{P_{输入}} + \Delta E_{P_{通过}} \qquad (11-44)$$

$$\Delta E_{P_{到达}} = \Delta E_{P_{管内}} + \Delta E_{P_{输入}} \qquad (11-45)$$

$$\Delta E_{P_{运送}} = \Delta E_{P_{管内}} + \Delta E_{P_{输出}} + \Delta E_{P_{输入}} + \Delta E_{P_{通过}} \qquad (11-46)$$

同理，根据式(11-37)，分别可推导出管内、输出、输入、通过普通货物车数以及发送、接入货车平均静载重对铁路局货运清算收入的影响值 $\Delta E_{U_{管内}}$、$\Delta E_{U_{输出}}$、$\Delta E_{U_{输入}}$、$\Delta E_{U_{通过}}$ 和 $\Delta E_{P_{1静}}$、$\Delta E_{P_{2静}}$ 的计算公式。

进而，分别可得铁路局普通货物装车数、接运重车数、卸车数、工作量对对铁路局货运清算收入影响值 $\Delta E_{U_{装}}$、$\Delta E_{U_{接运}}$、$\Delta E_{U_{卸}}$ 和 ΔE_U 的计算公式如下

$$\Delta E_{U_{装}} = \Delta E_{U_{管内}} + \Delta E_{U_{输出}} \qquad (11-47)$$

$$\Delta E_{U_{接运}} = \Delta E_{U_{输入}} + \Delta E_{U_{通过}} \qquad (11-48)$$

$$\Delta E_{U_{卸}} = \Delta E_{U_{管内}} + \Delta E_{U_{输入}} \qquad (11-49)$$

$$\Delta E_U = \Delta E_{U_{管内}} + \Delta E_{U_{输出}} + \Delta E_{U_{输入}} + \Delta E_{U_{通过}} \qquad (11-50)$$

复习思考题

1. 试推导全路货车静载重对全路货运收入影响的分析计算公式。
2. 铁路局的货运清算收入包括哪几部分？分别应如何确定和计算？
3. 试推导普通货物直通周转量对铁路局货运清算收入影响的分析计算公式。
4. 试推导工作量对铁路局货运清算收入影响的分析计算公式。

参 考 文 献

[1]　贾俊平,何晓群,金勇进.统计学.3版.北京:中国人民大学出版社,2007.

[2]　王云.统计学.2版.成都:四川大学出版社,2005.

[3]　徐国祥.管理统计学.上海:上海财经大学出版社,1995.

[4]　胡健颖,冯泰.实用统计学.北京:北京大学出版社,1996.

[5]　徐国祥.统计学.上海:上海人民出版社,2007.

[6]　刘竹林,江永红.统计学原理.合肥:中国科学技术大学出版社,2006.

[7]　曾五一.统计学.北京:中国金融出版社,2006.

[8]　汪新宇,等.统计学.北京:中国经济出版社,2007.

[9]　刘国衡,马运.统计学原理与铁路统计.北京:中国铁道出版社,1994.

[10]　刘延平.运输统计理论与方法.北京:中国铁道出版社,2005.

[11]　王慈光.运输统计基础.成都:西南交通大学出版社,2004.

[12]　钱仲侯,杨爱芬.铁路运营与经济指标.北京:中国铁道出版社,2003.

[13]　马桂贞,杨浩.铁路运输.成都:西南交通大学出版社,1998.

[14]　宋建业,谢金宝.铁路运输调度指挥与统计分析.北京:中国铁道出版社,2006.

[15]　方举.交通运输统计学.长春:吉林人民出版社,1986.

[16]　胡思继.铁路运营指标分析原理.北京:中国铁道出版社,1984.

[17]　胡思继.铁路运输经营活动分析原理.北京:中国铁道出版社,2000.

[18]　钱仲侯,杨爱芬.铁路与经济指标.北京:中国铁道出版社,2003.

[19]　王慈光.运输模型及优化.北京:中国铁道出版社,2004.

[20]　刘兰阶.铁路运输统计.北京:科学技术文献出版社,1996.

[21]　刘瑞林.铁路统计学.北京:中国铁道出版社,1991.

[22]　陈湖,陈汝龙,陈绍勇,等.交通运输统计词典.北京:人民交通出版社.1992.

[23]　郎茂祥,胡思继.用因素影响分析法进行铁路运营分析的研究.中国管理科学,2001,9,增刊.

[24]　郎茂祥,杨建国,胡思继.用因素分析理论进行铁路局货运清算收入分析的研究.中国铁道科学,2004,25(5).

[25]　赵鹏,富井规雄.基于路段交换的多基地动车组运用计划的编制算法.铁道学报,2004,26(1).

[26]　赵鹏,富井规雄.动车组运用计划及其编制算法.铁道学报,2003,25(3).

[27]　钱名军.关于统一号码制和非号码制货车停留时间计算方法的研究.兰州交通大学学报,2006,25(3).

[28]　铁道部.铁路货物运输统计规则.北京:中国铁道出版社,2008.

[29]　铁道部.铁路行李包裹运输统计规则.北京:中国铁道出版社,2008.

[30]　铁道部.铁路旅客运输统计规则.北京:中国铁道出版社,2008.

[31]　铁道部.铁路货车统计规则.北京:中国铁道出版社,2008.

[32]　铁道部.铁路机车运用管理规程.北京:中国铁道出版社,2000.

[33]　铁道部.铁路机车统计规则.北京:中国铁道出版社,2006.

[34]　铁道部.铁路旅客列车正晚点统计规则.北京:中国铁道出版社,2006.

[35]　铁道部.铁路动车组运用维修规程.北京:中国铁道出版社,2007.

[36]　铁道部.铁路技术管理规程.10版.北京:中国铁道出版社,2007.

[37]　铁道部.铁路运输设备统计规则.北京:中国铁道出版社,2007.